KB275684

설교 전달의 클리닉

정장복 저

예배와 설교 아카데미

설교 전달의 클리닉

초판 4쇄 • 2011년 3월 22일

지은이 • 정 장 복
펴 낸 이 • 김 현 애
펴 낸 곳 • 예배와 설교 아카데미

주　　소 • 서울특별시 광진구 광장동 272-12
전화번호 • 02) 457-9756
홈페이지 • www.wpa.or.kr
등록번호 • 제18-90호(1998.12.3.)

총 판 처 • 비전북
　　　　　☎ 031) 907-3927

값 10,000원

▶ 잘못 만들어진 책은 언제든지 교환해 드립니다.

설교 전달의 클리닉

설교(preaching)의 차이는 매우 큽니다. 기록된 설교는 선포의 현장으로 가는 내용일 뿐입니다. 그 기록된 설교가 선포될 때에야 비로소 설교로서 완성을 이룹니다. 그 이유는 예배 현장에서 하나님의 백성들이 들어야 할 메시지의 전달이 설교자의 일차적인 목적이기 때문입니다.

그러한 까닭에 설교는 언제나 두 축을 가지고 있어야 합니다. 그것은 내용(Message)이라는 축과 전달(Delivery)이라는 축입니다. 아무리 완벽한 메시지를 준비했다고 하더라도 수준에 미치지 못한 전달이라면 그 설교는 설교로서의 기능을 발휘하지 못합니다. 그것은 마치 잉태된 옥동자를 기형아나 사산아로 분만하는 현상과 같습니다. 그래서 설교의 온전한 형태의 결실은 전달에서 좌우된다는 사실을 오늘의 설교자들은 유념해야 합니다.

설교학 교수로서 일찍부터 설교의 전달론을 펴내고 싶었습니다. 그러나 설교학이라는 학문이 마치 테크닉을 가르치는 과목처럼 오해를 받을 것만 같아 우선 학문적으로 정립된 이론에만 치중하여 집필을 계속해 왔습니다. 그러나 이제는 그러한 시각들을 의식할 필요가 없는 시점에 도달했습니다. 그 동안 설교의 이론에 관한 책들은 상당히 많이 우리 앞에 나와 있습니다. 이제는 설교자들이 필수적으로 알아야 할 전달의 진단과 처방에 관한 책들이 나와야 합니다. 1980년 한국교회 설교학 교육의 문을 연 교수로서 저자는 설교 전달의 클리닉을 향한 가슴의 진동이 최근에 더욱 거세게 일고 있음을 고백합니다. 미국교회의 강단이 소리 없이 주저앉게 된 것도 설교전달에 무관심했던 교육의 불성실 때문이었습니다. 설교자가 원고를 읽어도, 강의 형태로 힘없이 설교해도 그대로 수용하면서 설교 내용에만 관심을 두었던 설교학 교육이 오늘의 결과를 가져왔다고 봅니다.

본서는 2001년부터 2년 동안 「월간목회」에 24회에 걸쳐 연재한 바 있는 글들이 주축을 이룹니다. 내용의 전개도 이론전개의 형태가 아니라 설교를 하는 사람과 듣는 사람들의 질문을 받아 체계적으로 정리하여 답변하는 형식을 취했습니다. 남의 글을 읽는 형식이 아니라 자신의 문제를 직접 점검할 수 있는 질문과 답변의 장을 마련해 보았습니다. 많은 독자들이 여러 부분에서 자신이 알고 싶었던 문제점에 대한 질문과 답변을 발견할 수 있으리라 봅니다.

현대는 단순한 의사 전달에도 깊은 관심을 두는 커뮤니케이션(communication) 시대입니다. 이러한 시대에 우리의 교회는 설교의 성공적인 커뮤니케이션에 더욱 깊은 관심을 두어야 합니다. 한국교회의 설교자들이 그 동안 별로 관심을 두지 않았던 이 부분에 우리의 눈을 뜨고 주의를 기울인다면 하나님은 보다 나은 설교의 발전을 허락하시리라 확신합니다. 그러므로 저는 설교 전달을 바르게 하기 위한 진단과 처방이 모든 신학교의 설교학 교육에 필수적인 과정이 되어야 한다는 주장을 계속하고 싶습니다. 저는 한국교회 설교학 교육에 막중한 사명을 가지고 있는 교수로서 성언운반일념(聖言運搬一念)을 설교학 교육의 이토스(Ethos)로 삼고 있습니다. 그러한 이유 때문에 본서의 목적도 하나님의 말씀이 보다 더 아름답고 빛나게 전달되게 하는 데 있습니다.

본서가 독자들의 손에 전해지기까지는 저 혼자만의 노력이 아니라 여러분들의 도움이 함께 하였습니다. 무엇보다도 한국교회 설교자들이 가장 필요로 하는 전달의 문제를 연재하도록 지

 머리말 · 설교 전달의 진단과 처방이 시급하다

면을 아낌없이 내주면서 격려해 주신 「월간목회」 박종구 님을 비롯하여 언제나 이 스승의 책을 맡아 출판해 준 김현애 님, 편집을 맡아 좋은 책으로 만들어 주신 윤혜경 님, 그리고 섬세하게 교정과 기타의 잡다한 일을 도맡아 준 나의 연구조교 최영현 님께 감사합니다. 끝으로, 저자보다 더 진지하게 내 곁에서 원고를 반복하여 읽으면서 기도와 함께 글을 쓰도록 집필 환경을 마련해 준 김준희 님께 고마움의 머리를 숙입니다.

정성을 모아 만든 이 한 권의 책이 하나님의 말씀이 한국교회에서 바르게 선포되는 데 조금의 도움이라도 될 수 있었으면 하는 마음뿐입니다.

주후 2003년 부활절에
아차산 기슭의 선지동산에서

정 장 복

차 례

보다 나은 설교 전달을 향한
클리닉의 문을 열면서

설교는 언제나 만족이나 완벽에 도달하지 못한다. 한 설교자의 최선이 있을 뿐 결코 만족한 결과나 반응은 기대하기 힘든 항목이다. 그래서 설교자는 설교의 발전을 위해 최대한의 노력을 설교 사역을 끝낼 때까지 진행해야 한다. 이것이 설교자의 바른 길이다.

일리온 존스의 말대로 설교자가 자신의 설교에서 만족을 느낀다면 그 설교자는 이미 내리막길을 걷고 있다고 할 수 있다. 그 만족은 바로 교만과 이어지고 그 교만은 패망과 직결된다. 이 패망은 한 개인을 실패의 종장으로 이끄는 데에 그치지 않고 교회를 암흑의 세계로 몰고 가는 주원인이 된다. 그래서 죄 중에 가장 무서운 죄가 설교의 교만이라는 말이 성립된다.

솔직히 우리의 설교 현장에 등장하는 설교자의 자세는 대단한 카리스마를 가지고 있다. 설교자로 섰을 때 조금의 흠도 없는 것처럼 보인다. 마치 하늘에서 보내진 사신(使臣)처럼 그 음성과 자세와 어감이 이어진다. 거기에 더하여 회중은 아멘의 함성을 자의반 타의반으로 터뜨린다. 그러나 그 현장에서 냉정한 머리로 설교를 듣고 있노라면 설교자마다 많은 결점을 보인다.

그 때마다 저 설교자에게 자신이 행한 설교의 문제점을 들려주고 조언을 해 줄 수 있다면 얼마나 좋을까 하는 생각을 해 본다. 사실 외국에서는 목사의 설교가 끝난 다음에 그 주일의 설교를 가지고 토론을 하는 소그룹이 있다. 어떤 모임에서는 목사 없이 토론이 진행되어 토론의 결과만을 목사에게 들려주는가 하면, 어떤 모임에는 설교자가 합석을 하여 기탄없는 평가를 듣는다. 그리하여 설교의 발전을 가져온다.

그러나 한국의 문화권에서는 그러한 설교 평가의 모임이나 시간을 찾아보기 힘들다. 사실 수직문화권에서 사고와 행동이 성장해 온 한국인에게는 참으로 어려운 일이다. 감히 윗사람의 위치에 있는 이가 내려준 말씀을 평가하고 거북스러운 부분들에 대해 솔직한 의견을 진술한다는 것은 엄두도 낼 수 없는 사항이다.

문제는 여기서부터 발생한다. 우리의 설교자들은 고작 자신의 배우자(配偶者)가 지적해 주는 것을 설교 평가의 전부로 삼고 살아가야 하는 현실에 처해 있다. 설교에 대한 넓은 가슴은 갈수록 좁아져 간다. 거의가 큰소리의 "아멘"으로 응답해 주기를 바랄 뿐 조용히 찾아와 설교에 대한 쓴말을 들려주기를 원하지 않는다. 용감한 교인이 찾아와 진솔한 평가를 해 줄 때 밝은 미소를 짓고 환영하는 설교자가 드물다는 데에 오늘 한국교회 강단의 문제가 있다. "나의 설교가 싫으면 다른 교회로 옮겨가라."는 말만이 들릴 뿐 "나의 설교를 솔직하게 평가하고 기도해 주시오."

라는 말은 들리지 않는다.

필자가 지난 24년 동안 미래의 설교자가 될 선지생도들에게 설교의 이론과 실제를 강의하면서 느낀 것은 그들 모두가 설교의 새로운 세계를 추구하는 열심이 가득하다는 점이다. 그러나 이들이 교수 앞에서 개인별로 설교의 실제를 행할 때마다 보여준 설교의 실태는 한국교회 목회자들의 모습을 그대로 재연하고 있다. 설교의 내용은 새롭게 배운 설교 형태와 표현을 따르고 있으나 전달은 각양각색이다. 지금껏 한국교회 강단에서 보아온 것을 그대로 답습하고 있다. 설교자마다 최선을 다하고 있으나 설교 전달에서 개인이 가지고 있는 보기 흉한 습관과 우선적으로 버리거나 수정해야 할 부분들이 너무 많음을 발견한다.

우선적인 문제는 자신들이 습관적으로 가지고 있는 문제점과 보기 흉한 부분들이 어떤 것이었는지조차 모르고, 준비한 메시지만 전달하면 다 되는 것으로 설교를 이해하고 있다는 점이다. 설교가 끝난 다음에 교수의 지적과 함께 스스로 자신의 모습을 녹화한 테이프를 보면 거의가 다 놀란다. 그리고 다음과 같은 반응을 보인다.

"내 자신이 그 정도 수준인 줄 몰랐습니다."
"저에게 그러한 습관이 있는 줄 이제야 알았습니다."
"제가 왜 그런 인상과 제스처를 사용했는지 이해가 안 됩니다."
"저의 언어와 음정이 그렇게도 리듬이 없는 줄 몰랐습니다."

이상과 같은 반응들은 신학교의 설교학 교실에서만이 아니라 설교자라면 누구나 자신의 설교를 진단받을 때 실토하게 되

 보다 나은 설교 전달을 향한 클리닉의 문을 열면서

는 항목들이다. 그러한 까닭에 설교자는 최소한 1년에 한 번 정도는 설교 클리닉 센터를 찾아 섬세한 진단을 받을 필요가 있다. 자신도 모르게 스며든 무가치한 습관들과 모습들을 발견하여 보다 향상된 설교 사역을 감당하려는 노력이 필요하다.

그럼에도 불구하고 그 동안 한국교회 설교자들은 설교의 내용을 위한 준비에만 동분서주했을 뿐 설교의 전달에는 거의 노력을 기울이지 않았다. 설교학에서는 설교의 완성을 위해서 설교의 내용과 전달이라는 두 축이 건실해야 함을 강조한다. 내용이 없는 화려한 전달은 거짓 선지자의 모습이며, 내용만 가득하고 전달이 빈약한 설교는 허공을 향한 독백에 불과하다. 그래서 가장 이상적인 설교는 내용 60%, 전달 40%의 비율을 가지고 100%를 이룩해야 한다.

본서에서는 이러한 중요한 설교의 전달 문제만을 집중적으로 다루어 보려 한다. 그 전개의 형태는 서술의 형태를 벗어나 그 동안 수집된 질문들에 대한 답변의 형식으로 필요한 주제들을 풀어가고자 한다. 여기서 등장하는 수많은 질문들 가운데 독자들 개인이 안고 있는 문제들도 포함되리라 확신한다. 그 때마다 정리된 대답들이 무엇인지를 살펴보고 자신의 전달에 적용하여 치유의 효과를 가져올 수 있다면 이 책이 누릴 수 있는 최상의 영광이라고 생각한다.

설교의 파토스(Pathos) -
설교자가 갖추어야 할 열정과 뜨거운 가슴

설교학 책이나 글에서 종종 파토스라는 말이 많이 나오고 있습니다. 우선 그 말의 뜻과 그 출처를 알고 싶습니다.

최근에 설교의 전달을 이야기할 때 가장 기초적으로 파토스라는 단어를 많이 사용하고 있습니다. 이 말의 뜻은 매우 다양합니다. 원래 이 말은 헬라어의 *pachein*에서 유래된 말로 고통스러워하고 괴로워하는 마음을 뜻하였습니다. 철학에서는 욕정, 성냄, 미움, 슬픔, 기쁨 따위의 일시적이고 지속성이 없는 감정에서 일어나는 생각의 작용이라고 말하고 있습니다. 미학에서는 예술 작품의 감정적, 주관적 요소를 가리킵니다. 우리말 사전에서는 일반적으로 파토스를 정념(情念) 또는 정사(情思)라고 하여 감정과 연결된 생각을 일컫고 있습니다. 이 단어가 말의 세계에 등장한 것은 수사학자(修辭學者)자였던 아리스토텔레스 때부터였습니다. 그는 말하는 순간에 있어야 할 3대 요소를 이토스(Ethos), 파토스(Pathos), 로고스(Logos)라고 말한 바 있습니다.

설교학에서는 이 파토스를 어떻게 해석하고 있으며 그것이 설교의 전달에 꼭 필요한 이유가 무엇인지요?

이 용어가 설교의 세계에서는 달리 해석되고 있습니다. 그것은 "하나님의 말씀만을 운반하겠다."는 설교자의 정신이 되어야 할 이토스(Ethos)라는 말과 함께 하고 있습니다. 파토스는 두 가지 면에서 살펴보아야 합니다. 먼저는 하나님의 말씀을 거룩한 말씀(聖言)으로 가슴에 품고 그 말씀에 혼신의 정신을 쏟는다는 뜻입니다. 또 하나는, 그 말씀을 필연코 들어야 할 하나님의 백성들을 뜨겁게 사랑하는 가슴을 말합니다. 철학에서는 지속성이 없는 감정의 작용이라고 풀이했으나 우리의 설교에서는 정반대입니다. 자나깨나 가슴에 자리잡은 열정(熱情)이어야 합니다. 여기에서의 열정은 단순히 설교자의 뜨거운 열기(熱氣)를 가리키지 않습니다. 그것은 하나님의 말씀과 그 말씀을 기다리는 주님의 백성들을 향한 뜨거운 열정을 의미합니다. 이 열정이 설교자의 심장에서 박동치지 않으면 설교의 현장에서 설교자는 차가운 기계로 전락합니다.

설교 전달은 설교자의 머리와 입으로 해결될 수 없는 가슴의 정(情)이 있어야 합니다. 신뢰와 애착의 정을 비롯하여 사랑과 분노의 정이 있어야 감정이 움직입니다. 그때 언어와 음정과 몸이 살아 움직입니다. 그래서 설교의 전달에는 파토스가 절대적인 요소로 꼽히고 있습니다.

그렇게 중요한 요소인 파토스에 대하여 새롭게 생각을 하게 됩니다. 그렇다면 어떻게 해야 이 중요한 파토스를 소유하고 성공적으로 지속할 수 있는지 알고 싶습니다.

매우 어려운 질문입니다. 파토스가 물리적으로 해결할 수 없는 요소이기에 그 소유의 방법 또한 말씀드리기가 어렵습니다. 그러나 참고로 다음 몇 가지를 말씀드립니다.

첫째는, 설교자가 하나님의 말씀을 회중에게 운반(運搬)함에 있어서 느긋함과 안이함을 버려야 합니다. 설교자는 언제나 하나님의 말씀 앞에서 긴장되고 절박한 느낌을 가져야 합니다. 그럴 때 설교자의 정성어린 열정이 향상됩니다.

둘째는, 설교함에 있어서 너무나 기교적인 전달을 위한 인위적인 열기를 발하면서 달변가나 웅변가로 보이는 설교자가 되지 않도록 유의해야 합니다. 우둔한 언변을 소유한 경우라도 하나님의 말씀을 바로 전하기 위해 몸부림치고, 신령한 은혜를 사모하는 설교자로서 살아가는 일이 생활화되어야 합니다.

셋째로, 설교자가 한 편의 설교를 위하여 수많은 노력을 기울이는 가운데 이 파토스는 성장하기 시작합니다. 설교자가 설교를 너무 쉽게 생각한다거나 영특한 머리만으로 말씀을 분석하는 인상이 가득할 때, 뜨거운 가슴을 거쳐서 나오는 메시지가 아님을 회중이 느끼게 됩니다. 그럴 때 메시지의 진지성의 결여와 함께 성도들에게 아무런 감화를 줄 수가 없게 됩니다. 설교자가 메시지에 깊숙이 몰입되어 감화된 땀과 눈물을 보일 때 그 설교는 확신이 가득하게 되고 파토스는 절정에 이릅니다.

설교자가 파토스를 수반했을 때 나타나는 효과는 어떠한 것이 있는지 알고 싶습니다.

파토스가 인위적일 때 나타나는 효과는 소란한 반응입니다. 소란한 "아멘"의 응답 현장에서도 졸고 있는 회중을 종종 봅니다. 그러나 엄숙하면서도 뜨거운 열기가 감도는 말씀의 현장에서는 회중의 눈이 빛나는 것을 봅니다. 하나님의 말씀을 전함에 있어서 너무나 경솔하게 행동을 한다거나 너무 흥분하여서 모든 사람에게 평안함을 주지 못함은 하나의 문제입니다.

그와 반대로 너무나 차분한 나머지 분위기가 무겁게 가라앉아 성도들을 지루하게 만드는 설교자 역시 역동적인 설교의 전달을 이루기 위한 열정이 필요합니다. 이 열정은 회중을 일깨우는 소중한 결실을 맺게 됩니다.

설교자가 뜨거운 열정으로 절박하게 호소를 할 때 그 선포에 힘과 감동이 솟아나는 경우가 대부분입니다. 설교가 설교자의 가슴에서 우러나오지 못하고 설교에서 자신은 아무런 감동을 받지 못한 채 다른 사람만을 향하여 말을 계속하는 경우 그것은 위선자의 첫 단계를 오르고 있는 현상입니다. 메시지가 설교자의 머리에서만 나오고 있다면 그 설교를 통하여 어떠한 결단이나 감동도 성도들에게 줄 수 없습니다.

설교자가 머리만을 회전시킬 때 회중도 머리만 제공합니다. 설교자가 머리와 입만 움직일 때 회중도 그들의 머리와 귀만 움직입니다. 그러나 설교자가 자신의 뜨거운 가슴에서 열정을 쏟을 때 회중도 그들의 가슴을 열고 뜨거운 열정을 받아들입니다.

Q 설교자가 파토스만을 중요하게 생각하고 단에 섰을 때 나타나는 부작용 같은 것은 없는지요? 특별히 주의할 사항은 없습니까?

A 그렇습니다. 설교는 파토스만으로 이룩되지 않습니다. 설교에 있어서 파토스가 중요한 요소임에 틀림이 없으나 설교의 전부는 아닙니다. 설교자가 열정을 가지고 설교할 때 설교자가 가지고 있는 음정의 높낮이가 형성됩니다. 언어의 열기도 힘을 얻게 됩니다. 그러나 내용이 수반되지 않은 열정은 허무한 것임을 명심해야 합니다. 여기서 말하는 파토스는 설교자가 말씀의 주인을 충성을 다하여 섬기는 모습입니다. 설교자가 열정적으로 설교의 내용에 깊숙이 몰입되어 확신에 찬 설교를 하고 있음을 보이는 일입니다.

설교자로서 열심과 성실성, 선포 의지가 없이 허구에 찬 열정만을 보여 준다면 그것은 곧 삼류 부흥사의 모습과 같습니다. 파토스는 진실을 갖추어야 합니다. 그 진실은 열을 품는 것만으로 이룩되지 않습니다. 하나님과 인간 앞에 말씀을 사랑하고 회중을 아끼는 연민의 정이 솟구쳐 나는 설교자의 열의가 곧 회중의 가슴을 적시게 됩니다.

우리 한민족은 그 정서가 어느 민족보다 풍부하다. 비록 지금 메마른 세상이 되었다는 평을 많이 하고 있으나 사실 우리의 민족은 정감이 가득한 민족이다. 때로는 감정에서 일어나는 생각의 남발로 부작용을 가져올 정도이다. 냉철한 이성을 뒤로 하고 감정의 현상만을 앞세울 때 많은 후회가 따르는 것이 우리의 현실이기도 하다. 그래서 합리적인 사고를 최우선으로 하는 시대적인 사조가 통념화되어 있는 현실이다.

그런데 미래의 한국교회 강단을 위하여 훈련을 받고 있는 선지생도들에게서 심각한 문제성을 발견하였다. 그것은 절대다수의 설교자들이 모두가 냉철한 이성으로 설교를 진행하려는 습관을 보인다는 점이다. 땀 흘려 설교하는 모습을 감추고 있다는 사실이다. 하나님의 말씀을 운반하는 데 자신의 열정이 수반되지 못하고 있는 현실을 보고 필자는 당황하지 않을 수 없었다. 말씀에 대한 긴박감이 없기에 설교에 필수적으로 있어야 할 설교자의 열의가 보이지 않는다. 그리고 전해야 할 메시지에 자신이 먼저 감동을 받고 흐르는 눈물이 보이지 않는다.

이러한 위험성은 70년대의 미국 교회를 생각하게 한다. 새로운 세대들이 설교를 학문의 연속으로 알고 본문의 원어분석이나 유명한 신학자들의 견해를 소개하는 강의로 설교를 전락시켰던 것이 연상된다. 해박한 지식이 동원된 설교가 가득했으나 생명력을 잃은 설교로 전락되었을 때 미국 교회는 서서히 기울기 시작했다.

이러한 아픔이 한국교회에 전염되지 않기를 바라는 것이 이 필자의 마음이다. 설교자에게 우선적으로 필요한 것은 하나님의 말씀을 시원하게 터득할 수 있는 합리적인 이성이나 지식이 아니다. 진정한 요소는 하나님의 말씀을 생명의 양식으로 알고 그 양식이 없을 때마다 갖는 허기(虛飢)의 느낌이다. 그리고 그 말씀을 대할 때마다 그 말씀을 전하지 않고는 견딜 수 없는 성령님의 역사이다. 말씀을 들고 단에 섰을 때 하나님의 백성들을 보면서 나타나는 설교자의 연민(憐憫)의 정(情)이다.

설교자의 감정 조절과 표현의 문제

Q 일반적으로 말하는 설교자의 감정이라는 것과 파토스의 차이가 무엇인지 궁금합니다. 여기에 대하여 좀더 자세한 설명을 듣고 싶습니다.

A 설교학에서 말하는 파토스는 단순하게 사전적 의미를 적용하는 차원의 것이 아닙니다. 우리 민족의 정서에 가장 특유한 정(情)을 생각해 보시면 이해에 보탬이 됩니다. 흔히들 말하는 사랑이란 만남의 초기에 발생하여 지속 시간이 짧습니다. 그러나 정(情)은 감정의 밀도가 차원을 달리하고 그 지속 시간이 길게 이어집니다. 그래서 사랑은 미움으로 쉽게 바뀔 수 있어도 정은 가슴속에 오래도록 남는 특징을 갖습니다.

설교에서 파토스를 하나님의 말씀과 그 말씀이 필요한 사람들을 사랑하는 열정(熱情)이라고 말씀드렸습니다. 이 열정으로 설교자 자신이 그 말씀에 몰입되고 이 말씀에 만족하여 깊이 빠져 심취하는 사건이 발생되어야 합니다. 그리고 그 말씀을 전하지 않고는 견딜 수 없는 충동이 일어나야 합니다. 그럴 때 설교를 기다리는 회중이 자신과 같은 경지에 이르지 못함이 불쌍히 여겨지는 현상이 설교자 자신에게서 생겨납니다. 이것을 파토스라고 말하고 싶습니다.

그러나 여기서 언급하고자 하는 설교자의 감정(感情)이란 설교자의 심리 상태를 말합니다. 상쾌하고, 불쾌하고, 기뻐하고, 슬퍼하는 감정의 표현입니다. 그 감정은 피리를 부는 현장에서는 함께 춤을 출 수 있고, 애곡을 하는 현장에서는 가슴을 칠 수 있는 설교자의 정서입니다. 설교자에게서 이 감정의 파도가 보이지 않으면 설교의 전달에는 심각한 문제가 발생하게 됩니다.

Q 그러나 감정이 풍부한 설교자의 설교에서는 메시지의 지적인 바탕이 빈약하고 지성적인 느낌의 교류가 형성되지 못함을 봅니다. 오직 감정만 부추겨서 흥분의 도가니로 몰고 가는 오류를 범하고 있습니다. 그래서 감정의 유발을 가급적 억제하려고 하는데 이 문제를 어떻게 생각하는지요?

A 아주 핵심적인 질문을 던져 주셨습니다. 바로 이 문제가 한국 강단을 위기로 몰고 온 주범(主犯) 중의 하나입니다. 사실 우리의 설교 역사는 불과 한 세기를 넘긴 정도로 짧습니다. 한국교회 초기의 설교자들은 하나님의 말씀을 사랑하고 그

말씀을 외치는 열심이 대단했습니다. 그러나 지적인 바탕은 빈약했습니다. 사실 그 때는 회중의 교육 수준이 낮았기에 설교자의 높은 지적 수준도 필요하지 않았습니다. 그래서 메시지의 지적인 바탕이나 지성적인 논리의 형성 등이 설교에서 필요하지 않았습니다. 그러한 때는 이성적인 호소보다는 느낌과 경험과 감정을 유발시키는 요소가 훨씬 큰 효과를 가져왔습니다. 특별히 성령님의 역사라는 이름으로 나타난 사례가 많았습니다.

그러나 지금은 상황이 여러 가지로 달라졌습니다. 즉, 설교를 듣는 회중의 삶의 환경이나 교육 수준의 변화는 놀라운 속도로 급진전하고 있습니다. 단순한 교육 제도에 의한 것이 아닙니다. 전파를 타고 동시에 보고 들을 수 있는 전자 매체의 발달은 도시나 농촌의 구별 없이 우리의 사회를 평준화하는 데 큰 작용을 하고 있습니다.

문제는 이러한 시대의 변화를 외면하고 강단에 서게 되는 설교자의 문제입니다. 회중의 감정만을 이용하려는 설교자들이 지금도 허다합니다. 자신의 모자란 성경 지식을 비롯하여 빈약한 설교 내용을 감출 수 있는 유일한 방편으로 신령한 음성이나 경험, 또는 각종 예화들을 나열하면서 회중의 감정을 흥분시킵니다. 이 가운데 회중은 설교자의 의도대로 웃기도 하고 울기도 하면서 그 가운데 젖어 내용 없는 감정의 정화(catharsis)를 하고서는 "은혜를 많이 받았다."는 반응을 보입니다. 그러나 회중을 붙잡고 그날의 설교를 통한 메시지를 물을 때는 그날의 본문이나 내용은 전혀 기억하지 못하는 기현상을 나타내고 있습니다.

이러한 자세는 설교의 공동화(空洞化) 현상을 초래하고, 설교는 순간의 뜨거움으로 끝날 뿐 말씀으로 뿌리를 내리는데 어려움을 겪게 됩니다. 그래서 현대를 살면서 지성의 틀을 잘 갖추고 있는 설교자들은 감정의 유발을 억제하고 이성을 통한 진리의 전달에만 관심을 두는 경향을 낳게 됩니다. 어떤 사람들의 경우 설교자의 풍부한 감정의 활용을 비지성적인 설교자들의 전유물로 여기는 경향이 최근에 서서히 보이고 있습니다.

한국교회 설교자들이 갖추어야 할 요소로서 지적인 바탕과 정(情)적인 바탕을 요구하신 말씀에는 동감합니다. 그러나 좀더 구체적으로 설교의 전달에서 설교자의 감정이 필요한 이유를 실제적으로 설명해 주시면 고맙겠습니다.

저는 영화나 TV의 연기자들의 연기에 깊은 관심을 가지고 있습니다. 저의 관심은 결정적으로 어느 장면에서 연기자가 정말로 눈물을 줄줄 흘리는 순간에 최고조에 달합니다. 그 감정의 표현은 그 연기자 자신이 처한 순간의 사건을 시청자가 함께 하지 않을 수 없도록 만드는 일을 해냅니다. 저는 그 때마다 옆에 있는 사람에게 꼭 묻습니다. 저 배우의 눈물은 눈에 보조물을 넣고 조작한 것인지, 아니면 실제로 자신의 감정이 작동하여 복받쳐 나오는 눈물인지를 묻습니다. 그 때마다 그들은 그 눈물이 가짜가 아니고 진짜라고 일러줍니다. 그러면서 그들은 저를 연기자의 순수한 감정을 이해하지 못하는 수준 이하의 사람처럼 여기면서 이상한 눈길을 보냅니다.

그 때마다 저는 이런 질문을 합니다. "어떻게 저 연기자는 꾸며낸 이야기(fiction)를 가지고 저렇게도 사실화(事實化)시켜 시청자들을 끌고 갈 수 있을까? 어떻게 그 이야기의 주인공으로 자신이 그토록 깊이 파고들어가 빠질 수 있을까? 왜 우리의 설교자들은 살아 계신 하나님의 말씀이며 실화(nonfiction)인 본문을 가지고 회중에게는 가상된 이야기처럼 들리게 할까? 왜 설교자들은 진리를 가지고 말하는데 설교자와는 무관하게 들리며 회중은 옛날 옛적의 이야기를 듣는 것처럼 하고 있을까?"

바로 여기에 설교자의 감정이 설교의 순간에 작동되어야 할 이유가 있습니다. 연기자는 허위를 사실로 받아들입니다. 그리고 그 내용에 깊이 몰입되어 그 순간의 내용을 자신의 것으로 승화시켜 그렇게도 확실하게 시청자에게 파고듭니다. 진정 설교자가 깊이 눈여겨보아야 할 부분입니다.

설교자가 감정은 메마른 채 머리만 작동하여 하나님의 진리를 선포하는 데는 참으로 부끄러움을 느낍니다. 예를 들어, 십자가의 도를 전하는 설교자 앞에서 느끼는 일들입니다. 그 십자가 위에서 우리를 위해 처절한 희생을 당하신 구원의 주님이신 예수님을 전하고 있습니다. 그런데 설교자 자신이 그 십자가의 사건에 도취되어 끝없이 감격하고 그 감정이 복받쳐 올라 눈물을 흘리면서 외치는 모습이 보이지 않습니다. 거의 모두가 하나의 지식으로 십자가 사건을 전하는 설교로 끝을 맺습니다.

다시 말씀드립니다. 설교자가 두뇌만을 이용하여 설교를 하게 되면 회중도 머리만을 굴리면서 설교를 듣습니다. 설교자가 머리를 거쳐 가슴으로 설교를 하면 회중도 머리를 통하여 깨닫고 가슴속 깊이 그 설교를 간직하게 됩니다.

오늘의 많은 설교자들, 특히 젊은 설교자들이 지식의 이입에 열중하고 감정의 이입이 빈약하게 될 우려가 있다는 말씀에 공감합니다. 여기에 실제적인 도움을 줄 수 있는 방안은 무엇일까요?

여기에 대한 개선책으로서의 인위적인 방안이란 없습니다. 눈물을 보여 주어야 할 부분에 눈물이 나지 않을 때 인위적인 보조물을 눈에 넣을 수 있는 경우가 배우에게는 있을 수 있으나 설교자에게는 있을 수 없습니다. 어떤 설교자는 고정적인 음정과 기계적인 눈물을 흘리는 것 때문에 오히려 설교사역에 감점을 받게 되었습니다. 그 교회 회중은 설교자가 그 특유한 음정에 돌입하면 아예 따라오는 설교자의 눈물을 기다리고 구경을 한다는 안타까운 이야기입니다.

그러나 배우들이 한 컷의 장면을 연출할 때 감독은 "준비!"를 지시하고 그 다음에는 "감정 정리"를 명령합니다. 이 때의 감정 정리란 잡다한 모든 생각을 멈추고 자신이 외워야 할 대사를 생각하면서 그 장면에 스스로를 몰입시킬 준비를 말합니다. 설교자에게도 이러한 감정 정리가 필요합니다. 이를 위해서는 설교의 내용과 자신이 일체가 되어야 합니다. 자신이 먼저 그 완성된 설교 원고를 반복하여 읽으면서 깊은 감동에 젖어야 합니다. 그 설교 원고에 때로는 눈물 자국이 남아야 합니다.

그러나 거기에 하나를 더해야 합니다. 그것이 곧 설교란 성령님의 역사 아래서(under dynamic of Holy Spirit) 이루어져야 한다는 사실의 거듭된 확인입니다. 그럴 때 설교자의 정리된 감정에서 비롯된 성령님을 찾고 그 도움을 절박하게 구하는 기도와 매달리는 자세가 있게 됩니다. 이 때의 설교는 자신의 지식을 나열하기 위한 방편이 아니라 성령님의 손에 붙잡힌 자신의 정체성을 확인하는 절차입니다. 전폭적인 의존의 자세입니다. 하나의 도구로서 혼신의 힘을 다 내놓으려는 결단이 있어야 합니다. 이 기본자세가 없이는 어떤 경우도 설교자의 감정은 발산될 수 없습니다.

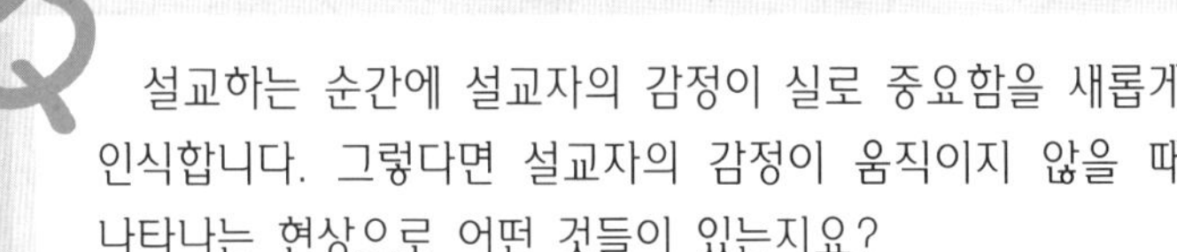

설교하는 순간에 설교자의 감정이 실로 중요함을 새롭게 인식합니다. 그렇다면 설교자의 감정이 움직이지 않을 때 나타나는 현상으로 어떤 것들이 있는지요?

여기에 대한 대답은 컴퓨터를 조작하여 기계적인 기능과 요소만을 갖추어 내보내는 안내 방송을 들어보면 바로 알게 됩니다. 언어와 감정이 언제나 수반되지 않으면 그것은 기계 언어이거나 생명력이 없는 언어라는 사실을 바로 알게 됩니다. 인간의 감정이 섞이지 않은 언어는 이질적인 세계에서 전하는 말처럼 들립니다. 외계인(外界人)의 언어로 들립니다. 이러한 감각이 없는 이상한 언어는 E.T.의 세계를 그리는 영화에서 흔히 나타납니다.

제가 '설교의 실제' 시간에 설교하는 학생들을 보면서 가장 속이 상하고 고민스러운 순간은 설교하는 학생들이 완전히 외계인으로 보일 때입니다. 이때 저는 그들의 모습을 다음의 몇 가지 범주로 분류합니다.

먼저, 뜨거운 설교자의 감각이 보이지 않습니다. 그저 서 있는 냉혈동물로 보입니다. 마지못해 시간을 보내고 있는 인상을 풍깁니다. 어쩔 수 없이 피동적으로 움직이고 있는 모습입니다. 둘째는, 그날의 설교자 자신이 깨닫고 감격하고 그 메시지를 하나님이 주신 말씀으로 준비한 흔적이 보이지 않습니다. 즉, 그 소중한 말씀을 전하려는 의지의 표현이 보이지 않아 한심스러울 때가 있습니다. 셋째로, 감정이 움직이지 않는 까닭에 설교가 끝날 때까지 몸과 손이 전혀 움직이지 않습니다. 얼굴의 표정 언어(facial language)가 전혀 나타나지 않습니다. 넷째로, 음정의 변화가 전혀 보이지 않습니다. 처음부터 끝까지 똑같은 음정으로 이어집니다. 끝으로, 회중을 설득시키려는 적극적인 자세가 보이지 않습니다.

설교자는 살아 있는 생명체 가운데서도 가장 활기가 넘치는 생명체입니다. 죽은 생명을 대상으로 하거나 순간을 채우는 직업인이 아니기 때문입니다. 죽어 가는 생명에게 영원히 사는 생명의 말씀을 불어넣어 주는 존재가 설교자입니다. 설교자는 30분간이라는 시간이 문제가 아니라 필요하다면 피를 토하고 쓰러질 때까지 외치고 또 외쳐야 하는 특수한 사명자입니다. 그러한 까닭에 살아 운동력이 있는 말씀이 전해지는 때는 살아 움직이는 말씀의 종에 의하여 살아 있는 회중의 가슴을 파고드는 그 순간입니다.

생명력이 있는 말씀은 살아 있는 설교자의 감정에 용해되어야 회중의 가슴에 심어질 수 있다는 말씀에 동감합니다. 그러면 설교의 효과를 내기 위하여 설교마다 설교자가 커다란 음성을 발산하면서 열을 뿜어내야 하는지요?

A 아닙니다. 감정의 표현은 반드시 목이 쉬도록 외치고 예배당이 떠나가도록 마이크 앞에서 소리를 지르는 것이 아닙니다. 땀과 눈물을 설교마다 흘리면서 감격의 함성을 지르는 것이 아닙니다.

저는 2000년 성탄 주일 예배를 보스톤의 유서 깊은 트리니티 감독교회(Trinity Episcopal Church)에서 드렸습니다. 그날의 설교자인 그 교회의 부목 제니커(Bruce W. B. Jenneker) 목사는 필자가 모처럼 만난 타고난 설교자였습니다. 그의 설교는 천여 명이 넘은 회중을 사로잡고 있었습니다. 모두가 부동의 자세로 고개를 반듯하게 들고 그에게 눈과 귀를 모으고 있었습니다. 설교가 끝났을 때에야 회중의 숨소리가 들리고 몸들이 움직이기 시작했습니다. 필자 자신도 그의 설교에 깊이 빠져 있었습니다. 분명히 그날의 설교는 생명력이 있는 말씀으로 회중의 가슴 깊이 심어졌습니다. 그가 준비한 설교의 내용과 전달은 탁월했습니다.

그런데 그 탁월한 설교자의 모습에서 예배당이 떠나갈 정도의 우렁찬 함성은 없었습니다. 음향시설을 효과적으로 사용하면서 음정의 높낮이 폭을 적절히 지킬 뿐이었습니다. 정확한 발음으로 이어진 그의 설교 문장의 구(句)와 절(節)은 언제나 적절한 감정의 파도를 타고 있었습니다. 그리고 누가 보아도 그 자신이 그날의 메시지에 심취되어 있음을 느낄 수 있었습니다. 그에게서는 눈물도 없었고 땀을 흘리는 모습도 보이지 않았습니다. 그러나 그 자신의 음정과 몸의 동작과 시선과 어감에서 얼마든지 그의 감정이 타오르고 있음을 볼 수 있었습니다.

 제2주제 설교자의 감정 조절과 표현의 문제

　　설교자로서 자신의 삶을 던지고 오늘을 이어가는 사람들은 때로는 고단하고 때로는 행복하다. 한 편의 설교를 탈고함으로 설교자의 임무가 끝나는 것이 아니다. 준비된 말씀의 메시지가 회중에게 효과적으로 전달(Communication)되지 못했을 때 그 설교는 제 기능을 다하지 못한다. 그러므로 설교자는 주일 설교단에서 설교가 끝나고 회중의 반응을 볼 때까지 긴장을 풀 수가 없다. 단순한 문자로서의 메시지 전달이라면 그것은 원고의 탈고로서 그 임무를 다할 수 있다. 그러나 충성된 설교자는 자신이 섬기는 회중의 지성과 감성의 세계에 메시지를 심어 주어야 하기에 그 긴장을 풀 수가 없다.

　　특별히 설교자의 머리가 아니라 마음의 바탕에서 우러나오는 메시지를 오늘의 회중이 기다리고 있기에 설교자의 부담은 더욱 짙어간다. 현대는 모든 것이 물질문명과 더불어 기계화되어 가는 시대이다. 양심이 작동할 무대가 서서히 좁아지고 있다. 그 결과 감정의 메마름은 삶의 구석구석에서 발견된다. 그래서 죄악은 세상에 가득해지고 살벌한 비바람만 현대인의 피부를 스치고 있다. 그래서 예배의 현장에는 일그러진 정서의 소유자들이 가득하다. 이들은 그날의 말씀에서 웅크렸던 그들의 가슴이 녹아지기를 바라고 기다린다. 그 차가운 가슴들을 녹일 수 있는 지름길은 하나님의 말씀으로 뜨거워진 설교자의 가슴이다. 그 가슴이 성령님의 감동 속에 도구로 이용될 때 거기에 진정한 은혜의 불길이 일게 된다.

설교가 강의로 변하는 현장

Q 최근에 교회에서 젊은 청년들의 모임이 있었습니다. 거기에서 관심을 끈 주제는 성경공부 시간에 목사님의 열정적인 설교가 있었던 반면 막상 예배의 설교 시간에는 차분한 강의가 있었다는 사실이었습니다. 여기에 대한 찬반의 의견이 팽팽했습니다. 가장 아쉬웠던 부분은 설교와 강의에 대한 차이점을 정리하지 못했다는 점입니다. 먼저 설교와 강의의 차이점이 무엇인지 듣고 싶습니다.

A 대단히 중요한 질문입니다. 최근 교회에서 흔히 보는 현상입니다. 특히 교육 수준이 높은 설교자들이 등장하면서 전통적인 설교의 감각보다는 강의실에서 듣는 강의와 같은 감각을 진하게 풍기는 현상을 자주 접합니다. 어떤 교인들은 그러한 형태의 설교를 좋아하는가 하면, 어떤 교인들은 설교 시간

만 되면 졸음을 이기지 못하여 어려움을 겪고 있습니다.

강의(講義)에 대한 사전적 의미는 학문이나 기술의 일정한 내용을 체계적으로 설명하여 가르치는 것이라고 말하고 있습니다. 강의는 설정된 주제에 대하여(about) 자신이 알고 있는 바를 상대방에게 알려 주는 행위입니다. 그러한 현장에서는 들을 필요성을 느낀 사람이라면 경청하고, 들을 필요가 없는 사람은 귀를 기울이지 않습니다. 사실 강의실에서는 주어진 시간에 자신이 가지고 있는 지식을 들려주는 것 이상의 책임이 없습니다. 다시 말하면 강의는 절대적인 진리가 아닙니다. 강의하는 사람의 지식과 판단과 경험을 들려줄 뿐입니다. 자신의 주장에 필요한 자료들을 소개하면서 자신의 주장을 합리화하는 데 그 목적이 있습니다.

그러나 설교(說敎)는 그 성격과 내용이 강의와는 근본적으로 다릅니다. 설교는 인간의 말을 하는 시간이 아닙니다. 하나님이 택하신 말씀의 종을 통하여 하나님의 자녀들에게 절대 진리인 하나님의 말씀을 선포하는 시간입니다. 이 때의 설교는 단순한 성경말씀을 가르치는 시간이 아닙니다. 예배를 받으시는 하나님이 그 백성들에게 필수적으로 먹여야 할 영의 양식을 공급해 주는 시간입니다. 이 영의 양식인 성경말씀을 선포함에 있어서 그 회중이 제대로 이해를 할 수 없는 경우 그 말씀의 뜻을 해석해 주고 그들의 생활 현장에 손쉽게 적용해 줍니다. 설교자는 강의하는 사람과는 달리 선포된 말씀을 회중이 잘 먹고 소화할 수 있도록 해야 하는 책임까지 갖게 됩니다.

결론적으로, 강의는 말하는 사람이 주체가 되지만 설교는 말씀의 주인이신 성삼위 하나님이 주체가 되고 설교자는 그 운반자에 불과하다는 점이 구분되는 부분입니다.

저는 감성보다 지성을 앞세우는 설교자입니다. 그래서인지
모르지만 유창한 웅변술, 즉 입만 살아 있는 설교자들을 볼
때마다 그들로부터 천박하다는 인상을 받습니다. 쉰 목소리
며 약장사처럼 판에 박은 듯한 언어와 음정 등에 거북한 감
정을 심하게 느낍니다. 그들과 차별화된 설교를 시도하다
보면 저의 설교는 어느덧 강의로 전락했다는 평을 받습니
다. 이것에 대해 솔직히 문제점을 지적해 주셨으면 합니다.

남다른 지성의 훈련을 쌓은 설교자로서의 고뇌를 저는
충분히 이해합니다. 한국교회뿐만 아니라 세계의 모든
교회가 가지고 있는 공통점은 설교자의 지적 수준이 모두 동일
하지 않다는 사실입니다. 어디서나 설교자들의 학력 수준은 차이
가 납니다. 지적인 세계에 주로 관심을 두는 설교자는 그 설교의
내용이 언제나 지성적이고 합리적으로 구성되고, 전달 또한 차분
한 강의의 형태를 취하는 경향이 있습니다. 반면에 지적인 관심
보다는 체험적인 신앙을 즐겨 찾고 뜨거운 신앙을 강조하는 설
교자는 내용보다 전달에 열을 올리는 경우가 허다합니다. 그럴
때 질서정연한 논리보다는 언어의 반복이 심하고 고성을 지르면
서 뜨거운 열기를 내뿜는 것을 즐기는 경향을 나타냅니다. 입심
이 남달리 세다는 사실을 봅니다. 인간이 너무 많은 말을 하다보
면 그 발음이나 음정이 고정되어 기계적인 현상을 나타냅니다.
기계적인 음정과 언어의 구사에는 많은 사람이 거부감을 갖기
마련입니다. 그러나 그들에게도 장점이 많습니다. 말씀을 전하려
는 뜨거운 열정을 비롯하여 적극적인 자세 등은 참으로 귀한 것

임에 틀림이 없습니다.

　지성을 강조한 설교자의 경우도 모두가 장점만을 갖는 것은 아닙니다. 자신의 지식이 하나님의 말씀을 앞서는 경우가 많습니다. 자신이 설정한 주제의 전개를 위하여 성경을 하나의 자료로 삼는 오류가 너무나 많습니다. 순수한 하나님의 말씀을 그대로 운반하는 모습이 부족합니다. 유명한 학자들의 말이 그 날의 본문보다 우위에 머무는 실수가 나타납니다. 인간 이성으로 이해될 수 없는 주제는 아예 외면해 버리는 합리주의자로 변하게 됩니다. 설교를 자신이 알고 있는 지식의 나열로 변질시킬 우려를 갖게 됩니다. 그날 설교자를 통해 부각되어야 할 하나님이 오히려 설교자에 가려서 보이지 않습니다. 설교의 전달은 선포의 감각을 잃고 강의로 전락되는 현상을 보입니다.

　여기서 강조하고 싶은 것은 고학력의 설교자일수록 뜨거운 가슴을 소유하라는 충고입니다. 하나님의 말씀만을 전하려는 순수한 운반자(運搬者)의 자세를 견지하라는 부탁입니다. 하나님의 손에 붙잡힌 지극히 미약한 도구로 스스로의 정체성을 갖추라는 부탁입니다.

저는 몇 해 전부터 많이들 이야기하는 강해 설교에 대해 깊은 관심을 갖고 있습니다. 강해라는 말 자체가 설교를 강의식으로 이어나갈 수 있다는 뜻을 내포한다고 봅니다. 본문의 구절을 하나하나 풀어 주기 위해서는 선포의 감각 보다는 강의 형태를 취할 수밖에 없다는 생각을 하게 됩니다. 이 점에 대한 의견을 듣고 싶습니다.

A 그렇습니다. 강해(講解)라는 말의 뜻은 문장이나 학설 따위를 강의하듯이 논하고 풀이하는 것을 말합니다. 강해 설교를 통하여 성경을 체계적으로 이해할 수 있으며, 말씀의 섬세한 뜻을 알 수 있습니다. 그러나 강해 설교를 하는 현장에서 느끼는 것은 설교자가 단순히 말씀의 뜻을 풀어 주는 것으로 만족하는 데서 문제가 발생한다는 점입니다. 한국교회에 소개된 최근의 강해 설교에 대한 가르침이 잘못된 부분이 많습니다. 흔히들 강해 설교를 창세기 1:1부터 계시록 22:21까지 한 절씩 풀어 주는 것으로 오해하고 있습니다. 설교자가 별다른 준비 없이 자신의 견해대로 풀어 주면 되는 단순한 설교 형태로 생각하는 경향이 있습니다.

그러나 진정한 강해 설교는 어떤 설교보다도 설교자의 노력을 필요로 합니다. 「강해 설교의 원리와 실제」를 펴낸 해돈 로빈슨은 강해 설교의 정의를 다음과 같이 내리고 있습니다.

> 강해 설교는 어떤 본문의 문맥에 맞는 역사적, 문법적, 문학적 연구를 통하여 얻어지고 전달되는 성경적 개념을 전하는 것이다. 성령님은 그것을 먼저 설교자의 인격과 경험에 적용시키고 그 다음에 설교자를 통하여 그의 회중에게 적용시킨다.

이상의 정의에 의하면 강해 설교는 단순하게 성경구절의 뜻이나 단어의 뜻을 가르치는 수준의 설교가 아닙니다. 진정한 강해 설교는 말씀을 깊이 연구하고 그것을 먼저 설교자의 인격과 삶에 적용시켜야 합니다. 그리고 그 과정에서 자신이 깨닫고 경험한 진리를 회중의 삶에 적용시키는 것이 강해 설교의 참 진수

(眞髓)입니다. 그러므로 지성에서 지성으로 이어지는 단순한 강의가 아닙니다. 거기에는 때로는 감동과 전율과 같은 정(情)적인 요소가 대단히 필요합니다. 말씀에 나타난 은혜의 바다를 항해하면서 말씀의 주인이신 하나님을 찬미하는 감성적인 요소가 포함되어야 합니다. 이러한 하나님의 은혜와 사랑과 구원과 소망 등은 단순한 이성적 기능의 강의보다는 감성적인 선포로 전달될 때 훨씬 실제적인 효과를 거두게 됩니다.

Q 저는 설교자로서 다른 사람처럼 뜨거운 선포의 설교를 하고 싶습니다. 다른 설교자들이 감동적으로 펼치는 그 열정을 보면 부럽습니다. 그러나 설교단에 서기만 하면 나도 모르는 사이에 강의를 하고 있다는 생각이 듭니다. 신학교 시절 '설교의 실제' 시간에 교수님으로부터 "그것이 무슨 설교인가? 그것은 학생들을 가르치는 강의에 불과해."라는 호된 질책도 받았습니다. 그런데 아직도 저는 그 수준을 벗어나지 못하고 있습니다. 좋은 말씀을 기다립니다.

A 그 심정을 저는 충분히 이해하고 있습니다. 저는 설교학 교수로서 참으로 이상한 경험을 하고 있습니다. 그것은 세월이 가면 갈수록 설교자들이 설교의 감각보다는 강의의 감각을 더 많이 보이고 있다는 사실입니다. 뜨거운 설교보다는 차가운 강의 형태의 설교를 젊은 설교자들이 선호하고 있다는 점입니다. 자신의 뜨거운 가슴을 회중의 가슴에 뜨겁게 전해 주려는 열의가 보이지 않습니다. 저는 이 점이 몹시 괴롭습니다.

솔직한 질문을 주신 분의 고민은 혼자만의 고민이 아닙니다.

현대의 많은 설교자들이 겪고 있는 문제입니다. 그러나 얼마든지 고쳐 나갈 수 있습니다. 희망을 가지고 다음의 몇 가지를 실천해 보시기 바랍니다.

먼저는, 준비한 메시지에 확신을 갖는 자세가 필요합니다. 그날의 메시지를 어느 학설의 소개처럼 여기지 말고 자신이 먼저 믿고 확신을 가지고 회중을 설득시키려는 간절한 심정을 소유해야 합니다. 자신이 섬기는 회중을 향한 뜨거운 애정이 먼저 설교자의 마음에 자리잡도록 기도해야 합니다. 회중을 사랑의 대상으로 볼 때 단순한 논리만을 펼치는 설교가 아니라 애정이 솟구치는 설교로의 변화가 옵니다. 그때 설교자 자신에게 변화가 오고 전하고자 하는 메시지가 몸 밖에 있지 않고 내 몸 안에서 생성되어 나가게 됩니다.

둘째는, 혼자서 산이나 바닷가 또는 예배당에서 자신의 최대의 음량을 쏟아서 저음과 중음과 고음으로 자신의 설교 원고를 읽는 연습을 해 보십시오. 큰 소리로 외치는 연습은 육체의 건강에도 좋으려니와 정신적인 건강도 좋아집니다. 특별히 자신감을 심어 주는 좋은 약이라고 합니다. 부지런히 연습하시기를 부탁합니다. 이 때는 성대를 사용하지 않고 횡격막을 사용해야 함을 꼭 유의해야 합니다.

셋째는, 주일 설교단에 올라가기 전까지 원고를 완전히 소화해야 합니다. 원고의 육화(肉化) 작업이 완성되어야 합니다. 원고에 매인 사람이 내는 열정은 코미디언의 모습과도 같습니다. 설교자가 회중의 얼굴 한번 제대로 쳐다보지 못하고 원고에만 고개를 파묻고 소리를 지르는 기현상을 속출하게 됩니다. 설교자가 원고를 충분히 소화를 했으면 원고대로 구구절절 그대로 옮기려는 의욕을 버려야 합니다. 이미 소화된 내용을 대담하게 회중의 눈에 초점을 맞추고 때로는 뜨겁게, 때로는 차갑게 외쳐야 합니다.

넷째는, 아무리 뜨거운 열을 품어야 할 설교에도 강의식으로 풀어 주어야 할 부분들이 많이 있습니다. 본문의 중요한 단어의 어원이나 그 말씀이 있었던 때의 배경, 또는 예화 등은 선포식으로 할 수 없습니다. 이러한 부분들은 이야기꾼처럼 이어나가야 합니다. 명강의를 진행하는 교수처럼 해도 좋습니다. 문제는 이러한 부분이 끝난 후에도 그대로 그 음정과 언어의 속도를 지속하게 되면 그 설교자는 뜨거운 선포의 감각을 실천할 기회를 놓치게 됩니다. 따라서 원고에 그 분수령들을 분명하게 표기하고 연습을 한 후에 설교단에 서야 합니다.

Q 그렇다면 설교는 언제나 뜨거운 열정을 가지고 선포하는 형식이 되어야 하고 차가운 강의식 설교가 되어서는 안 된다는 말씀인가요?

A 반드시 그렇게 해야 한다는 뜻은 전혀 아닙니다. 여기서 강조하고자 하는 것은 설교자가 어떻게 하면 한 형태 속에 빠지지 않을 것인가의 문제입니다. 어느 설교자는 언제나 단에 서면 그 우렁찬 목소리로 예배당이 떠날 정도로 소리를 지르면서 땀을 흘립니다. 듣는 회중은 그러한 설교를 듣던 초기에는 함께 열을 품으면서 반깁니다. 그러나 시간이 흐를수록 그 열정의 함성은 피곤을 몰고 오는 소음으로 들리게 됩니다. 그리

고 정신적인 혼란이 옵니다. 마음에 안정이 되지 않습니다. 판에 박은 듯한 제한된 어휘의 남발은 곧 싫증을 느끼게 합니다. 그때마다 회중은 설교자가 낮은 음정으로 차가운 강의식 전달도 활용해 주기를 바라는 마음을 갖게 됩니다.

그와 반대로 차가운 강의식 설교로 일관하는 설교자 앞에 있는 회중은 신앙의 열기까지 영향을 받게 됩니다. 지성적인 감각만을 높여 줄 뿐 뜨거운 가슴을 소유한 그리스도인들로서의 열기는 서서히 사라지게 됩니다. 이러한 지성은 단순히 메시지를 전하는 현장에만 멈추지 않습니다. 교회생활 전반적으로 예리한 지성의 잣대를 가지고 살아가게 됩니다. 모든 것을 합리적으로만 풀어 가려는 심성이 자리잡게 됩니다. 적극적인 믿음이 머리에만 머물 뿐 행동에는 좀처럼 나타나지 않는 결과를 가져옵니다.

대화의 정리

솔직히 설교자는 하나님의 말씀을 전달하는 그 순간만은 절대적인 권위와 능력을 보여 주어야 한다. 이러한 카리스마는 단순히 설교자의 삶에서만 생성된 것이 아니다. 말씀의 선포에서 그 터전을 잡아가는 것이 상례이다. "설교자의 입에서 나오는 말은 곧 하나님의 말씀이라고 할 수 있다."는 칼빈의 말은 매우 깊은 의미를 준다. 이것은 설교자의 권위만을 위하여 주어진 말이 아니다. 오늘의 설교자가 이와 같은 말을 앞세워 '말씀의 사자'의 위치만을 강조하고 거기에 버금가는 설교의 노력과 결실이 없을 때는 언젠가 거대한 풍랑에 휩싸여 슬픈 종말을 가져오게 된다. 하나님은 권위를 즐기는 말씀의 종보다 땀 흘려 말씀을 전하고 그 말씀대로 삶의 모습을 보여 주는 종을 찾는다.

설교자가 언제나 간절한 기도와 함께 철저한 설교 준비를 마친 다음에 성령님의 손에 모든 것을 맡기게 되면 자신감이 생기게 된다. 설교자가 회중 앞에 설 때마다 스스로 위축되어 자신감을 보여 주지 못한다면 그것은 설교자로서 시급히 시정해야 할 과제이다. 아무리 질서정연한 논리와 학구적인 구상으로 빈틈없이 준비한 설교라 할지라도 설교자가 자신감을 가지고 선포하지 못하고 원고에서 눈을 떼지 못하며 강의의 형태만을 취하고 있다면 그것은 참으로 애석한 일이다.

설교자가 땀과 눈물을 흘려 준비한 설교를 손에 쥐고 겸허하게 엎드려 기도하는 모습은 가장 아름다운 순간이다. 이 땅의 어느 일터에서도 볼 수 없는 설교자만이 갖는 특유한 복된 순간이다. 100%의 준비를 완료하고 100%의 성령님의 도움을 요청한 말씀의 종은 힘없는 설교자로서 설교단에서 중언부언할 수 없다.

오늘의 설교자들이 강단에서 필연코 보여 주어야 할 것은 뜨거운 가슴과 풍요로운 지성의 머리이다. 땀과 눈물을 흘리는 열정은 설교자의 뜨거운 가슴에서 나와야 한다. 말씀을 전하라고 불러 주신 그 하나님의 놀라운 사랑에 대한 감격이 있어야 한다. 그리고 내게 맡겨 주신 양들을 향한 깊은 애정의 가슴이 있어야 한다. 바로 그 순간 강하고 담대하게 설교의 사역을 수행하게 된다. 땀 흘리는 열정은 마냥 행복의 조건이 된다. 그리고 설교자가 하나님 앞에 부끄럽지 않게 준비한 설교는 언제나 자신감과 확신이 차고 넘친다.

명령형으로 일관된 한국의 설교 전달 유형

Q 유럽이나 북미 교회의 설교자들과 한국교회 설교자들의 가장 두드러진 차이는 메시지를 전달하는 형태라고 많은 사람들이 말하고 있습니다. 어떤 점이 설교 전달에서 차이가 나는지 듣고 싶습니다.

A 인간이 사용하는 언어는 문화의 가장 으뜸가는 표현입니다. 어느 문화권에 사느냐에 따라 어감과 표현의 차이는 뚜렷하게 나타납니다. 서구의 문화권에서 보여 주는 언어의 표현은 지적인 바탕 위에서 전개됩니다. 그래서 차분한 전개와 이지적이고 합리적인 내용을 가지고 그들은 진지하게 대화를 나눕니다. 심각한 다툼을 계속하는 동안도 승자와 패자는 누가 질서를 잃지 않고 차분하고 낮은 음정으로 자신의 주장을 펴는가

에 따라 가름이 됩니다. 이것이 바로 수평적인 문화가 지속되고 있는 민주사회의 한 단면입니다.

한국의 문화권에서 보게 되는 언어생활은 차이가 납니다. 무엇보다도 말소리가 큽니다. 매운 음식을 즐기는 우리 민족과 같은 문화권에서는 누가 큰 소리로 자기주장을 펴서 남을 더 압도하는가가 승패를 가름합니다. 비합리적인 주장도 소리만 크면 승자로 자리를 잡는 경우가 많습니다. 나이나 지위가 높은 사람은 언제나 명령형인 언어로 장식합니다. 이것은 수직 문화에서 나타나는 현상이라고 보아야 합니다.

설교 전달에서도 이러한 현상은 매우 뚜렷하게 나타나고 있습니다. 설교의 내용은 이론적으로나 신학적으로 매우 허술한데도 커다란 음성을 사용하면서 명령 일변도의 표현을 사용하는 경우가 한국교회 설교 전달에는 많이 나타납니다.

Q 생각하면 목회자들의 설교가 명령 일변도로 이어지고 있다고 봅니다. 특별히 설교자가 설교의 형태를 빌려 전하는 명령은 마치 하나님이 주신 명령처럼 착각을 하는 듯합니다. 설교자인 제 자신이 "주님의 이름으로"를 빙자하여 탈선을 하고 있지는 않은지 염려가 됩니다.

A 우리의 민족은 어느 민족보다 종교성이 강합니다. 무속 종교로부터 이 땅에 자리잡은 불교나 유교, 천도교와 같은 종교들은 모두가 수직 문화를 고수하는 종교들입니다. 한국의 기독교 역시 이러한 종교들과 함께 일구어진 문화권에서 존립해

야 하기에 매우 비슷한 양상을 띠는 경우가 많습니다. 모든 종교
가 그들이 섬기는 신의 이름으로 축복과 저주를 하고 필요하다
고 생각되는 사실을 명령하는 것이 상례로 되어 있습니다. 기독
교에서는 설교자나 기도를 많이 하면서 예언을 하는 사람들이
이러한 범주에 빠져들기가 매우 쉽습니다.

그러나 유의해야 할 것은 기독교의 설교자는 감정이나 느낌
으로 설교해서는 안 된다는 점입니다. 기독교는 성경 66권을 통
하여 주신 하나님의 말씀에 철저히 근거하고 있습니다. 설교자
란 자신의 감정과는 무관하게 66권의 말씀 중에서 그날에 주어
진 본문을 전하고 해석하고 적용하는 데 도구의 기능을 할 뿐입
니다. 특별히 "주님의 이름으로…" 명령하는 것은 주의를 기울여
야 합니다. 냉정한 이성을 가지고 깊이 생각한 후에 명령형을
사용해야 합니다. 어떤 경우도 목회적 수단으로 주님의 이름을
빌려서 명령형을 함부로 사용하는 오류를 범하지 않도록 해야
합니다.

Q 설교의 역사에서 언제부터 설교가 명령적인 분위기를 조
성하였는지 알고 싶습니다. 특별히 진리의 조명보다는 도덕
률에 더욱 관심을 기울이면서 인간들의 죄성에 채찍을 가
하는 설교로서 군림하게 되었는지 알고 싶습니다.

A 매우 중요한 질문입니다. 원래 기독교의 설교는 하나님
의 말씀인 진리를 밝혀 주는 데 그 주안점이 있었습니
다. 즉, 진리로 오신 그리스도이신 예수님의 실체를 보여 주고

인류의 구원을 위한 십자가의 희생을 알려 주면서 그분을 길이요 진리요 생명으로 영접하도록 하는 데 주안점이 있었습니다. 그리고 구약에서 이어진 66권의 성경을 통하여 주어진 말씀을 해석하고 회중의 삶과 연관시키는 데 목적을 가지고 있습니다.

이러한 설교가 기독교의 중심지인 로마에서 제 구실을 다하지 못하던 시절이 있었습니다. 영국의 수도사 펠라기우스가 380년경 로마에 왔을 때 도덕적인 해이현상이 너무 심각했습니다. 그때 그는 인간의 자유의지를 부르짖으면서 인간의 노력으로 모든 것을 바르게 할 수 있다는 신학적인 이론을 전개했습니다. 이에 반해 어거스틴은 하나님의 은총 안에서만 모든 것이 가능하다는 반론을 펴기도 했으나 한때는 펠라기우스의 주장이 확산되기도 했습니다. 이때 설교는 주로 인간의 절대 노력을 강조하는 명령형으로 가득하게 되었습니다. "이렇게 하라.", "이렇게 하지 않으면 안 된다.", "반드시 이렇게 따라야 한다."는 표현들이 설교에서 활발하게 전개되었습니다. 물론 이들은 후에 신학적으로 이단으로 정죄를 받은 바 있습니다.

그런데 문제는 신학적으로는 어거스틴의 은총론이 기독교 신학의 줄기로 이어지게 되었고 종교개혁자들도 이 신학에 근거하여 오늘의 개신교를 이룩하였지만 설교는 그렇지 않다는 데에 있습니다. 시간이 흐른 후에도 설교에 있어서 이러한 은총의 신학보다는 펠라기우스의 도덕론을 따르고 있다는 데 현대 설교학자들의 고민이 있습니다. 특별히 유교 사상이 깊이 뿌리내린 한국에서는 이러한 도덕적인 책임 수행을 강조한 설교가 명령형의 형태로 이어지고 있습니다. 즉, 인간의 죄성을 치는 설교가 군림하게 되었다는 점입니다.

　　인간들의 기본 도덕률이 무너지고, 윤리가 실종되는 회중의 현장을 보면서 진리에 입각하여 탈선을 분명하게 지적하고 바른 길을 걷도록 명령하는 것이 설교의 탈선인가요? 오히려 오늘의 설교가 회중의 죄를 지적하고 회개를 외치는 예언자적 사명을 수행하지 않기에 오늘의 문제가 있는 것은 아닌지요?

　　주신 질문에 저도 동일한 생각을 가지고 있습니다. 당연합니다. 설교는 하나님의 말씀으로 조명해 볼 때 잘못된 것을 바로잡아 가도록 해야 합니다. 솔직히 현대의 설교자들이 회중의 비위를 거스르지 않으려는 경향이 있습니다. 무속종교나 불교에서 최상의 것으로 여기는 "소원성취, 무병장수, 부귀영화"를 향한 메시지가 너무나 범람하고 있는 현실입니다. 이것이 바로 우리의 그리스도교가 기복 종교로 전락하게 된 원인입니다.

　　그러나 다음의 사실을 생각해 볼 필요가 있습니다. 그 동안 우리 사회가 부패하고 교회가 탈선한 원인이 죄를 지적하는 설교가 없었기 때문이라고 생각하시는지요? 그 동안 한국교회는 많은 설교자들이 그리스도인의 바른 삶을 강조해 왔습니다. 그럼에도 불구하고 죄악의 세력은 깊고 넓게 자리를 잡고 있습니다.

　　역사적으로는 앞에서 언급한 대로 로마의 부패를 본 펠라기우스와 그의 추종자들이 엄격한 도덕률을 강조한 설교를 온 로마를 누비면서 외쳤습니다. 한때는 신학도 설교도 모두 이들이 지배를 하면서 죄의 정복을 시도했습니다. 그러나 죄의 확산과 교회의 탈선은 바로잡아지지 않았습니다.

그렇다고 해서 회개를 외치는 설교를 할 필요가 없다는 말은 전혀 아닙니다. 설교에는 크게 4가지의 범주가 있습니다. 하나는, 예수님의 오심과 생애와 교훈과 수난과 부활과 승천과 재림에 초점을 둔 선포적인 설교가 있습니다. 또 하나는 성경말씀을 가르치고 기독교의 교리와 신학을 가르치는 데 초점을 둔 교리 설교가 있습니다. 그 다음에는 상처 받은 영혼들과 심성을 달래고 위로해 주는 치유 설교 또는 목양 설교가 있습니다. 그리고 사회의 부정과 부패를 지적하고 개인의 죄를 회개토록 독촉하는 예언적인 설교가 있습니다. 설교자가 이러한 설교의 기본 유형을 때에 따라 골고루 사용할 수 있어야 한다는 점이 설교 신학에서 강조한 부분입니다. 예를 들어 첫 주일에 위로의 목양 설교를 했다면 그 다음은 순수한 복음의 선포에 초점을 둔 설교를 하고, 그 다음에는 말씀을 풀어 가르치는 교리 설교를 하고, 그 다음은 회중의 삶에 경각심을 일으키는 예언적인 설교를 하는 균형 잡힌 설교 사역을 감당해야 합니다. 한 가지의 유형만을 설교자가 고수하는 것은 회중에게 편식을 시키는 결과를 초래합니다.

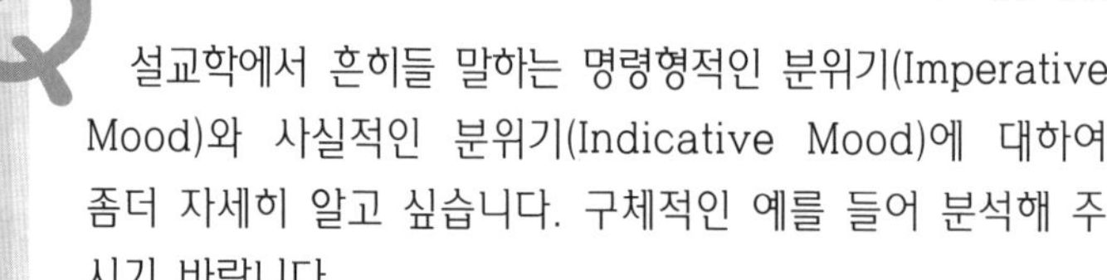

설교학에서 흔히들 말하는 명령형적인 분위기(Imperative Mood)와 사실적인 분위기(Indicative Mood)에 대하여 좀더 자세히 알고 싶습니다. 구체적인 예를 들어 분석해 주시기 바랍니다.

설교의 전달에 있어서 '명령형적인 분위기'와 '사실적인 분위기'에 대한 본격적인 토론은 1980년대 중반에 북미

설교학회에서 진행된 바 있습니다. 이 토론은 개신교의 설교가 개신교 신학의 줄기인 은총론을 따르고 있는지, 아니면 펠라기우스의 엄격한 도덕론을 따르고 있는지를 평가하면서 개신교 설교의 신학과 형태가 이제 은총론에 입각하여 이루어져야 한다는 주장을 낳게 하였습니다.

여기서 주로 논의된 것은 죄의 지적과 회개의 촉구가 명령형의 설교 분위기(Imperative Mood)에서만 가능하게 되는지의 문제였습니다. 설교는 설교자와 그가 속해 있는 문화권의 언어 구조와 사고에 따라 많이 달라집니다. 우리 문화의 경우 설교자는 명령자의 위치에 서 있는 것처럼 착각을 하게 됩니다. 그래서 어느 나라 교회보다 한국교회가 명령형을 많이 사용하는 설교를 이어왔습니다.

그러나 여기에 반론을 들고 나온 것이 바로 설교자가 겸허하게 말씀의 봉사자가 되어야 한다는 주장입니다. 그래서 설교자는 오직 말씀의 진리를 보여 주고, 회중이 그 진리의 주인된 하나님을 만나도록 하는 데 주안점을 두어야 한다는 것이 이 형태의 핵심입니다. 즉, 하나님의 말씀을 사실 그대로 조명해 주는 분위기(Indicative Mood)를 형성해야 한다는 이론입니다.

먼저, 명령형의 분위기(Imperative Mood)를 가져오는 표현들을 예로 들어봅니다.

> 죄는 사탄의 권세 아래 있습니다. 죄를 지은 여러분은 사탄의 손에 잡혀 있는 몸들입니다. 거기서 빨리 나오시오. 회개의 열매를 맺고 하나님의 자녀된 신분을 회복하시오. 그리고 하나님의 용서를 받으시오. 그렇지 않으면 그 죽음의 길에서 벗어나지 못합니다. 지금 당

장 가슴을 치며 회개의 눈물을 흘리시오. 그리고 죄악으로부터 벗어나 자유자가 되시오.

또 하나는, 진리의 주인을 보여 주는 사실적인 분위기(Indicative Mood)를 나타내는 표현입니다.

여러분은 참된 목자의 뒤를 따르다가 아차 하는 순간 목자를 멀리한 양이 되었습니다. 그 동안 죄로 얼룩진 삶의 장에서 신음하셨습니다. 그러나 우리의 하나님 아버지는 한 번도 우리를 버리시거나 잊으시지 않으십니다. 지금 이 순간도 대문을 열어 놓고 우리가 돌아오기만을 기다리고 계십니다. 우리가 그 품에 들어갈 때까지 우리의 하나님은 그 문을 닫지 않고 내내 서서 기다리십니다.

위의 예는 동일한 목적을 가지고 있으나 첫 부분은 명령형의 분위기로 회중을 압박하고 있습니다. 그리고 설교자가 주관적으로 명령하고 있는 인상을 풍깁니다. 그러나 두 번째의 표현은 말씀의 주인이 우선 등장하여 회개하고 돌아오기를 기다리고 계시는 인자한 어버이의 모습을 보입니다. 위압적으로 이어지는 설교자의 명령 앞에는 주춤하게 됩니다. 그러나 인자한 하나님이 팔을 벌리고 안아 주시려는 모습을 볼 때는 눈물을 흘리면서 그 위대한 사랑에 굴복하게 됩니다.

저는 설교자로서 어감의 문제가 심각합니다. 나의 의도한 바와 다르게 상대들이 오해를 합니다. 상대의 인격이나 의견을 존경하고 말을 하는데도 듣는 사람은 나의 말을 명

A 주신 질문은 혼자만의 문제가 아닙니다. 많은 설교자들이 고민하는 문제입니다. 특별히 감정이 풍부한 설교자로서 정확한 발음과 뚜렷한 음정을 가지고 설교를 하는 경우 회중은 더욱 그러한 느낌을 가집니다. 그래서 본의 아닌 오해를 사는 경우가 종종 발생합니다.

이러한 고민을 안고 있는 설교자들에게 다음의 몇 가지를 권하고 싶습니다.

먼저, 감정의 발산을 최대한 조절해야 합니다. 아주 분석적이고 이지적인 자세와 음정을 자주 보여 주어야 합니다. 고조된 감정을 식힌다는 것은 실로 어려운 일입니다. 그러나 감정의 조절을 하지 못하고 상기된 표정과 어감만을 계속하는 경우 자신의 문제점을 수정하기는 매우 어려워집니다.

둘째는, "입니다", "합니다"와 같은 서술형 종결어를 주로 사용하는 방법입니다. "해야 합니다", "하지 않으면 안 됩니다", "하시오", "되시오"의 명령형이나 "하자", "ㅂ시다"를 사용하여 청유문(請誘文)을 끝맺는 동사의 활용을 자제하는 일입니다. 즉, 말하는 사람이 듣는 사람들에게 같이 행동할 것을 청하는 내용의 문장과 거기에 필요한 종결어를 최대한 억제하는 일입니다.

셋째로, 언어의 속도를 차분하면서도 느리게 지속하여 보십시오. 높은 음정에 빠른 속도를 타고 달려 온 언어는 일반적으로 명령하는 인상을 풍깁니다. 상대방이 아무런 준비가 되어 있지 않은 가운데 급박하게 밀려오는 언어 앞에 듣는 사람은 당황할 때가 많습니다. 자신의 말을 듣고 있는 상대에게 자신의 말을 듣고 음미하고 결정할 수 있는 시간을 줄 필요가 있습니다.

대화의 정리

그 동안 한국교회에서 행해진 설교가 대부분 "죄로부터 회개하고 돌아와 하나님 앞에 칭찬받고 사는 성도가 되라."는 범주에 머무르고 있었다. 그런 주제는 자연적으로 죄를 지적하고 태만을 지적하고 성수주일이나 십일조 이행을 잘하지 못함을 지적하는 설교로 머물게 되었다. 그리고 준엄한 심판을 피하는 길을 제시하면서 신속히 그 길 속에 머물 것을 독촉하고 명령하는 것으로 설교가 진행되고 있었다.

회중의 교육 수준이 낮고 맹종적인 신앙으로 일관할 때는 이러한 명령형의 설교가 설득력을 가졌고 효과가 있었다. 그러나 설교자보다 지적인 수준이 높고 기독교의 진리에 대한 깨달음의 폭과 깊이가 달라진 회중에게는 이 형태의 설교가 부적절한 때가 되었다.

새로운 설교의 이론은 과거와는 다른 단계를 제시한다. 예를 들면 설교자가 죄인된 인간이 하나님 앞에 나아가기 위하여 갖추어야 할 회개를 독촉하는 존재로 머물 것을 강요하지 않는다. 오히려 설교자가 죄인된 몸이라도 안아 주시기 위하여 팔을 벌리고 있는 사랑의 하나님을 그림처럼 서술하고 보여 주어야 함을 주 임무로 규정한다. 다시 말하면, 설교자는 예수님이 지신 십자가의 사건을 통하여 찾아온 은혜의 하나님에게 쉽게 접근할

수 있도록 도와야 한다. 설교자는 이제는 공포심을 자아내는 율
법적인 설교를 펼치는 것을 재고해 볼 필요가 있다. 설교에 의하
여 회중이 오히려 하나님 앞에 나아가지 못하고 두려워하며 떨
게 만드는 것은 설교의 참된 의미를 살리지 못하는 결과이다.

설교단에서 보여 주는 설교자의 표정

Q 설교자가 설교단에 섰을 때 자신의 표정에 깊은 관심을 가져야 할 이유를 듣고 싶습니다. 저의 솔직한 심정은 나의 모습을 있는 그대로 가정이나 일터나 설교단의 구분 없이 자연스럽게 보여 주면서 살고 싶습니다. 여기에 대한 의견을 주셨으면 합니다.

A 저는 주신 질문을 앞에 놓고 많은 생각을 해 봅니다. 아무런 꾸밈새가 없던 에덴에서의 삶을 연상해 봅니다. 그리고 금지된 선악과를 먹고서 달라진 우리의 눈을 생각해 봅니다. 사실 에덴에서 인간의 눈이 달라진 이후부터 우리는 남을 의식하고 살아야 하는 존재가 되었습니다. 인간이 꾸밈없이 창조된 모습 그대로를 노출하면서 산다는 것은 이상일 뿐 현실이 아님

을 모두가 인정하고 있습니다.

특별히 설교자는 솔직한 인간의 모습을 있는 그대로 보여주면서 진솔한 삶을 살아야 한다고 하면서도 사실은 남의 눈을 가장 많이 의식하며 살아야 하는 존재입니다. 그 이유는 목사란 단순하게 수평적으로 엮어진 공동체의 일원으로 끝나지 않고 예배하는 공동체의 책임자로 살아야 하기 때문입니다. 그 중에서도 가장 중요한 책임은 설교 사역입니다.

생각하면 설교는 여러 요소가 복합적으로 얽혀 있는 사역입니다. 단순한 언어와 관계가 있는 기능들뿐만 아니라 외형적인 모습까지 모두가 입체적으로 동시에 움직이게 되는 종합 예술이라고 할 수 있습니다. 그래서 설교자의 외형적인 복장이나 인상 등은 설교 전달에 있어서 매우 중요한 부분입니다. 이것은 단순한 겉치레가 아닙니다. 진실을 감추는 행위도 아닙니다. 잘 보이려는 장식의 차원이 아닙니다. 그것은 설교자가 전달해야 할 메시지가 손상 받지 않고 진리의 존엄성을 간직한 채 회중의 가슴에 스며들게 하는 보조적 역할을 감당하는 소중한 요소입니다.

주신 말씀에서 설교자의 인상이 갖는 중요한 의미들을 다시 알게 되었습니다. 그렇다면 먼저 설교자의 표정에 대한 말씀을 들려주셨으면 합니다. 그 중요성과 의미들을 듣고 싶습니다.

언어는 크게 두 가지로 분류됩니다. 하나는 성대와 입을 통하여 나오는 음성 위주의 언어입니다. 이 언어는 자음과 모음을 결합하여 말을 만들어 의사 전달을 하게 됩니다. 자신들의 공동체에서 계약된 표기들을 각자 따로 만들어 그 공동체 안에서만 사용하는 특성을 가지고 있습니다. 언어학에서는 이것을 삶의 양태를 함께 하는 공동체의 언어라고 합니다. 또 하나는 신체 언어입니다. 이것은 아무런 음성도 사용하지 않고 몸의 부분들을 사용하여 의사를 소통하는 또 하나의 언어입니다. 모두가 음성 언어만 가지고 살기에 이것만이 최고의 의사 전달의 도구라고 이해하고 있습니다. 그러나 커뮤니케이션 이론에서는 음성 언어보다는 신체 언어가 인간의 의사 전달에 더 많은 부분을 차지한다는 통계를 가지고 있습니다.

다시 말하면, 음성 언어보다는 말하는 사람의 표정(facial expression)에서 전달하고자 하는 의사(意思)가 훨씬 정확하게 나타난다는 뜻입니다. 설교자는 이러한 신체 언어의 중요성과 효과에 깊은 관심을 기울여야 합니다. 설교자의 표정 관리는 설교 전달에서 절대적인 비중을 차지하고 있습니다. 자신이 전하는 메시지의 진실성과도 연계됩니다. 뿐만 아니라 설교자가 강조하고 싶은 부분을 표현할 때도 신체 언어가 절대적인 몫을 담당합니다.

신체 언어에 대한 의미와 그 중요성은 충분히 이해가 갑니다. 그러나 어떤 부흥사의 경우 그들이 보여 주는 신체 언어에서 많은 사람이 혐오감을 감추지 못합니다. 상습적이고 직업적으로 이어진 그들의 몸가짐과 제스처와 얼굴 표정 등은 오히려 진실성을 경감(輕減)시키는 결과를 초래한다고 여겨집니다. 이러한 문제는 어떻게 생각하시는지요?

신체 언어의 남용에 대한 정확한 평가입니다. 신체 언어는 설교 전달의 절대 요소 중의 하나입니다. 그러나 그것이 습관과 연결되고 거짓 꾸밈의 탈을 쓰게 되었을 때는 엄청난 탈선의 무기로 변질됩니다. 설교자가 이 위장(僞裝)된 신체 언어에 맛을 들이면 설교의 생명은 종장(終章)을 맞게 됩니다. 그리고 그 설교자는 곧 설자리를 잃게 됩니다.

저는 길가에서 사람들을 모아 놓고 물건들을 파는 일회성 상인들의 선전 언어와 그 진지한 표정에 여러 번 속은 경험이 있습니다. 손에 사들고 온 그들의 물건이 진품이 아닌 것으로 판명되었을 때마다 나의 어리석음을 탓합니다. 그리고 이어서 그들이 나를 매혹시킨 그 음성 언어와 신체 언어를 떠올리면서 많은 생각을 합니다. 오늘의 많은 회중은 설교자들이 내뿜는 그 화려한 음성 언어와 신체 언어 앞에 감격하고 눈물을 흘리면서 '아멘'을 연발합니다. 그러나 훗날 그들은 설교자가 직업적으로 사용한 그 신체 언어에 서서히 실망하게 됩니다. 그 모두가 허구(虛構)였다는 것을 곧 알게 됩니다.

그러므로 신체 언어란 진지해야 합니다. 어떤 경우도 습관화되거나 속임의 장치로 사용되어서는 안 됩니다. 자기감정과는 무관한 눈물짓는 표정을 비롯하여 설교단에서의 종횡무진하는 몸가짐 등은 삼가야 합니다. 우리의 문화에 절대적인 영향을 준 바 있는 공자는 그의 논어 학이편(學而篇)에서 "교묘한 언변과 풍부한 표정에는 진실성이 매우 드물다."는 말을 남기고 있습니다. 우리의 설교자들이 음미해 볼 만한 말입니다.

사실 밝고 단정한 설교자의 인상은 메시지 전달을 원활하게 하는 소리 없는 첫 언어입니다. 설교단에서 보여 주는 설교자의 맑고 깨끗한 표정은 회중의 마음을 맑게 해 주는 좋은 도구입니다. 거기에 더하여 잔잔한 설교자의 첫 미소는 회중에게 안정과 기쁨을 안겨 줍니다. 설교자들이 가장 부러워하는 부분은 유창한 설교보다는 맑고 깨끗한 얼굴에 온순하고 인자한 미소를 머금고 설교하는 모습입니다.

모든 설교자가 이러한 인상을 소유하기는 참으로 힘듭니다. 인상이란 살아온 과정과 환경에 의하여 그려진 얼굴 위의 그림입니다. 기쁨과 감사로 언제나 웃음이 가득한 가정 출신의 사람과 짜증과 불안과 다툼으로 가득한 가정에서 살아온 사람의 얼굴에서 우리는 각각 다른 그림을 발견하게 됩니다.

설교자가 설교를 하기 직전에 보이는 불안하고 초조한 인상은 이러한 가정 배경과의 연관성보다는 설교라는 막중한 사명의 순간 앞에 갖게 되는 긴장감 때문입니다. 설교는 설교자의 의견 발표가 아니라 하나님의 말씀을 운반하여 주는 순간이기에 설교자의 긴장감은 피할 수 없는 일입니다. 이 점은 일반적으로 많은 설교자들이 가지고 있는 고민입니다. 여기에 대하여 다음과 같은 몇 가지의 충고를 드리고 싶습니다.

먼저, 설교자의 준비 문제입니다. 여기서 말하는 준비는 두 가지입니다. 설교자로서 하나님과 사람들 앞에 부끄러움이 없는 몸과 마음의 준비입니다. 또 하나는 그 주일의 설교에 대한 철저한 준비입니다. 설교의 구성과 자료를 모두 100% 원고화하고 그 원고를 완벽하게 소화하는 일입니다. 이럴 때 설교자는 자신감을 갖게 되고 자신의 표정까지 관리할 수 있는 여유가 생깁니다.

둘째는, 설교자가 설교단에 올라설 때 갖는 마음가짐입니다. 설교의 준비가 완벽하든지 모자라든지 설교의 무거운 짐을 성령님께 완벽하게 맡겨야 합니다. 설교자 스스로가 은혜 있는 설교를 하겠다는 욕심이나 의지의 발동은 설교단에서는 금물입니다. 설교자가 온전히 성령님의 도구로 스스로의 정체성을 확인하고 맡기는 자세로 임할 때 평화가 주어지고 자신의 얼굴 표정도 달라집니다.

셋째는, 설교 도중에 발음이 틀리게 되고 원고의 내용을 잊었더라도 당황하지 않아야 합니다. 당황할 때는 그 인상부터 부정적인 표현을 하게 됩니다. 이럴 때일수록 더욱 차분한 감정과 여유를 가져야 합니다.

Q 설교자의 얼굴 표정이 메시지의 내용이나 설교자의 의도에 따라 자주 바뀌는 것이 바람직한 일인지 알고 싶습니다. 설교자의 표정이 너무 자주 바뀔 때 솔직히 가벼운 인상을 받게 되고 연기자의 모습처럼 느껴지는 때가 종종 있습니다.

A 좋은 질문입니다. 유교를 중심으로 하는 우리 문화권에 서 자신의 의사를 거침없이 표현하는 언어나 표정이 환 영을 받지 못하였습니다. 우리의 문화권은 좋고 싫음을 기탄없이 표현하는 개방사회가 아닙니다. 지도자는 언제나 자신의 느낌을 심중에 품고 표현을 천천히 하는 과정을 거쳐야 하는 것이 우리 의 현실입니다. 그것은 개인 중심으로 살아가는 서구 사회와 달 리 우리들은 좁은 땅에서 형성된 공동체를 유지하기 위하여 개 인주의를 억제해야 했기 때문입니다.

사실은 설교자가 언어의 문장마다 얼굴의 표정을 바꾼다는 것은 권할 만한 일이 못됩니다. 우리의 문화권에서 기대하는 설 교자는 어디인가 묵직하고 진지한 인간이기를 바라고 있습니다. 가볍게 기쁨과 슬픔의 감정을 표현하는 연기자들과는 차이가 있 기를 바라는 것이 한국교회 회중의 심성입니다. 그러한 기대에 설교자가 미치지 못할 때 회중은 아쉬움을 갖게 되고 때로는 경 멸의 눈초리도 보내게 됩니다.

그렇다고 설교자의 표정이 슬픔을 말할 때나 심지어 십자가 의 수난을 말할 때도 미소를 계속 띠고 있어야 한다는 말은 아 닙니다. 설교자의 표정은 그 메시지의 내용과 동행해야 합니다. 그러나 그것이 너무 자주, 그리고 진하게 그 얼굴에서 표현된다 면 오히려 역효과가 나타나게 됩니다. 언어의 고저와 속도가 바 뀔 때마다 얼굴 표정도 달라지게 된다면 회중은 우선 안정을 잃 게 됩니다. 그리고 설교자는 경솔한 인상을 풍기게 됩니다.

저는 매주 설교를 듣는 평신도입니다. 우리 교회 설교자는 무슨 연고인지 알지 못하나 앞이마가 보이지 않을 정도로 머리를 내리고 설교를 합니다. 거기에다가 두꺼운 안경테까지 겹쳐서 답답함을 느낍니다. 이러한 부분에 대하여는 신학교의 설교학 교육에서 어떻게 취급하시는지요?

사실 설교자의 인상은 스스로 가꾸어야 합니다. 그것은 선천적인 생김새를 고치는 것이 아니라 스스로 맑고 깨끗한 모습을 갖추려는 설교자의 노력으로 표현되어야 합니다. 특별히 머리카락을 자연스럽게 보이기 위해 단정한 모습에서 벗어나려는 젊은 설교자들에게서 그러한 모습을 발견하게 됩니다. 어느 교회에서 있었던 일입니다. 예배를 마치고 나가는 길에 어느 나이 많은 권사님이 언제나 이마를 머리카락으로 가리고 있던 젊은 설교자와 악수를 합니다. 권사님은 용기를 내서 손을 들어 목사의 이마에 그 머리카락을 올려보면서 "우리 목사님 이마에 숨겨야 할 흉터가 있으신가? 어디 좀 봅시다." 했다는 사례가 있습니다.

머리카락이 이마를 덥고 있다거나 두꺼운 검은 안경테를 착용하는 것은 설교자의 인상을 밝게 하는 데 지장을 줍니다. 연예인들은 자기의 특유한 이미지를 심기 위하여 다양한 형태의 모습을 갖추고 있습니다. 그러나 설교자는 그러한 형태를 따를 이유가 없습니다. 설교자는 일반적으로 이마가 시원스럽게 보이도록 하여 설교자의 인상이 밝도록 노력해야 합니다. 이러한 점은 설교 훈련 시간에 많이 강조하고 있는 부분입니다. 생각하면 설교자는 자신이 원하는 대로 모습을 갖추고 사는 존재가 아닙니다. 설교자는 언제나 자신을 주시하고 있는 회중을 먼저 생각해야 합니다. 회중의 눈길은 자신들에게 말씀을 선포하는 설교자만은 단정한 인상을 풍기고 정숙한 모습을 보여 주기를 기대하고 쳐다보고 있습니다.

Q 우리 목사님은 좋은 설교자이십니다. 목사님의 설교 내용과 전달은 누구와도 비교할 수 없는 수준입니다. 그러나 목사님의 미간에 굵은 주름살이 상하로 잡혀 있어서 언제나 부정적인 인상을 풍깁니다. 참으로 아쉬운 부분입니다. 이 지적이 지나친 나의 욕심이라면 용서하세요. 그러나 모든 설교자들이 알아 두셨으면 하는 문제입니다. 여기에 대해 한 말씀을 언급해 주시면 고맙겠습니다.

A 지적하신 문제는 많은 설교자들이 고민하고 있는 문제입니다. 두 눈썹 사이를 가리키는 양미간(兩眉間)을 찌푸리는 것은 분명히 부정적인 표현에 많이 등장하는 표정입니다. 사람들이 자신의 부정적인 감정을 표시할 때 흔히들 미간을 찌푸리게 됩니다. 일반적으로 성격이 급하거나 매사를 부정적으로 보는 사람들에게서 흔히 보게 되는 표정입니다. 뿐만 아니라 잠의 형태나 극치의 감정을 표현할 때 나타나기도 하는 표정입니다. 이러한 표정을 짓는 것이 젊을 때부터 습관화된 사람은 미간에 내 천(川)자와 같은 골이 잡히게 됩니다. 그리고 나이가 들면 그 골은 풀리지 않는 깊은 주름으로 평생을 따라다닙니다. 이러

한 표정은 설교자의 인상에 치명적인 손상을 안겨 줍니다.

설교자는 언제나 긍정적인 사고와 인상을 보여 주어야 합니다. 이러한 설교자에게 미간을 찌푸리고 있는 인상은 매우 안타까운 부분입니다. 우리의 주변에서는 은혜가 충만하여 기쁨과 감사로 가득한 사람들을 봅니다. 그들은 대부분 매사에 긍정적이고 적극적입니다. 그 얼굴에는 맑은 미소가 보입니다. 더욱 자세히 보면 그 양미간에는 전혀 주름이 없습니다.

이러한 이유들 때문에 설교를 가르치는 교수들은 어떤 경우도 미간에 주름이 있어서는 안 된다는 점을 강조하고 있습니다. 대부분 맑고 밝은 인상이 양미간에 아무런 선이 없는 경우에 발견됨을 보면서 그 중요성을 더욱 실감하고 있습니다.

대화의 정리

인간 사회에는 언어가 있기 전에 얼굴의 표정을 통한 의사소통이 먼저 있었다. 그래서 인간은 소리를 통한 의사소통을 갖기 전에 상대의 표정을 먼저 읽는다. 그 표정에 의하여 자신이 필요한 것들을 예상한다. 그의 기분 상태를 비롯하여 원하는 것까지도 미리 짐작하고 소리를 통한 언어에 접한다. 그렇기 때문에 표정이란 소리 없는 의사소통의 일차적 관문이다. 이 관문은 설교 현장에서 매우 중요하게 여기고 있다.

인간이란 누구나 좋은 인상을 소유한 사람과 이야기를 나누기 원한다. 험상궂은 인상의 소유자가 자기 앞에 나타날 때 모두가 경각심이나 거부감을 갖게 된다. 그래서 몽테뉴는 그의 「수상록」에서 "좋은 외모는 인간사에 있어서 훌륭한 추천장이다."라는

말을 남기게 되었다. 설교자만을 쳐다보고 그 입에서 나오는 메
시지를 기다리는 설교 현장의 '관객'들은 그들의 눈을 설교자의
표정을 비롯한 외모에 집중하고 있다. 자신의 표정이나 인상에서
호감을 주지 못하는 설교자는 그만큼 '관객'과 거리를 두고 있다
는 것을 명심해야 한다.

　인간이란 하나의 과일을 살 때도 겉모양을 세심히 주시한다.
그 세심한 주시는 좋은 알맹이를 찾기 위한 과정이며 노력임에
틀림이 없다. 오늘의 회중은 설교자의 입을 통한 언어가 있기 전
에 그의 인상과 표정을 통하여 우선적으로 안정감을 갖기 원한
다. 그의 잔잔한 미소 앞에서 자신들도 미소짓기를 원한다. 이러
한 양자의 미소의 출발은 의사소통을 가져올 수 있는 비옥한 옥
토가 된다. 그 옥토에 발을 들여놓았을 때 설교자와 회중은 기쁨
과 감사와 슬픔과 고통의 비바람을 함께 경험하면서 말씀의 깊
은 세계에 진입(進入)하게 된다.

설교대에서 설교자가 갖추어야 할 몸가짐

Q 설교자가 성단에 올라오는 모습이나 설교를 위하여 앉아 있는 모습에서 참고해야 할 말씀을 들려주시기 바랍니다. 우리 교회 목사님은 단에 오를 때부터 정중함이 결여되는 인상을 풍깁니다. 단에 올라와 앉기가 무섭게 주위를 두리번거리거나 회중 가운데 누구인가를 찾는 듯합니다. 때로는 옆에 있는 전화를 들고 지시를 하는 등 너무 산만한 모습을 보입니다. 성단에 오른 인도자나 설교자가 갖추어야 할 첫 몸가짐은 어떠해야 할까요?

A 설교란 단순히 언어로만 진행되는 것이 아닙니다. 설교의 권위가 그 언어와 내용만으로 이루어지는 것이 아니라 설교자의 몸가짐과도 절대적인 관계를 가지고 있습니다. 연출

을 맡은 사람들은 연기자들이 대중 앞에 나타날 때 어떤 마음가
짐과 몸가짐을 갖추어야 할 것인지를 먼저 훈련시킨 후에 그 다
음 단계의 교육을 시킵니다.

주일 예배가 시작될 무렵 설교자가 성단에 올라가 정중한 몸
가짐을 보이지 못하는 경우를 저도 많이 보고 있습니다. 설교자
가 무엇을 잊었는지 내려왔다가 다시 오르는 모습이나 옆에 있는
전화를 들고 통화를 하는 모습을 많이 보았습니다. 그리고 고개
를 좌우로 돌려가면서 회중을 살피는 모습도 봅니다. 이러한 모
습들은 단에 오른 설교자로서 적절한 몸가짐이 아닙니다.

한국의 문화권에서는 종교 지도자라면 언제나 그 몸가짐이
정숙하기를 기대합니다. 자신들은 세상 속에서 흐트러진 삶을 살
았어도 종교 지도자만은 모범된 삶의 내용과 몸가짐을 갖추기를
원하고 있습니다. 그러한 요구는 오랜 전통의 종교를 문화의 바
탕으로 하는 곳에서는 더욱 심합니다. 이러한 문화권에 있는 한
국교회 역시 자신들의 설교자에 대하여 그 삶의 질과 몸가짐에
남다른 관심을 기울이고 있습니다. 그러한 현상은 설교자가 성단
에 오를 때부터 정숙한 분위기를 그 몸가짐에서 풍겨 주기를 기
다립니다. 그들은 어떤 경우에도 설교자의 경망스러운 언어나 몸
가짐을 환영하지 않습니다.

일반적으로 많은 설교자들은 성단에 오르면 바로 무릎을 꿇
고 기도를 합니다. 이 점은 매우 좋은 출발이라고 생각합니다.
설교자가 그 시간에 예배를 인도하는 일이나 설교를 하는 일에
성령님의 손에 잡힌 도구로서 성직을 수행하게 해 달라는 기도
는 너무나 당연한 일입니다. 하나님께 드리는 예배를 인도하고
하나님의 말씀을 선포해야 할 막중한 책임을 앞에 두고 목사가

엄숙하게 무릎을 꿇고 기도하는 자세는 한국교회 초기부터 있어
온 일입니다. 지속적으로 우리의 목사들이 그 자세를 이어가기를
바라는 마음입니다.

제가 사역하고 있는 교회에서는 부목사가 예배를 인도하
고 저는 설교와 축도만 합니다. 그래서 성단의 의자에 앉아
있는 시간이 많습니다. 이때 설교자가 갖추어야 할 몸가짐에
대하 듣고 싶습니다. 저는 무릎을 모으고 앉아 있는 것보다
는 한 다리를 올려 두 무릎을 포개는 자세가 편합니다. 여기
에 대한 찬반의 이야기가 많이 나옵니다. 의견을 말씀해 주
셨으면 합니다.

매우 현실적인 질문을 하셨습니다. 대중 앞에 앉아 있는
사람이 두 무릎의 자세를 어떻게 하느냐에 따라 그 몸가
짐이 달라집니다. 군사 독재 시절 TV 앞에 매일 비추어진 대통령
의 모습이 떠오릅니다. 그가 의자에 두 무릎을 떡 벌리고 앉아
있는 모습을 자주 볼 수 있었습니다. 사병들 앞에서 예의를 갖출
필요가 없었던 그는 좀처럼 체질화된 자신의 앉는 자세를 고치지
못하고 있었습니다. 교양미 없는 대통령의 모습이었습니다.

우리의 예의 문화는 어른 앞에 나가 앉을 때는 무릎을 꿇었
습니다. 대중 앞에 나타나 앉아 있을 때도 거기에 버금가는 예의
있는 자세를 갖추어야 함은 너무나 당연합니다. 어른이나 회중
앞에서 다리를 꼬고 앉아 있는 모습은 눈에 거슬리는 자세입니
다. 남녀 모두가 이러한 자세는 삼가는 것이 좋습니다. 단정하게
허리를 펴고 두 무릎을 모으고 의자에 앉아 있는 모습이 바른

몸가짐입니다. 어려워도 이 점은 지켜져야 합니다. 저의 유학시절에 은사님이셨던 분이 한국에 오셔서 설교를 하시게 되었을 때의 일입니다. 단에 오르기 전에 말씀을 드렸습니다. "여기는 한국입니다. 두 무릎을 모아 단정히 앉아 주십시오. 절대로 다리를 꼬는 자세는 취하지 말아 주십시오. 한국 문화에서는 회중 앞에서 단정하고 예의바른 자세를 취해야 합니다." 그때 그분은 자신이 한국의 높은 예의범절을 누구보다 존중하기에 최대한 노력을 하겠노라고 했습니다. 그러면서 염려 말라는 말을 몇 번이고 했습니다. 그런데 그 교수님은 단에 올라 의자에 앉자마자 나의 조언을 깜박 잊으시고 다리를 꼬고 앉으셨습니다. 그때 저는 지체 없이 손으로 그분의 무릎을 가볍게 쳤습니다. 그분은 깜짝 놀라 저의 충고를 따라 주셨습니다. 설교가 끝난 다음에 그분은 나의 충고는 동서양을 막론하고 맞는 말인데 미국에서는 그러한 지적이나 예의가 필요 없는 지경에 이르렀다는 말을 하면서 동방예의지국인 한국을 사랑한다는 말을 한 적이 있습니다.

　시대가 변해가면서 모든 것이 서구화되고 있는 현실입니다. 앉는 자세마저 서구의 모습을 닮아가는 것을 봅니다. 불편하시더라도 두 무릎을 수평으로 모으고 허리를 펴서 단정히 앉아 있는 설교자의 자세를 취함이 좋다고 봅니다.

Q 저는 설교자로서 설교대에 섰을 때 누구보다 단정한 몸가짐을 갖추었다고 생각합니다. 그런데 설교를 끝내고 집에 오면 저의 아내는 어딘가 제 몸가짐이 안정감이 없다는 지적을 합니다. 비디오에 담은 저의 모습을 보아도 그러한 감각을 느낍니다. 그 이유를 알고 싶습니다.

　　A 목사님의 질문은 제가 지도하는 '설교의 실제' 시간에 흔히 발생되어 많이 지적하는 문제입니다. 사실 설교자가 그 몸가짐에서부터 안정감을 준다는 것은 매우 중요합니다. 설교자가 인상이나 몸가짐에서 안정감을 주지 못한다면 설교 전달에 있어 막대한 손상을 입게 됩니다. 의도적으로 몸을 흔들고 있다든가 본래의 위치를 자주 벗어나는 행동 등은 삼가야 할 자세입니다.

　　우선적으로 권하고 싶은 것은 설교자가 설교대와 몸을 연결 (connection)시키라는 부탁입니다. 몸의 연결이란 몸의 본체를 설교대에다가 붙이라는 말이 아닙니다. 두 손을 이용해야 합니다. 설교대에 양손을 올리거나 한 손을 올리는 것을 의미합니다. 두 손이 필요한 제스처를 사용할 경우를 제외하고는 두 손 중에 한 손이 설교대를 붙잡든지, 아니면 올려놓든지 하는 자세입니다. 회중이 바라볼 때 설교자가 두 손 모두를 내리고 있으면서 설교대와 연결을 맺지 않고 있으면 비록 설교자는 흔들림이 없다고 생각해도 회중은 안정감이 결여됨을 쉽게 느낍니다.

　　이러한 충고를 받아들인 어떤 설교자는 설교의 처음부터 끝까지 두 손으로 설교대의 양쪽을 붙잡고 어깨를 올리고 있는 자세를 취한 경우가 있습니다. 매우 부자연스런 몸가짐으로 비추어집니다. 안정감이 없다는 것과 부자연스러운 모습은 동일한 개념입니다. 경직된 자세를 유지하는 몸가짐은 회중에게 평안한 마음을 주는 데 장애물이 됩니다. 설교자는 여유를 보여야 합니다. 그래서 두 손으로 설교대를 잡기도 하고, 오른손 왼손이 번갈아가면서 설교대를 잡는 여유와 변화가 매우 필요합니다.

　　참고로 말씀드리면 설교를 할 때는 그 자세가 단정하고 당당해야 합니다. 두 어깨는 어느 한쪽으로 치우치지 않고 수평을 이루어야 합니다. 그리고 고개가 한쪽으로 기우는 일이 없이 바로 하여야 합니다.

저는 우리 목사님의 설교에서 많은 은혜를 받고 신앙생활에 큰 영양을 공급받고 삽니다. 그래서 저는 언제나 목사님을 정면으로 바라볼 수 있는 위치에 앉아서 예배를 드립니다. 그런데 어느 주일에 개인 사정으로 교회에 늦게 오게 되어 맨 오른쪽 뒤에 앉게 되었습니다. 그때 놀란 사실은 목사님이 그 곳으로 거의 시선을 주지 않고 설교를 하신다는 점이었습니다. 그래서 그 부분에 앉아 있는 교인들은 자유롭게 졸거나 다른 행동들을 하고 있는 모습을 보게 되었습니다. 이러한 문제의 분석과 해결을 위한 좋은 조언을 부탁드립니다.

귀하께서 주신 질문은 많은 설교자들이 범하고 있는 문제점을 바르게 지적하고 있습니다. 그렇습니다. 한 예배당에서 어떤 이는 설교자와 호흡을 함께 하면서 설교를 듣고 은혜를 받는가 하면, 한편에서는 설교 시간 내내 졸다가 집으로 가는 현상이 발생합니다. 이러한 불균형을 가져오는 원인은 여러 가지입니다. 그러나 그 중에 하나가 바로 설교자의 시선 교환의 문제입니다. 이 문제는 아주 중요하기에 별개의 주제로 좀더 자세하게 다루고자 합니다. 이 심각한 문제의 답변은 조금 후에 드리도록 하겠습니다.

그러나 여기 설교자의 몸가짐을 이야기하는 부분에서 지적해 두어야 할 것이 있습니다. 그것은 설교자가 설교대에 팔을 올리고 몸을 기대고 설교를 할 때에 흔히 발생하는 문제입니다. 오른팔을 올리고 설교를 하는 설교자는 자신의 오른쪽만을 바라보게 됩니다. 반대로 왼팔을 올리고 있을 때는 왼편만을 바라보게 되는 신체의 반응을 가져옵니다. 그렇기 때문에 설교자는 어느 한 팔을 올리는 자세를 취하지 않아야 합니다. 질문에서 지적한 대로 설교자가 한 편에 치우친 몸의 자세를 지속하는 것은 매우 부적절합니다. 설교자는 중앙과 좌우를 보기에 전혀 지장이 되지 않는 몸의 자세를 취해야 합니다.

그리고 두 팔을 올리는 자세도 바람직하지 않습니다. 두 팔을 올리는 경우 허리를 굽히게 되고 설교대에 몸을 기대는 행위로 보입니다. 이러한 것은 강의실에서나 볼 수 있는 광경입니다. 설교 시간에는 철저히 금지된 자세입니다. 그 이유는 회중을 정중하게 대하는 태도가 결여되는 자세이기 때문입니다. 강의실에서는 의자에 앉아서 강의를 하거나 몸을 숙여 단에 몸을 기대는 것이 흠이 될 수 없습니다. 그러나 설교할 때만은 그러한 자세가 허용되지 않습니다.

Q 어떤 설교자는 설교대에 서기만 하면 그 몸이 전혀 움직이지 않습니다. 눈의 위치를 비롯하여 고개의 움직임도 고정되어 있고, 몸의 자세도 설교가 끝날 때까지 전혀 변함이 없습니다. 살아 움직이는 인간의 모습과는 거리가 멀게 느껴집니다. 저는 설교자가 우리와 동일한 감정을 갖고 사는 인간이기를 바랍니다. 생활 가운데서 만나는 설교자와 설교대에 서 있는 설교자의 몸가짐이 너무 차이가 납니다.

40여 년 전에 지도급에 속했던 어느 설교자의 이야기입니다. 그분은 언제나 자신의 눈은 15도 정도의 위를 쳐다본 채 회중을 전혀 쳐다보지 않았고 좌우도 전혀 보지 않았습니다. 그 사연은 그분이 1920년대에 여학교 교사를 지냈는데 수업 시간에 여학생들을 쳐다보지 말라는 교장 선생님의 지시를 따르다 보니 그것이 습관이 되어서 설교자가 되어서도 동일한 자세를 취하고 있다는 이야기입니다.

인간은 동물입니다. 동물이라는 뜻은 움직이는 생명체임을 말합니다. 설교자는 누구보다 풍부한 정서와 이성을 가지고 하나님의 말씀을 운반하는 종입니다. 설교자가 고정되어 있는 몸가짐으로 설교를 할 때 회중은 생명체가 아닌 로봇이나 마네킹을 연상하게 됩니다. 설교자가 몸을 인위적으로 움직이라는 말이 아닙니다. 자연스러우면서도 어색하지 않고 굳어진 몸이 아니라 유연하면서도 생동감 넘치는 몸가짐을 갖추도록 설교자는 노력해야 합니다. 설교는 설교자와 회중의 감정이 오고갈 때 생명력이 있는 말씀으로 뿌리를 내리게 됩니다. 그 감정은 단순한 언어에서뿐만 아니라 설교자의 몸가짐에서 더욱 활발하게 움직입니다.

대화의 정리

기독교에서 설교는 신성하게 여겨졌다. 지금도 말씀 중심의 교회들은 설교를 가장 소중한 사역으로 생각한다. 그런데 이러한 신성한 설교가 누가 어떤 형태의 몸가짐으로 하느냐에 따라 그 양상은 달라지기 마련이다. 설교자가 회중 앞에 섰을 때는 그의 말이 있기 전에 그의 몸가짐을 먼저 보게 된다. 그의 정숙한 인상과 몸가짐 등은 일차적인 만남의 출발이다.

설교가 진행되는 동안 설교자의 감정이 극도에 이르렀을 때 보여 주는 설교자의 몸가짐은 매우 다양하다. 그 몸 전체가 설교대를 벗어나 뛰고 있는 모습을 보이는가 하면 안정감이 없는 여러 형태를 취하기도 한다. 어느 경우는 앞에서 지적한 대로 석고상처럼 움직임이 없는 설교자의 모습을 보이는 경우도 있다.

설교자가 가지고 있는 몸가짐은 누구로부터의 모방이라기보다는 자신의 성격과 감정 표현의 방법에 따라 각각 다르게 보인다. 누구도 완벽한 설교자의 몸가짐을 갖추고 설교대에 서는 사람은 없다. 그렇기 때문에 설교자마다 바로잡아야 할 부분들을 가지고 있다. 이러한 부분들을 고칠 때 누구의 충고보다는 비디오를 통하여 자신의 모습을 냉정하게 점검하는 것이 필요하다. 일반적으로 설교자들은 자신의 몸가짐을 보면서 거의 불만스러운 생각을 갖는다. 그 이유는 자신의 생각대로 자신의 몸가짐이 보이지 않기 때문이다. 그래서 설교의 진정한 발전은 설교의 내용뿐만 아니라 몸가짐에 이르기까지 지속적인 노력을 기울여 나가는 데서 이루어진다. 여기서 설교자가 특별히 유의해야 할 것은 한 번 발견하고 바로잡은 자신의 몸가짐이 자신도 모르는 사이에 얼마 후 재발된다는 점이다. 버렸다고 생각되는 몸가짐은 영원히 설교자를 떠난 것이 아니다. 잠복해 있을 뿐이다. 설교자가 조금만 주의를 게을리하면 바로 등장할 채비를 갖추고 있는 것이 버려야 할 항목들의 실체이다.

설교에는 어떤 경우도 완벽이란 있을 수 없다. 오직 쉼 없이 이어지는 발전을 향한 몸부림이 있을 뿐이다. 보다 성숙한 설교를 향한 설교자의 눈물과 땀이 있을 뿐이다.

설교자의 제스처 사용과 그 효율성

신체 언어 중에 단순한 얼굴의 표정이나 몸의 움직임보다 훨씬 많이 사용하는 것이 손을 이용한 제스처라고 생각합니다. 저의 경우는 이 제스처가 차가운 감정을 계속하는 동안에는 전혀 발생되지 않고 있습니다. 뜨거운 열정이 있을 때만 종종 제스처가 발동됩니다. 이것이 정상인지 알고 싶습니다.

설교자가 사용하는 신체 언어 가운데 가장 많이 사용되는 것이 바로 손을 이용한 제스처입니다. 이 제스처를 잘 사용하면 매우 효과적이지만 그렇지 못한 경우에는 거부감을 일으키는 동작이 됩니다. 많은 설교자들이 생각 없이 사용하고 있으나 설교의 전달에서는 현명하게 준비를 해야 합니다.

　　제스처란 감정과 직결된 행위입니다. 설교자의 감정이 메시지와 함께 절박함을 지니고 있을 때 가장 잘 사용됩니다. 그러나 객관적이거나 차가운 가슴에서 나오는 서술에서는 거의 제스처가 나오지 않습니다. 또 하나의 경우는 설교의 원고를 완전히 소화하지 못한 채 단에 올라가 원고를 읽거나 원고를 생각해 내는 데 정신이 집중할 때로, 그 경우 좀처럼 제스처는 발동하지 않습니다. 그러나 설교의 내용을 완전히 소화하고 그 내용에 확신이 있을 때는 몸과 손의 움직임이 달라집니다. 특별히 자신이 신념을 가지고 상대를 설득해야 할 메시지가 있을 때는 감정이 뜨겁게 상승되면서 신체 언어가 작동합니다. 그래서 제스처는 뜨거운 감정의 소유자들에게는 빼놓을 수 없는 '설교의 도구'라고 말할 수 있습니다.

Q 　우리 목사님은 설교하실 때마다 손을 사용한 제스처를 비교적 많이 사용하시는데 때로는 손은 위로 향하여 들고 눈은 원고를 쳐다보는 모습을 연출합니다. 보는 이들이 매우 어색함을 느끼면서 설교를 듣고 있습니다. 이러한 제스처는 정상적인지요?

A 　아닙니다. 그러한 형태의 제스처는 차라리 사용하지 않는 것이 훨씬 좋습니다. 설교를 듣는 회중의 시각과 느낌은 매우 정확합니다. 실질적으로 제스처의 활용이란 설교자 자신을 위한 것이 아닙니다. 이것은 오직 회중을 위한 것입니다. 그런데 때로는 설교자들이 제스처를 자신의 감정풀이의 한 수단

으로 사용하여 많은 부작용을 가져옵니다.

　설교자는 손을 사용하는 제스처의 방향에 가급적이면 눈의 방향도 함께 해야 합니다. 예를 들어 "우리는 하나님을 위한 백성이 되어야 합니다." 하면서 두 손바닥을 펴들어 위로 들었다고 했을 때 설교자의 시선도 함께 위를 쳐다보아야 합니다. 그런데 손은 위를 가리키고 눈은 아래를 쳐다본다면 그것은 매우 어색한 표현입니다. 그러나 손을 사용한 모든 제스처가 손의 방향과 시선이 일치해야 한다는 뜻은 아닙니다. 죄악이나 부정적인 문제를 표현할 때 손바닥을 밑으로 하는 제스처를 사용했을 때 얼굴도 함께 밑을 쳐다보아야 한다면 이 또한 어색한 표현이 됩니다.

　앞에서 언급한 대로 설교자가 원고를 완전히 소화했을 때는 제스처와 시선을 일치시키는 적절한 조화를 이룹니다. 그렇지 못하면 자신의 감정대로 제스처는 움직이고 시선은 원고에 매여 있는 모순된 모습을 연출합니다.

　저는 설교의 효과적인 전달에 깊은 관심을 가지고 있는 설교자입니다. 특별히 설교자들이 손을 사용하는 제스처를 유심히 봤습니다. 그 때마다 느끼는 것은 설교자마다 자기 나름대로의 제스처 형태를 가지고 있다는 사실입니다. 저는 그것을 발견할 때마다 제스처의 형태는 차이가 있을지라도 일반적인 원칙 등이 있었으면 합니다. 설교의 전달론에서는 그러한 문제를 다루고 있지 않은지 알고 싶습니다.

　　A 매우 필요한 질문을 해 주셨습니다. 설교자는 어떤 원칙과 이론을 따르지 않을 때 창작이나 모방의 길을 많이 걷게 됩니다. 그리고 자신의 감정에 따라 하고 싶은 대로 제스처를 사용하는 경우가 많이 발생합니다. 그러나 설교자는 설교에 대하여 깊은 연구를 계속하면서 내놓은 전문가들의 이론과 충고를 경청할 필요가 있습니다.

　　설교의 이론에서는 손을 사용한 제스처를 크게 네 가지로 분류하였습니다. 이 이론은 어느 설교자 개인의 단순한 의견이 아닙니다. 오랜 역사를 가지고 있는 설교 현장을 연구한 설교 신학자들에 의하여 정리된 이론들입니다. 자신의 고유한 제스처 형태 속에 묶여 있지 않은 설교자들은 크게 도움이 되리라 봅니다.

　　첫째는, 집게손가락을 사용하는 제스처입니다. 이 경우 집게손가락 이외의 손가락은 모두 모아서 무엇을 가리키는 듯한 형태를 취합니다. 이 제스처는 말씀의 위치를 가르칠 때나 보통의 강조점을 말할 때 사용합니다. 그러나 설교자는 어떤 경우도 이 집게손가락이 회중 가운데 개인을 향하지 않도록 유의해야 합니다. 약간 위를 향한 각도를 취할 것을 권합니다.

　　둘째는, 주먹을 사용하는 제스처입니다. 이 제스처는 극적인 문제를 말하거나 크게 강조할 때 강한 어조와 함께 사용합니다. 이 형태 역시 주의를 요하는 부분이 있습니다. 그것은 설교자가 너무 이 제스처를 많이 사용함으로 강한 성향을 비추지 않도록 유의해야 합니다.

　　셋째는, 손바닥을 펴서 위로 하는 제스처입니다. 이러한 제스처는 긍정적인 표현을 하고 싶을 때나 절실한 설득을 하고 싶을 때 사용합니다. 그리고 하나님을 향하여 탄원이나 기도의 감정을 표현할 때도 많이 사용합니다. 이 때는 손바닥에 힘을 주지 않고 자연스럽게 펼치는 것이 좋습니다.

넷째는, 손바닥을 밑으로 하는 제스처입니다. 이 형태는 반대 의사를 나타날 때나 불명예스러운 것을 말할 때 사용합니다. 때로는 경멸 또는 비난의 표현을 나타낼 때 사용하는 경우가 있습니다. 이 제스처는 자주 사용하지 않도록 유의해야 합니다. 설교자가 이 제스처를 자주 사용할 경우 부정적인 인상을 회중에게 심어 주기 쉽기 때문입니다.

Q 저는 설교를 한 지 20년을 넘긴 설교자입니다. 처음부터 제스처 사용에 관심을 두지 않고 손을 어디에 둘지 몰라 뒷짐을 지고 설교를 하는 경우가 종종 있습니다. 때로는 복부 앞에서 두 손을 붙잡기도 합니다. 여기에 대하여 교인들은 지적을 하지 않는데 저의 식구들이 종종 그 모습이 어색하다고 말을 합니다. 이 문제에 대한 조언을 듣고 싶습니다.

A 질문에 따르면 귀하는 설교에 정열을 거의 쏟지 않는 분인 듯합니다. 즉, 감정의 발동이 아주 약하고 머리에 담긴 풍부한 지식을 가지고 선포보다는 강의를 하신 듯합니다. 하나님의 말씀을 사랑하고 그 말씀을 들어야 할 회중을 사랑하는 열정(Pathos)을 가진 설교자는 그러한 자세를 설교단에서 지속할 수 없습니다.

두 손을 허리 뒤로 돌려 맞잡는 것은 설교자로서는 매우 부적절한 자세입니다. 뒷짐을 진 자세는 어떤 일에 자신은 전혀 상관없는 것처럼 구경만 하고 있을 때 보여 주는 자세이기도 합니다. 말씀과 자신이 일체가 되지 않고 있는 현상입니다. 더 나아가 회중을 존경하지 않고 경시하는 자세이기도 합니다. 윗사람이나 대중 앞에서는 이러한 자세란 있을 수 없습니다. 또 손을 복부 앞에 맞잡고 있는 것도 때로는 있을 수 있으나 설교가 끝날 때까지 그 모습을 보이는 것 또한 어색한 표현입니다. 이러한 설교자는 흔히 손을 호주머니에 넣고 설교를 하는 모습도 보여 줍니다. 이 모두는 설교자가 고쳐야 할 손의 자세입니다.

일반적으로 이런 경우는 설교자가 손을 어디에 둘지 몰라서 나오는 경우이기도 합니다. 설교자의 손은 지난 번 글에서 언급한 대로 설교단과 관계를 가져야 합니다. 두 손으로 설교단의 양면을 붙잡든지 또는 한 손씩 번갈아 가면서 단을 붙잡든지 해야 합니다. 그럴 때 손의 위치는 어색함을 피할 수 있고 설교자의 몸가짐은 안정감을 가져옵니다.

Q 저는 위의 질문과는 정반대의 처지에 놓인 설교자입니다. 저는 저의 성격 탓인지 모르나 단어마다 손을 올리는 습관이 있습니다. 이 모습이 어떤 역효과를 가져오는지 듣고 싶습니다.

A 매우 흥미로운 질문입니다. 필자는 귀하와 같은 습관을 가지고 있는 설교자들을 '설교의 실제' 시간에 종종 만나게 됩니다. 저는 이러한 습관을 가지고 있는 신학생들을 만날 때마다 혹독한 꾸지람을 하고 때로는 망치를 가지고 손을 두들겨

주면서 그 교정에 무척 관심을 가지고 있습니다.

그 이유는 일차적으로 설교자가 너무 경망스럽게 보이기 때문입니다. 메시지가 경망스러운 자세나 습관을 보이는 설교자를 통하여 나올 때 손상을 입게 되기 때문에 저는 더욱 이러한 제스처를 엄금하고 있습니다. 둘째는, 회중이 안정감을 갖지 못하기 때문입니다. 회중은 설교자가 너무 고착된 모습을 보일 때는 그 생동감을 아쉬워합니다. 그러나 몸이나 손을 너무 무질서하게 움직일 때는 메시지를 안정감 있게 받아들이지 못합니다.

하나의 실례가 있습니다. 귀하와 같은 문제를 안고 있다가 저로부터 혹독한 질책을 받았던 한 졸업생을 어느 날 만나게 되었습니다. 그는 서슴없이 저의 손을 붙잡으면서 자신의 습관적인 손의 제스처 때문에 자신이 혼났던 십수 년 전의 이야기를 되새겼습니다. 그가 교회에서 담임 목회자로 설교할 때마다 손이 올라가려고 하면 무조건 설교단을 꼭 붙잡았다고 합니다. 그럴 때마다 설교대가 움직였다고 합니다. 언제인가는 나이 많은 권사님이 "목사님이 설교하실 때는 설교대가 들썩이는데 무슨 연고인지요?"라고 물어 보았다는 이야기입니다. 수개월 동안 이 못된 습관과 싸워서 이겼다고 합니다. 고치겠다는 의지만 있으시면 얼마든지 이 정도의 문제는 고칠 수 있습니다. 희망을 가지시고 지속적으로 노력하시기 바랍니다.

저는 평소에 설교자의 제스처에 관심을 두지 않고 있는 설교자입니다. 생각날 때 어쩌다 한 번씩 손을 드는 제스처를 사용하기도 합니다. 그러나 한 설교에 한두 번 있을 정도입니다. 저의 이러한 모습을 보고 혹자는 너무 인위적

이고 어색한 손의 연출이라고 지적합니다. 여기에 대한 충
고를 듣고 싶습니다.

A 대단히 감사합니다. 하나님의 말씀을 운반하는 현장에서
관심을 깊이 가져야 할 실질적인 질문입니다. 그렇습니
다. 설교하는 순간에 갖게 되는 손을 사용한 제스처 역시 리듬을
갖추어야 합니다. 설교가 중반에 진입하도록 전혀 움직이지 않던
양손이 갑작스럽게 번쩍 치켜들면서 소리를 지르는 경우를 봅니
다. 그러한 모습을 볼 때마다 참으로 어색함을 느낍니다. 늘 강
조한 대로 설교자는 언어의 속도나 음정의 높낮이에 있어서 리
듬을 가져야 합니다. 마찬가지로 제스처도 리듬이 있어야 합니
다. 예를 들면 소폭의 범위에서 손을 움직이기 시작하다가 큰 폭
의 제스처를 사용하도록 해야 합니다. 설교단에 묶어둔 듯이 전
혀 움직이지 않던 두 손을 순간적으로 번쩍 치켜들었다가 설교
가 끝날 때까지 그 손을 움직이지 않는다면 이 얼마나 어색한
제스처가 되겠습니까? 그러므로 소폭의 제스처는 큰 폭의 제스
처를 가져오는 예비적인 단계이기도 합니다.

　이상과 같은 리듬이 없는 제스처의 등장은 바로 회중의 눈
에 인위적인 것으로 보이게 됩니다. 손의 자연스러운 움직임은
말씀을 완전히 소화한 설교자가 음성 언어와 함께 작동하는 신
체 언어를 통하여 보다 효과적으로 메시지를 운반하려는 자연스
러운 노력의 현상입니다. 설교 때 한두 번에 그치는 제스처의 활
용은 효과의 측면에서 문제가 있습니다. 원고만 읽고 있는 경우
에 이러한 현상이 흔히 나타납니다. 종전보다 더 적극적인 열정
과 원고의 소화에 뜨거운 노력을 기울이십시오. 그럴 때 이러한

문제는 자연스럽게 해결이 됩니다.

손을 사용하는 데 자신이 어색함을 느낀다든가 거부감을 갖는다면 강조해야 할 문장이나 단어에서 힘을 주면서 머리나 몸을 움직이는 제스처도 가능합니다. 강조해야 할 메시지가 나오는데 음정도, 몸가짐도 변화가 없다면 설교자가 너무 기계적인 인상을 풍기게 되고 설교의 생동력이 사라지게 됨을 유의하시기 바랍니다.

Q 앞에서 습관적인 제스처에 대하여 언급을 하셨는데 좀더 구체적으로 어떤 형태의 모습들이 습관적인 것들인지 다시 언급하여 주시면 합니다.

A 설교자가 설교하는 순간에 보여 주는 습관적인 모습들은 각각 다릅니다. 어느 것을 두고 습관적이라고 말하기는 매우 어렵습니다. 필자가 20년이 넘도록 설교의 이론을 강의하고 실제를 지도하는 가운데 발견한 현상 중 '습관성 제스처'로 분류할 수 있는 것이 있다면 다음과 같습니다.

어떤 설교자는 한 손만 계속해서 사용하고 다른 한 손은 전혀 사용하지 않아 신체장애인처럼 보이는 경우가 있습니다. 두 손을 합치고 비비는 습관을 종종 보이는 형태도 있습니다. 간혹 어떤 설교자는 손가락을 의미 없이 펼쳤다 오므렸다 하는가 하면 아예 손을 호주머니에 넣는 습관을 보입니다. 이러한 형태들이 바로 습관성으로 비쳐지는 현상들입니다. 이 모두는 설교자에게서 사라져야 할 부분들입니다.

설교자는 회중에게 들려주어야 할 하나님의 말씀을 뜨겁게 사랑해야 한다. 그리고 그 말씀을 생명의 양식으로 공급받아야 할 회중을 진심으로 사랑해야 한다. 이러한 사랑이 설교자의 가슴에서 솟아날 때 설교는 살아 있는 메시지로 회중의 가슴에 자리잡게 된다. 이럴 때 설교자는 열정(Pathos)을 갖게 되고 그 열정은 설교자의 몸 전체를 움직이게 만든다. 이 움직임이 있을 때 회중의 심령도 움직이게 된다. 이때 나온 제스처는 어떤 경우에도 인위적인 것이 될 수 없고 순수한 메시지 전달의 방편이 된다.

설교를 진행하는 동안 적절하게 사용되는 제스처는 회중의 마음을 사로잡기에 매우 효과적이며 설교자의 동작을 통한 회중과의 적절한 커뮤니케이션을 이룩하는 데 필요한 도구가 된다. 인간 언어는 단순한 음성에 실린 언어만이 전부가 아니다. 그 언어보다 나의 얼굴의 표정과 몸의 움직임과 손의 움직임을 사용하는 신체 언어가 의사소통에 훨씬 더 큰 힘을 가지고 있음을 우리의 설교자는 언제나 마음에 두어야 한다.

설교자가 기억해야 할 것은 제스처가 선포와 함께 조화를 이루어 나타나야 한다는 점이다. 말씀의 선포와 조화를 이루지 못한 제스처는 매우 어색할 뿐만 아니라 회중에게도 설득력이 없게 됨을 인식해야 한다. 예를 들면, 제스처가 먼저 나오고 언어가 뒤따르는 경우가 많은데, 이는 자신이 없는 표현이고 선포와 조화를 이루지 못하는 어색한 모습이다.

설교자가 강조해야 할 순간에 자신의 선포에 힘을 주고 강력한 결단의 선포를 위해 적절하게 사용하는 제스처는 매우 효과가 있다. 그러나 습관적으로 사용하는 제스처는 회중에게 산만함을 줄 뿐 선포의 효과에는 아무런 영향을 미치지 못하고 오히려 방해하는 결과를 가져오게 된다는 점 또한 설교자의 마음에 두어야 한다. 동시에 거의 제스처를 사용하지 않고 선포하는 설교자에게는 열정도, 선포에 대한 의욕도 없는 것과 같은 인상을 주게 됨을 새롭게 인식해야 한다.

설교자의 말투와 발음의 문제

Q 우리 목사님의 메시지는 참으로 좋습니다. 그분의 성실한 설교 준비와 바른 메시지의 준비를 위한 노력에는 아낌없는 박수를 보내고 있습니다. 그러나 그분의 설교를 듣고 나면 피곤을 느낍니다. 이유는 그분의 언어 구사에서 나타나는 발음 때문인 듯합니다. 혹시 저의 생각이 잘못되었는지 묻고 싶습니다.

A 설교 전달에 있어서 매우 중요한 문제를 물으셨습니다. 아주 많은 설교자가 갖고 있는 깊은 고민이 바로 자신이 안고 있는 온전하지 못한 발음과 구개음의 문제입니다. 이 때문에 그렇게도 애써서 준비한 메시지가 효과를 제대로 거두지 못하는 아픔을 겪게 됩니다. 저의 주변에도 훌륭한 인격과 신앙

과 지성을 갖춘 어느 목사님이 있습니다. 그런데 그분과 대화를 나눌 때나 그분의 설교를 들을 때는 특별한 주의를 기울여야 그분의 말씀을 이해하게 됩니다. 대화 때라면 못 알아들은 말을 다시 물어볼 수 있어서 원만하게 지낼 수 있습니다. 그러나 그분이 설교를 하는 경우는 전혀 다른 상황이 발생됩니다. 알아들을 수 없는 부분을 다시 반복할 수 없기 때문입니다. 30분이 넘도록 그분의 설교를 듣고 나면 심할 때는 두통이 날 때도 있습니다. 그래서 대부분의 교인들은 설교의 중반부터는 그 설교를 듣기 위한 긴장을 풀어버립니다. 그리고 건성으로 설교를 듣는 척하는 실정입니다. 바로 이러한 문제는 설교자가 설교단에서 언어를 구사하는 데 발음이 얼마나 중요한지를 입증하는 한 실례입니다.

저희 교회 목사님은 심각하리만큼 자기 고장의 말투를 고집하고 있습니다. 동일한 어투와 어감을 가지고 있는 그 지역 출신들에게는 별 문제가 없는지 모르겠으나 솔직히 저는 거부감을 느끼고 있습니다. 설교자들이 이러한 문제들은 도외시해도 좋은지 묻고 싶습니다.

참으로 불행한 일입니다. 우리나라는 지형이 시원스런 평야가 아닙니다. 수평적으로 언제나 교류할 수 있는 열린 지리적 조건이 아니라 가까운 거리임에도 높은 산과 산맥에 막혀 닫혀진 집단의 형성을 가져왔습니다. 그래서 우리의 민족은 이곳저곳의 골짜기에 집단을 이루어 살면서 자신들 안에서 소통하고 통용되는 삶의 양태와 언어 문화를 생성시켜 왔습니다. 그 결과 풍속과 언어에서 서로 이질감을 쉽게 느낄 수 있었습니다.

이러한 지역적 조건을 군사 쿠데타의 주역들이 최대한 활용하여 집권을 하고 지역 감정을 부추겨 왔습니다. 그 결과 지역적 우월주의가 등장하게 되었습니다. 그 결과 패권을 누리는 지역인들은 자기 고장의 어투를 자유롭게 어디서나 누리고, 그렇지 못한 지역 출신들은 자기 지역을 벗어나면 자신들의 고유한 어감과 악센트를 감추는 현상을 보여 왔습니다. 이러한 갈등은 반목의 골을 깊어지게 했습니다. 그 결과 말씨를 통하여 나의 지역출신이 아님을 아는 순간에는 시원스런 교류의 문을 열지 못했습니다.

설교자가 자신의 고유한 지역 언어 감정과 그 형태를 고집하는 것은 회중을 한 지역 출신으로 국한시키는 지극히 어리석은 일입니다. 아직도 지역 우월주의나 향토애에 집착하여 언어 양상을 고치지 못한 설교자는 바람직하지 못합니다. 그러하기에 한국의 지역 감정과 배경을 잘 아는 지혜 있는 설교자는 표준어를 사용하는 데 대단한 노력을 기울이고 있습니다.

사실 어감이나 발음이나 악센트까지 회중을 하나로 묶을 수 있는 표준어 사용은 설교자의 절대적인 의무입니다.

우리 지역은 특유한 말투를 사용하는 곳입니다. 우리 지역의 언어와 악센트는 특유합니다. 외부인들이 오면 거의 알아듣기 힘들 정도입니다. 노력하면 좋은 표준어로 변화시킬 가능성도 큽니다. 그러나 모두가 자신의 고장에서 평생을 살면서 지내오기에 그러한 필요성을 느끼지 못합니다. 그런데도 우리 고장의 목사님이 설교하면서 이 지역의 고유

 제8주제 설교자의 말투와 발음의 문제

A 우리의 속담에 나타나는 이야기입니다. 정상적인 발음을 할 수 없는 입의 구조를 가지고 있는 어느 아버지가 자신의 그릇된 발음을 그대로 이어가는 아들을 보면서 진지한 부탁을 합니다. 나는 이렇게 발음을 하여도 너만은 정확한 언어를 구사해 달라는 안타까운 부탁을 남겼다는 이야기입니다.

질문자의 지역적 특성을 지켜야 한다는 주장을 반대하고 싶지 않습니다. 고유한 언어는 또 하나의 문화유산으로 남겨져야 하기 때문입니다. 그러나 사람의 마음은 언제나 공적인 면에서는 표준이 있기를 바라기 마련입니다. 그 가운데 가장 으뜸가는 것이 바로 언어입니다. 제 자신도 바르고 고운 표준어를 사용하는 사람의 말을 듣기를 좋아합니다. 뉴스를 전해 주는 아나운서들의 어감과 용어와 말씨를 듣노라면 때로는 부럽기도 합니다. 그리고 그 흉내를 내보려고 노력합니다. 오늘의 회중은 어느 특정지역뿐만 아니라 어디서든지 설교자가 아나운서들처럼 밝고 맑은, 그리고 고운 어감의 표준어를 사용해 주기 바라는 마음을 가지고 있습니다. 내가 그리지 못한 아름다운 언어의 그림을 나의 설교자가 그려 주기 바라는 것은 너무나 당연합니다.

Q 저는 설교자의 언어와 발음에 깊은 관심을 가지고 있는 목사입니다. 제가 열정적으로 설교를 하는 중에는 전혀 의식을 하지 못하는데 그 설교를 녹음해서 들어보면 저의 발

음에 심각한 문제가 있음을 발견합니다. 내 자신이 무슨 말
인지 모를 경우가 있습니다. 신속한 교정을 받고 싶습니다.

저는 귀하의 고민을 누구보다 깊이 이해하고 있습니다.
제가 어느 날 녹음기에 편지를 남겨놓고 나의 직원에게
타자를 치게 한 적이 있습니다. 그런데 그 편지의 내용에 전후가
전혀 통하지 않는 문장이 있었습니다. 지적을 했더니 전혀 알아
들을 수 없는 발음이었다는 대답이었습니다. 그럴 리가 없다고
생각한 저는 그 부분을 다시 들어보았습니다. 저도 그 부분을 알
아들을 수 없었습니다. 그 순간 나의 모습은 초라해졌고 당황했
습니다. 설교학 교수로서 있을 수 없는 이야기이기 때문이었습니
다. 그 후 종종 녹음된 나의 설교를 들으면서 수많은 부분에서
발음에 문제가 있음을 발견하고 지금도 노력 중에 있습니다.

설교 현장을 통한 저의 분석과 연구에 의하면 발음에 관한
문제는 다음 몇 가지로 정리됩니다.

먼저, 흔히 성격이 급한 사람이 말을 빨리 하게 됩니다. 그
리고 그 빠른 말 속에서 허다한 실수를 남기게 됩니다. 특별히
단어와 단어 사이의 분절이 정확하지 못합니다. 그리고 자연스러
운 발음이 손상을 입습니다. 그 결과 단어의 바른 뜻이 잘못 전
달되고 알아들을 수 없는 이상한 말로 변환되는 경우가 발생합
니다.

둘째는, 입을 적당히 열지 못한 채 겨우 소리만 새어 나오도
록 하는 경우입니다. 말하는 사람들의 입을 자세히 보십시오. 어
떤 사람은 자음과 모음이 나오는 입의 형태를 정확히 활용하는
가 하면 어떤 사람은 입과 입술의 움직임을 지극히 적은 폭으로

제한하고 있습니다. 이때 설교자의 발음은 정확하지 못하고 중얼대는 모습으로 보이게 됩니다. 설교자로서는 지극히 부적합한 모습입니다.

셋째는, 입안의 혀가 제대로 움직이지 않는 경우입니다. 대표적인 경우가 혀가 짧아 'ㄹ'받침소리를 잘 내지 못할 때입니다. 이것을 흔히들 혀짤배기소리라고 합니다. 어떤 사람은 귀여운 막내로 클 때 어리광을 부리면서 내던 습관을 재현하는 모습을 보입니다. 이 부분의 발음 역시 설교자에게는 매우 부적절한 경우입니다.

넷째는, 호흡을 적절하게 사용하지 못하는 경우입니다. 예를 들면 한 문장을 진행하다가 끊어서는 안 될 부분에서 멈추고 호흡을 취하는 경우입니다. 이 때는 본인보다는 듣는 사람들이 훨씬 큰 부담을 느끼게 됩니다. 예를 들어서 "예수님에게는 광야의 40주야가 먹지도 마시지도 않았던 긴 시간이었는데 이때 예수(호흡을 여기서 취한 경우) 가마귀에게 시험을 받았습니다." 이러한 호흡의 적절치 못한 조절로 한순간에 예수님이 마귀에게 시험을 받은 것이 아니라 가마귀에게 시험을 받았다고 본의와는 전혀 다른 말을 하게 됩니다.

저는 우리 교회 목사님이 설교하실 때마다 보여 주는 이상한 습관을 봅니다. 목사님은 설교 도중 "어", "음", "에"라는 말이 아닌 소리를 종종 내십니다. 이때 듣는 저희들은 설교자가 힘없이 보이고 하나님의 말씀을 운반하는 종으로서의 확신이 결여된 듯 느낍니다. 혹시 지나친 비판이 아닐는지 의문이 됩니다.

매우 고마운 질문입니다. 사실 설교하는 순간은 설교자의 지식을 나열하고 보여 주는 시간이 아닙니다. 정확한 표현과 발음으로 이어진 시원스러운 언어를 통하여 메시지가 전달되어야 합니다. 설교자가 설교하는 순간에 원고를 뒤적거리고 하늘을 쳐다보고 잊혀진 원고를 되새기는 모습 등은 매우 바람직하지 못합니다. 거기에 더하여 설교자가 자기 생각을 발전시키기 위한 공간을 마련하기 위해, 또는 떠오르지 않는 원고 내용을 찾아내는 방법으로 "어", "음", "에" 등을 사용하면서 시간을 사용하는 것은 매우 부적절한 습관입니다. 사실 이러한 습관은 우리말에는 없는 관습입니다. 일본말을 듣고 있노라면 말이 제대로 이어지지 않을 때 "아노" 등의 쉼말을 한다든가, 영어에서는 "음" 또는 "you know" 등과 같은 중간말을 사용하여 말을 이어가는 모습들을 봅니다.

설교에서는 이렇게 쉬어가는 음절의 표현을 전혀 수용할 수 없습니다. 이러한 표현은 아무런 의미를 갖고 있지 않을 뿐만 아니라 큰 거침돌이 됩니다. 설교란 정확한 준비와 확신을 가지고 회중 앞에 나타나 하나님의 말씀을 바르게 선포하고 정확하게 해석하며 그 말씀의 뜻을 회중이 살고 있는 삶의 장에 적용시켜야 합니다. 이때 문장을 차단시키고 언어의 연속을 가로막는 이러한 표현은 절대 금물입니다.

우리 목사님은 설교를 할 때마다 비교적 정확한 발음을 사용합니다. 그러나 문장의 마지막 끝말을 생략하시는 습관이 있습니다. 그래서 "…했습○○", "말씀입○○"로 들리는 때가 한두 번이 아닙니다. 이 때마다 아쉽기도 하고 때

A 설교자들이 안고 있는 책임은 실로 큽니다. 듣기 좋은 표준어의 발음만이 아니라 정확한 문장의 사용까지 모두 설교자가 의무적으로 실천해야 합니다. 그러하기에 언어의 깔끔함과 유창함에 깊은 관심을 두어야 하며 언어 구사의 전문가로서 실수가 있어서는 안 됩니다. 그러나 설교자가 전해야 하는 메시지에 열중하다 보면 그 표현에는 등한하게 되는 결과가 종종 발생됩니다. 그래서 지적하신 문제와 같은 현상이 나타납니다.

저의 생각은 귀 교회 목사님이 설교하는 동안에 "니다", 또는 "입니다"와 같은 끝말을 생략했다고 보지 않습니다. 자신은 분명히 소리를 냈다고 생각하나 그 발음을 정확하게 하지 않았기에 그 소리가 회중에게 들려지지 않은 것이라고 여겨집니다. 사실 많은 설교자들이 설교 가운데 이어진 문장의 끝말 사용을 불분명하게 하는 오류를 범합니다. 이러한 오류는 설교자가 생각 없이 넘기기 쉬운 부분입니다. 예를 들어 "하나님은 우리 인간을 사랑하십니다", 또는 "우리는 하나님의 영광을 위한 피조물이어야 합니다"의 문장에서 "…니다"를 생략한 듯이 들리는 경우입니다. 이러한 사례는 설교 시간에 많이 듣게 되는 부분입니다. 매우 안타까운 부분입니다.

설교자가 사용하는 문장은 처음과 끝이 모두 분명해야 합니다. 끝말의 발음에 대하여 무관심한 설교자들이 이런 실수를 쉽게 범합니다. 필자는 이러한 오류를 범한 설교자들에게 늘 자신의 설교를 녹음하여 반복하여 들어 주시기를 부탁합니다. 누구의 지적보다 자신의 귀로 직접 듣고 확인하는 것이 이 오류를 바로 잡는 지름길입니다.

질문자에게 드리는 부탁은 이러한 경우 설교자를 찾아가 이러한 발음의 문제를 따뜻하게 지적하고 충고해 주셨으면 하는 것으로 그런 애정어린 충고가 회중의 바른 자세임을 말씀드립니다. 바른 비판이 없는 곳에서는 적은 오류가 더욱 커지게 되어 언젠가는 돌이킬 수 없는 지경에 이르게 됩니다.

> **Q** 저는 설교자로서 평소에 발음에 많은 관심을 가지고 있습니다. 그런데 열을 내서 설교를 하려고 할 때마다 말이 습관적으로 반복되기도 하고 심지어 말을 더듬는 습관이 나와서 깊은 고민에 빠져 있습니다. 여기에 대한 좋은 조언을 듣고 싶습니다.

A 매우 중요하고 심각한 질문입니다. 일반적으로 성격이 급한 사람들에게서 발견되는 문제들입니다. 아이디어가 달리고 있는 속도에 비교하여 나의 말이 따라 주지 못할 때 나타나는 현상입니다. 이러한 고민을 안고 있는 설교자를 저는 종종 만나봅니다. 이들에게는 일반적으로 공통점이 있었습니다. 말을 할 때 입에 힘을 주고 감정에 열을 올려 말을 하고 있었습니다. 그리고 또 하나는 차분한 사고와 전개보다는 남보다 빠른 생각의 표현 등이 문제를 수반하고 있었습니다. 이러한 것은 일반적으로 누구에게나 가볍게 나타나는 현상을 가지고 드리는 말씀입니다. 이러한 문제를 안고 있는 설교자는 단어를 길게 늘이면

서 아주 차분하게 말을 하는 습관을 길러야 합니다. 서두르는 것은 더욱 큰 문제를 유발합니다. 그리고 설교 중에 감정과 어감을 높이는 일을 자제함이 좋습니다.

만약 '유창성 장애'라고 일컫는 말을 더듬는 일이 어릴 적부터 발생하여 지금껏 이어진 경우라면 그것은 전문기관을 통하여 반드시 치료를 받아야 합니다. '유창성 장애'는 유창하게 이어져야 할 말의 흐름이 어떠한 이유로 잘 이루어지지 않고 방해를 받고 있는 현상입니다. 그 원인 분석은 매우 다각적으로 해야 한다고 합니다. 심리언어학적인 요인, 생리학적 요인, 사회심리학적 요인 등 주된 요인들의 복합적인 상호작용의 결과라고 합니다. 만약 질문자께서 필요하신 경우라면 사이버 언어치료실(www.cyberspeech.or.kr) 사이트를 찾아가 보시면 참고가 되리라 생각합니다.

대화의 정리

냉정히 말하면 설교자의 일생은 말과 함께 하는 생애이다. 설교는 언어라는 매체를 통하여 이어지는 사역이기에 그 언어를 떠나 존재할 수 없는 생명체이다. 그러하기에 누구보다 언어에 대한 깊은 관심을 가져야 한다. 단순한 인쇄매체를 통한 언어의 활용이 아니라 눈과 눈을 마주치고 입에서 귀로 전달되어야 하는 현장의 언어이다. 이러한 상황의 언어란 무엇보다도 분명한 표현과 발음이 문제가 된다. 여기에 관심을 기울이지 않는 설교자는 숱한 실수를 범하고 설교자로서의 위상까지 문제가 된다.

설교자가 이상과 같은 중요성을 깨닫게 된다면 하나의 토씨에서 문장의 끝말까지도 섬세하게 챙겨야 한다. 입의 구조에서 혀의 움직임까지 바른 위치를 찾도록 해야 한다. 이러한 목적을 달성하기 위해서 설교자는 부지런히 자신의 설교를 녹음하여 듣기를 반복해야 한다. 그리고 거울 앞에서 입의 모양을 보면서 반복적인 연습을 해야 한다. TV에서 뉴스를 들려주는 아나운서들의 언어와 그 발음, 그리고 입의 모양 등을 섬세하게 살펴볼 필요가 있다. 그들이 선천적으로 좋은 음정, 음색, 음폭을 갖추고 정확한 발음을 가지고 세상에 태어난 것은 아니다. 남몰래 쌓은 언어 훈련이 있었기에 수백만의 시청자 앞에 나타나 바른 언어를 구사하게 된다.

설교자는 아나운서보다 더 막중한 책임을 가진 말씀의 종들이다. 하나님의 말씀이 더욱 분명히 들려지고 그 진리가 더욱 선명하게 회중의 가슴에 파고들도록 하기 위하여 우리의 설교자들도 말씨와 발음에 남다른 관심과 자기 훈련이 있어야 한다.

설교의 메시지는 입보다 눈으로 전달된다

Q 우리 교회 성도들은 목사님의 설교를 하나님께서 그를 통하여 우리에게 주시는 말씀으로 믿고 따르고 있습니다. 그래서 목사님의 설교에 대하여 어떤 충고나 의견을 내지 않고 있습니다. 그러나 젊은 세대는 설교자의 권위는 인정하지만 설교자에 대한 문제는 건의해야 한다는 입장입니다. 그 중에서도 설교자가 처음부터 끝까지 원고만을 쳐다보며 설교를 하는 모습은 참기 힘든 답답함을 안겨 줍니다. 당회에서는 앞으로 새 목사님을 모실 때 청빙 조건으로 원고를 보지 않고 설교하겠다는 약속을 받으려고까지 합니다. 이러한 저희의 현실과 계획을 어떻게 생각하시는지요?

A 참으로 중요한 문제를 질문하셨습니다. 칼빈은 일찍이 다음과 같은 말을 했습니다. "설교자의 입으로 나온 말

은 하나님의 말씀이라고 할 수 있다." 이 말을 다시 음미해 볼 때 설교자의 임무는 대단합니다. 단순히 인간 언어의 구사나 자신의 뜻이나 지식을 전하는 차원의 일이 아님을 바로 알게 됩니다. 이러한 설교가 진행되는 동안 회중은 기쁨과 감사의 응답을 갖는 순간이 있는가 하면, 반대로 설교자의 부주의 때문에 답답하고 불만스러운 순간들도 많이 경험합니다. 거기에 더하여 설교를 평가하고 설교자에게 충고를 할 수 있는 한국교회의 설교 문화가 아직 형성되지 않았습니다. 설교자가 진리에 벗어난 말을 하지 않는 한 설교자의 권위는 거의 절대적인 것이 우리의 현실입니다.

이상과 같은 한국교회의 설교 환경을 생각하면서 주신 질문에 대하여 두 가지의 답변을 드리고자 합니다. 먼저는, 설교자에 대한 충고입니다. 회중은 설교자가 보여 준 불만스러운 부분에 대하여 질문하고 토론하고 충고할 수 있어야 합니다. 그러나 그 방법이 문제입니다. 매주일 몇 번이고 만나야 하는 설교자의 마음에 상처를 주지 않는 방법을 찾아야 합니다. 그리고 그 충고에는 단점의 나열만이 있어서는 안 됩니다. 반드시 장점의 제시가 있어야 합니다. 격려를 하는 입장에서 충고의 방법을 찾으시기 부탁드립니다.

둘째는, 새 목회자를 청빙할 때 원고에 의존하지 않는 설교를 해야 한다는 조건을 내걸고 싶다는 말씀에 이해는 하나 동의는 할 수 없습니다. 그 동안 설교자가 시선을 원고에 고착시킨 후 회중을 똑바로 쳐다보지 않고 십수 년간 설교를 하는 동안 겪었던 고통과 불만은 충분히 이해합니다. 그러나 그분에게 저는 오히려 고마움을 느낍니다. 남의 설교집의 원고가 아닌 자신의 설교 원고를 매주일 낮예배와 저녁예배를 위하여 설교자가 그토록 작성했다면 그는 대단한 설교자입니다. 하나님의 말씀을 소중히 생각하고 단어 하나하나를 원고화하여 자신이 섬기는 회중 앞에 나타났다는 것은 누구보다 설교에 충실한 목사입니다.

물론 회중의 불만을 이해합니다. 사람이 사람에게 말을 하는 동안 기본적으로 얼굴과 얼굴을 바로 보아야 합니다. 이러한 부분의 결여가 전임자가 가지고 있었던 문제였다는 것을 후임 목사에게 진솔하게 말씀하심이 좋습니다. 그리고 새 목사의 설교에 회중의 기대가 무엇인지를 들려주시면 새로 오신 설교자는 충분히 이를 소화하여 보다 낳은 설교 사역을 수행할 수 있으리라 확신합니다.

Q 저는 설교자와 회중과의 시선 교환에 남다른 관심을 가지고 있는 40대 후반의 목사입니다. 30대 초반의 설교 초년기에는 설교에 보다 더 충실하고 싶어 나의 시선은 주로 원고에 집중되어 있었습니다. 그러나 지금은 설교 준비에 보다 더 많은 시간을 보내면서 원고를 완전히 소화하고 설교단에 오릅니다. 그러나 여전히 나는 회중을 직시하지 못하고 나도 모르는 사이에 나의 눈길은 설교 원고를 보고 있습니다. 저에게 필요한 도움말을 듣고 싶습니다.

A 너무 실망하지 마십시오. 목사님이 가지고 있는 설교 열정에 먼저 치하의 말씀을 드립니다. 배우신 대로 설교의 원고화에 우선적인 관심을 가져 주신 것에 우선 고마움을 느낍니다. 한국교회처럼 목사가 설교를 많이 하는 교회는 세계적으로

아주 드문 것이 현실입니다. 그런 가운데 모든 설교를 원고화하여 오늘에 이르고 있다는 것은 참으로 귀한 일입니다.

그러나 안타깝게 생각되어지는 부분이 있습니다. 목사님이 설교자로 출발할 때부터 설교의 전문이 실린 원고를 가지고 설교단에 오르게 된 점이 오늘의 문제점을 낳게 되었습니다. 원칙적으로 설교자는 적어도 10년간은 준비한 원고를 그대로 가지고 올라가서는 안 됩니다. 설교 전문이 실린 원고를 10회 이상 읽어 머리에 담고 중요한 부분들을 중심하여 그 원고를 10분의 1로 압축하여야 합니다. 그럴 때 설교자의 시선이 원고에 매이지 않게 됩니다. 인간 두뇌는 원고가 없을 때는 사람을 쳐다보게 하고 원고가 눈앞에 있을 때는 원고를 쳐다보도록 작동을 합니다. 이러한 두뇌의 성향대로 따르다 보면 자신도 모르는 사이에 습관이 됩니다. 이러한 습관이 굳어지면 원고를 보면 자유스럽고 사람을 보면 부담스러운 감각이 깊이 스며들게 됩니다.

회중과의 시선 교환을 등한시하는 습관에 빠지면 그것은 참으로 시정하기 어렵게 됩니다. 지금이라도 포기하시지 말고 원고를 완벽하게 소화하고 그것을 10분의 1로 요약한 후 원고대로 설교하면서 회중과의 시선 교환을 이룩하도록 특별한 노력을 기울여 주시기를 부탁합니다.

저는 설교할 때 시선 교환이 그렇게 중요하다고 보지 않습니다. 설교는 입을 통하여 나오고 회중은 귀를 통하여 듣는데 굳이 그렇게 눈과 눈이 마주쳐야 할 필요성을 느끼지 않습니다. 오히려 원고의 단어 하나라도 틀리지 않고 정확하게 들려주기 위하여 원고를 쳐다보도록 함이 어떨까요?

아닙니다. 텔레비전이 없던 시절 우리들은 라디오를 통하여 전파매체의 위력을 실감했습니다. 그 때는 오직 귀에만 의존하던 시절이었습니다. 그러나 텔레비전을 통하여 눈으로 직접 아나운서를 보면서 뉴스를 듣고 각종 정보를 제공받으면서 메시지 전달에 새로운 시각을 열게 되었습니다. 설교의 역사에 흥미 있는 이야기가 있습니다.

미국 교회가 1800년 초기에 일으켰던 1차 대각성 부흥운동은 조나단 에드워드 목사의 설교에 의하여 시발되었습니다. 그분이 그 당시에 "분노하신 하나님의 손에 있는 죄인들"이라는 설교를 할 때 그분은 두꺼운 돋보기를 가지고 원고를 주로 보면서 설교를 했다는 기록이 있습니다. 회중을 바로 쳐다보지 못했어도 그러한 위대한 역사가 발생하였음이 분명합니다.

그러나 200년 전의 설교 전달의 형태를 오늘의 것으로 활용하려는 것은 시대를 거스르는 생각입니다. 지금은 귀로 듣는 라디오가 매체의 주종을 이루지 않고 눈으로 보는 텔레비전이 가장 우수한 매스컴으로 활용되는 시대입니다. 우리의 민족은 옛날부터 백문이 불여일견(百聞而 不如一見)이라는 말을 자주 사용하여 백 번을 들어도 한 번 보는 것만 못함을 강조하면서 눈을 통하여 얻어지는 지식을 중요하게 생각했습니다.

현대의 커뮤니케이션은 메시지를 보내는 사람은 입과 눈을 통하여 메시지를 동시에 보내고 듣는 사람은 귀와 눈을 통하여 동시에 받아야 함을 강조합니다. 그래서 설교자는 회중의 눈동자에 자신의 눈동자를 일일이 맞추어가면서 설교를 해야 합니다. 설교의 전달에 설교자와 회중의 눈이 마주치는 것은 가장 중요한 부분입니다. 이토록 중요한 시선의 교환을 통하여 설교자와 회중이 호흡을 함께 하지 못한다면 메시지의 전달에 큰 손상을 입게 됩니다. 이 점을 유의하시어 부디 시선의 교환을 설교 전달의 최우선적인 것으로 생각하시고 노력하시기를 바랍니다.

Q 저는 설교의 원고화를 철저히 지키면서 설교단에서는 회중과의 시선 교환을 매우 중요하게 생각하는 설교자입니다. 그러나 정직하게 말해서 시선 교환에 집중하다 보면 원고로부터의 이탈이 너무 심합니다. 그리하여 저질적인 구어체가 함부로 등장하여 설교자로서의 위상에 손상을 입기도 합니다. 시선 교환에 정신을 쏟다 보면 원고 이외의 언어와 내용이 전개되는 오류를 범하고 원고에 정신을 쏟다 보면 시선 교환은 건성으로 이어지는 것을 느낍니다. 이러한 고민의 해결 방법은 없을까요?

A 매우 현실적인 질문을 하셨습니다. 이러한 문제는 모든 설교자들이 안고 있는 문제입니다. 이 문제에 대한 해결책은 원고를 반복하여 읽어 완전히 외워야 하는 길밖에는 다른 길이 없습니다. 그래서 설교다운 설교를 하려면 설교자의 땀과 눈물이 쉼 없이 이어져야 한다는 말을 하게 됩니다. 부지런히 노력하여 원고를 보지 않고 자유롭게 설교할 수 있기를 바랍니다. 문제는 설교자의 각오와 노력입니다.

질문 가운데 언급한 회중과의 시선 교환을 건성으로 하게 된다는 고백에 몇 말씀드리고자 합니다. 설교자가 고개를 들고 회중을 보기는 하지만 직접적인 눈길을 피하는 경우가 많습니다. 분명히 말씀드립니다. 설교자가 회중을 바라보는 시선은 주고 있으나 눈을 지그시 감고 바라본다거나, 회중을 바라보지 않고 허공을 보는 것은 절대 금물입니다. 또는 좌우의 모든 회중을 바라보지 못하고 어느 한쪽만을 집중하여 그 곳만을 계속적으로 주시하는 것도 버려야 할 습관입니다. 거기에 더하여 설교자가 회중을 바라보는 시선들이 너무 급박하게 주어져서 회중에게 공격적인 인상을 준다거나 회중에게 진지함이나 성실성이 결여된 모습으로 비추어지게 되면 그것 또한 심각한 문제입니다. 보다 부드럽고 진지하고 지속적인 눈길이 필요합니다. 이러한 눈길은 어느 개인에게만 반복적으로 주어지는 것이 아니라 회중 모두에게 주어져야 합니다. 어떤 경우도 형식적으로 갖는 시선의 교환이 없도록 각별히 유의를 해야 합니다.

Q 말씀하신 설교자와 회중의 시선 교환의 중요성은 충분히 이해하고 공감합니다. 설교자의 눈과 회중의 눈이 마주치는 가운데 설교가 계속되었을 때 나타나는 효과들을 좀더 구체적으로 서술하여 주시면 좋겠습니다. 그 효과들을 나열해 주신다면 그 필요성을 더욱 강하게 갖게 될 것이며 평소보다 많은 노력을 기울이게 되리라 생각합니다.

A 설교자도 회중도 모두가 시선을 교환하면서 자연스러운 메시지의 전달이 있기를 바라는 마음입니다. 이러한 마음들이 모아져서 설교가 진행되었을 때는 많은 효과가 나타납니다. 그 중에서도 다음 몇 가지를 우선적으로 추려봅니다.

첫째는, 앞에서도 언급한 대로 회중의 주의력을 집중시키는 절대적인 힘이 발휘됩니다. 상대의 눈을 주시하고 말한다는 것은 상대가 다른 생각이나 행동을 하지 못하도록 붙잡는 방편입니다.

둘째는, 회중의 반응을 확인하는 길입니다. 최근에는 설교자들이 자신의 말을 잘 듣고 공감하는지를 확인하기 위하여 "아멘"을 유도하고 있습니다. 그러나 그것은 강제로 반응을 끌어내는 행위입니다. 어쩔 수 없이 설교자의 구령과 같은 "~줄로 믿습니다.", "주님의 이름으로 축원합니다.", "바랍니다."에 따라 나온 "아멘"일 뿐입니다. 전혀 의미가 없습니다.

그러나 진정한 반응은 회중의 눈에서 확인해야 합니다. 아무런 소리를 내지 않아도 그들의 눈에서 자신의 메시지가 전달되고 공감대가 형성되며 그들이 은혜를 받는지를 뚜렷하게 알게 됩니다. 뿐만 아니라 자신의 설교에 전혀 관심을 두지 않고 있는 회중을 앞에 두고 설교자 홀로 열을 내면서 공중에 메아리를 울리는지의 여부도 잘 알게 됩니다.

셋째는, 설교자가 눈동자를 상대의 눈동자에 맞추면서 설교를 하게 될 때 회중은 설교자가 자신에게 관심을 두고 있다는 생각을 하게 됩니다. 이런 경우는 졸음이 와도 그것을 억제하면서 경청의 자세를 취하게 됩니다. 그리고 설교자에게 훨씬 친근함을 갖게 됩니다.

끝으로, 이러한 시선의 교환을 이룩하다 보면 설교자는 설교 전달의 진수를 알게 됩니다. 즉, 자신의 설교가 드디어 원고를 읽고 있는 것이 아니라 사람에게 선포하고 있음을 실감합니다. 거기에 더하여 설교를 경청하고 있는 사람들의 눈길에서 자신이 전하는 메시지와 회중과의 관계를 지체 없이 파악하고 긴급한 조치들을 취할 수 있으며, 자신의 설교가 갖고 있는 장점과 단점을 쉽게 발견합니다. 이러한 발견이 거듭될 때 설교자는 더욱더

알찬 준비를 하게 되고 설교 전달의 지혜를 터득하게 됩니다.

대화의 정리

　　설교는 설교자에 의하여 다수의 사람들에게 전달되는 성경의 진리인 메시지의 운반이다. 설교자가 자신의 지식이나 경험을 나열하는 순간이 아니다. 설교자는 오직 순수한 하나님의 말씀을 회중의 가슴에 심어 주기 위하여 운반하는 존재일 뿐이다. 그런데 이 운반의 책임은 어떤 사물의 운반과는 현격한 차이가 있다. 이 메시지의 운반은 단순한 배달의 성격이 아니다. 말씀을 운반할 때 설교자는 심혈을 기울여 필연코 회중이 메시지에 접할 뿐만 아니라 그 메시지를 생명의 양식으로 받아들이도록 하는 데까지 책임을 져야 한다.

　　이러한 책임을 수행하는 데는 단순히 원고에 수록된 내용만으로 그 소임을 다할 수 없다. 또 그것을 읽는 것으로만 해결할 수 없다. 언어라는 매체는 언제나 소리에 첨가된 말과 신체를 통한 비언어의 수단을 필요로 한다. 신체 언어라고도 하는 이 비언어의 방편에 가장 우선적인 것이 바로 눈의 움직임이다. 이 눈은 언어로 표현할 수 없는 의미들을 표현하는 데 가장 우선적이다. 슬픔과 기쁨과 감사와 분노의 감정을 언어로는 충분하게 표현하지 못한다. 그래서 두 눈을 통하여 상대가 충분히 느끼고 알도록 해야 한다.

　　이토록 메시지를 운반하는 데 소중한 도구인 설교자의 눈이 원고만을 내려다보느라 회중을 볼 수 없게 된다면 그 설교자는 가장 중요한 신체 언어를 활용하지 못하는 모순을 낳게 된다. 다시 말하면 최고의 효과를 가져 올 수 있는 운반 도구를 선용하지 못하는 우를 범하는 결과를 가져온다. 특별히 회중이 설교자의 눈동자가 자신에게 향하기를 그렇게도 원하는데 얼굴을 숙이고 시원스럽게 회중을 쳐다보지 못하는 설교자라면 성언운반의 소임을 성공적으로 수행했다고 말하기 어렵다.

　여기서 다시 확인해 두어야 할 문제는 회중과의 자유스러운 시선 교환을 위하여 원고를 작성하지 않아도 된다는 뜻이 아니다. 그렇다고 대지와 예화만을 가지고 와서 수준 낮은 언어를 구사하고 열을 뿜는 삼류 부흥사의 모습을 예찬한 것도 아니다. 거듭 강조하거니와 하나님의 말씀인 본문을 생각나는 대로 해석하고 예화로 시간을 채우면서 회중을 웃기고 울리는 그러한 연출을 의미하지 않는다. 오직 달고 오묘한 진리를 생명의 말씀으로 운반하는 데 보다 더 효과적인 방편을 설교자들이 기울여야 함을 강조함이다.

설교 전달에는 리듬(Rhythm)이 있어야

Q 저는 개신교 목사님들의 설교 사역에 깊은 관심을 가지고 있는 평신도입니다. 설교를 통하여 신앙생활에 많은 도움을 받기도 하지만 때로는 아쉬운 감정을 갖게 됩니다. 목사님의 설교에서 가장 아쉬운 부분은 언어의 속도나 음정의 높낮이가 너무나 일정하다는 점입니다. 이러한 느낌은 나 개인만의 문제가 아닙니다. 설교를 함께 듣는 많은 교인들이 사석에서 이 짜증나는 현상을 이야기합니다. 그러다가도 목사님의 권위에 손상이 갈까봐 한마디도 내놓고 말하지 못하는 현실입니다. 이 때마다 저는 목사를 양성하는 신학교의 설교학 교육에서는 이러한 현장의 문제점을 파악하고 있으신지 우선 묻고 싶습니다.

A 매우 중요한 문제를 언급하셨습니다. 우리나라에는 많은 신학대학교가 있습니다. 그러나 설교학을 전공한 교수는 약 10여 명에 불과합니다. 저의 생각으로는 설교학을 전공한 교수들이 질문하신 문제를 매우 중요하게 여기고 있으리라고 봅니다. 제가 봉직하고 있는 장신대의 설교학 강의실에서는 이 문제가 매우 중요하게 다루어지고 있습니다. '설교 전달의 리듬'은 설교 전달의 생명처럼 강조하고 있습니다. 이 리듬이 제대로 활용되지 못했을 때의 설교 전달은 회중을 피곤하게 만들거나 졸리게 하는 결과를 초래하기 때문입니다.

설교가 설교자 한 사람으로는 성공할 수 없다는 것은 하나의 정설입니다. 설교의 파트너가 되는 회중의 참여가 동반되어야 설교의 커뮤니케이션이 더욱 효과적으로 이룩됩니다. 질문자의 경우처럼 설교자가 리듬을 전혀 사용하지 않는 문제 때문에 교인들이 불만을 갖는 사례가 많이 있습니다. 어떤 교회에서는 교인들이 인내에 한계를 느끼고 그 교회를 떠나는 경우를 봅니다. 이러한 불행한 일들이 확산되지 않기 위해서는 설교에 깊은 관심을 갖고 있는 분들의 노력이 있어야 합니다. 그 노력은 단순히 설교만을 열심히 듣고 장단을 맞추는 '아멘'의 연발로서 해결되지 않습니다. 설교자와의 진솔한 대화가 필요합니다. 만일 설교자의 권위에 짓눌려 그러한 대화를 할 수 있는 가능성이 없다면 이름을 밝히지 않은 글을 통하여서라도 설교자의 현주소를 밝혀 주어야 합니다. 이것이 설교자를 아끼는 가장 우선적인 일입니다. 설교자를 위하여 기도만 한다는 것으로 자신의 참여와 책임 이행을 다 했다고 보기 힘듭니다.

저는 설교자로서 설교의 리듬에 대하여 배우거나 생각해 본 적이 없습니다. '설교의 리듬'이 무엇을 말하는지를 좀더 자세하게 듣고 싶습니다. 솔직히 말하면 제가 신학 교육을 받을 때는 설교학 전공 교수들이 없었습니다. 설교학을 전 공하지 않은 목회 목사들이 들려주는 경험담이 그 시간의 강의 내용이었습니다. 학문적인 차원과 현장 이론에 대한 연구나 교육이 거의 전무한 상태였습니다. 솔직히 '설교의 리듬'이라는 어휘 자체가 저에게는 생소합니다.

매우 안타까운 말씀입니다. 저 역시 질문자의 아픈 경험 을 동일하게 소유한 사람입니다. 제가 이 분야를 전공하 기 위하여 도전하고 오늘에 이름도 설교학 교육의 부재 때문이 었습니다. 1970년대까지 각 신학교에서 설교학 교과서로 사용하 였던 곽안련(Allen Clark)의 「설교학」에서도 이러한 어휘는 등장 하지 않습니다. 그래서 지금까지 많은 분들이 이러한 기초적인 문제를 외면하는 실정입니다.

설교 전달에서 소중히 다루는 '설교의 리듬'(Rhythm)이란 간 단하게 말하면 언어 속도의 빠름과 느림을 말하고 음정의 높낮 이를 말합니다. 그러나 좀더 크게 볼 때 그것은 메시지의 동적인 구성을 비롯하여 설교자의 제스처를 포함한 신체 언어의 움직임 을 포함한 음색·음폭 고정화의 탈피까지 실로 광범위합니다. 거 기에 더하여 열정의 강함과 약함도 모두 이 개념에 포함됩니다. 다시 말하면 언어의 속도와 음정의 고저, 그리고 몸과 감정의 움 직임이 가져다주는 메시지의 동적인 상태를 말합니다.

설교 전달에 있어서 리듬이 그렇게 중요하다는 사실을 새롭게 배웠습니다. 그 많은 설교를 진행하여 온 제가 이토록 중요한 부분을 이론과 실제에 있어서 전혀 적용하지 않았다는 것은 참으로 부끄러운 일이었음을 실감합니다. 저와 같은 설교자들을 위하여 좀더 구체적으로 설교 전달의 음정에 있어서 '리듬'이 필요한 이유를 설명해 주셨으면 합니다.

그 필요성은 간단하게 다음과 같이 설명할 수 있습니다. 우리가 세계적인 소프라노의 독창 발표회에 큰맘을 먹고 시간을 내서 비싼 입장권을 사서 들어가 자리에 앉았다고 가정해 봅시다. 그가 남다른 높은 음을 내는 데 감탄하게 될 것입니다. 그러나 한 시간 내내 낮은 음이 없이 계속적으로 높은 음정만을 계속한다고 생각해 보십시오. 당연히 많은 사람들은 그 노래를 계속 듣고 싶은 의욕을 상실하게 되고 곧 싫증과 짜증이 터져 나오게 될 것입니다. 그리고 그 자리를 박차고 일어설 것입니다. 아무리 정상의 성악가라고 하더라도 그 음정의 높낮이가 없다면 그것은 하나의 기계이며 독백으로 끝나게 됩니다.

설교가 진행되고 있는 설교단으로 상상을 옮겨 보십시다. 설교자의 음폭과 음색이 남달리 훌륭하고 그 메시지가 매우 우수하다고 가정을 해봅시다. 처음 몇 분 동안은 그 앞에 있는 회중이 깊은 흥미와 호기심을 발하게 될 것입니다. 그러나 10분이 가고 20분이 가는데도 올라간 높은 옥타브의 음정이 내려오지를 않고 마이크가 찢어지도록 소리를 지르고 있다면 그 앞에 몇 사람이나 앉아 그 설교를 계속 듣고 있겠습니까?

그 반대의 경우를 가정해 봅시다. 한 설교자가 남다르게 곱고 듣기 좋은 저음을 구사할 수 있습니다. 일반 대화에서 그분의 묵직한 저음은 매우 매혹적입니다. 그런데 그분이 설교하는 동안 언제나 그 저음에 전혀 변화가 없이 그 음정이 지속된다고 생각해 보십시오. 열정도 없고 음정의 높낮이도 전혀 고려하지 않는 그 설교를 들을 때 필연코 실망과 허무감에 젖게 될 것입니다. 그리고 찾아 온 졸음을 막을 길이 없을 것입니다.

인간의 귀는 어느 일정한 음정에 고착되기를 거부합니다. 인간의 감정도 동일합니다. 인간의 살아 움직이는 본성은 정지된 상태를 거부합니다. 음정이 높고 낮음이 분명하게 이어질 때 듣는 사람의 감정은 함께 움직입니다. 노래란 언제나 기본음에서 필요한 지점을 향하여 상승했다가 다시 내려옴을 반복합니다. 그래서 노래하는 현장에서는 듣는 사람들이 함께 박수를 치거나 몸을 움직이면서 동화된 물결을 이룹니다. 설교의 현장도 예외가 될 수 없습니다. 인간이 말하고 인간이 듣고 있는 현장입니다. 인간의 감정이 움직이지 않는 설교 현장은 실패할 수밖에 없다는 점을 유의해야 합니다.

저는 성격이 급한 편에 속합니다. 감정이 고조되는 경우 저의 언어는 매우 빠르게 이어집니다. 특별히 설교를 할 때 열정이 솟아오른 경우 제 언어 속도는 회중이 알아듣기 힘들 정도입니다. 말씀하신 '설교의 리듬'이 음정의 높낮이에만 해당되는 것이 아니라 언어의 속도에도 동일하게 적용되어야 함을 알게 되었습니다. 좀더 구체적인 도움의 말씀을 주시면 감사하겠습니다.

질문자의 고민을 저는 누구보다 잘 이해하고 있습니다. 저에게도 동일한 문제로 깊은 고민에 빠져 있던 시절이 있었습니다. 특별히 30대 초반에 그러한 현상이 가장 심각했습니다. 설교의 전달에 있어서 리듬이 가장 필요한 부분은 바로 음정의 고저와 말의 속도입니다. 말의 속도가 빠른 것 자체는 문제가 없습니다. 그러나 그 빠른 속도를 멈추고 느리게 조절하는 능력이 문제입니다. 적지 않은 설교자들이 자신이 가지고 있는 언어의 속도에 깊은 관심을 가지고 있습니다. 어떤 설교자는 언제나 고속으로 달리는 자신의 언어 속도에 대해 고민을 하는가 하면 어떤 설교자는 그 반대로 언제나 저속으로 이어지는 자신의 언어 습관을 괴로워하기도 합니다.

설교자가 숨도 쉬지 않고 빠르게 말을 이어갈 때는 듣는 사람 역시 숨을 쉬지 못하고 따라가다가 피곤과 싫증을 쉽게 느낍니다. 안정감을 찾지 못합니다. 어떤 설교자는 회중이 긴장하며 자신의 질주하는 설교를 숨을 멈추고 경청하는 것이 좋은 것이라는 착각을 합니다. 그러나 이러한 착각은 설교 사역을 실패의 지점으로 이끌고 있는 무서운 오해입니다.

설교 본문을 보면 단어와 단어들이 엮어져서 문장을 이루고 문장이 이어져서 문단을 이루고 있습니다. 설교 원고에는 분명히 단어와 단어가 띄어져 있고 문장과 문장이 구분되어 있습니다. 설교자는 이 문장의 구조에 깊은 관심을 두어야 합니다. 단어와 단어 사이를 일일이 구분하여 말로 옮긴다는 것은 어려운 일입니다. 그러나 단어가 뒤엉켜 의미를 상실하지 않을 정도의 수준은 반드시 지켜야 합니다. 그리고 한 문장이 끝났을 때 지켜야 할 기본적인 쉼표를 사용할 줄 알아야 합니다.

　　그러나 무엇보다도 시급한 것은 설교자의 감정 조절의 문제입니다. 언어의 속도는 언급하신 대로 말하는 사람의 성격과 깊은 관계를 가지고 있습니다. 그래서 열정을 지속하다가도 차분하게 진정시키는 조절의 능력이 가장 급선무입니다. 이러한 문제를 효과적으로 치유하는 방법으로서 원고 중심의 설교를 권하는 바입니다. 원고에다가 빠른 속도로 이어갈 부분과 천천히 이어갈 부분을 표시하는 것도 하나의 방법입니다. 거기에 더하여 순수하게 대화체로 전개를 해야 할 곳들을 표시하여 그 부분에서는 아주 일상생활에서 차분하게 이야기하는 형태를 활용하는 노력도 필요합니다. 이러한 노력을 기울이다 보면 어느새 언제나 빠르게 달리던 자신의 언어 습관에 변화를 가져오리라 생각합니다. 조금만 노력하면 리듬을 담은 언어 속도를 지킬 수 있습니다.

　　저는 위의 질문자와는 정반대의 현상으로 고민하는 설교자입니다. 저는 어릴 적부터 성격이 매우 차분하다는 말을 들었습니다. 목회의 현장에서도 저는 차분하게 언행심사에 매우 좋은 말들을 많이 합니다. 일상생활에서는 차분한 성격대로 느린 저의 언어 습관 때문에 큰 불편을 느끼지는 않습니다. 그러나 설교를 할 때 노인층의 교인들은 제 설교가 좋다고 하는데 젊은층은 거부감을 갖는 듯합니다. 역시 말씀하신 언어의 리듬 문제가 저에게서 시급히 해결되어야 할 과제인 듯합니다. 도움의 말씀을 구합니다.

　　그렇습니다. 시대가 갈수록 사람들은 젊음의 세계를 추구하는 듯합니다. 특별히 언어의 속도를 통한 리듬의 감각이 많이 젊기를 바라는 것이 일반적인 경향입니다. 라디오 방송국에서도 가급적이면 정확한 발음에 빠른 속도를 요구합니다. 역시 스피드 시대가 도래하였음을 실감하게 합니다.

차분한 성격에 차분한 어감은 일상생활에서는 모두가 선호하는 언어 감각입니다. 그러나 설교에서 그러한 어조와 속도를 아무런 변화 없이 계속한다면 재고의 대상이 됩니다. 그 이유는 다음 몇 가지 때문입니다.

무엇보다도 회중에게 지루한 감각을 줍니다. 동물이란 원래 움직이는 실체입니다. 인간도 예외가 아닙니다. 자신의 사고가 움직이고 감정이 움직이고 있을 때 살아 있음을 실감합니다. 정체 상태를 계속할 때는 오직 잠을 자고 있는 순간뿐입니다. 그 순간은 신체의 가장 기본적인 기능들만 활동할 뿐 대부분의 기능이 정지 상태에서 휴식을 취하게 됩니다. 설교자가 30분 동안 아무런 변화 없이 기계적으로 그 언어를 이어간다면 그 앞에 있는 회중은 모두가 바로 이 휴식을 취하게 됩니다. 또한 차분하고 느린 설교자의 언어 속도는 자연적으로 설교의 역동성이 결여됨을 보이게 됩니다. 설교자의 뜨거운 열정이 서서히 그 가슴에서 사라집니다. 설교는 곧 차가운 강의의 성격으로 변하게 됩니다. 설교자가 열정을 보일 때 회중도 설교를 들으려는 열정을 보입니다. 설교자가 머리만을 굴리면서 설교를 이어가면 회중도 머리만 이용하여 설교를 듣게 됩니다. 이러한 문제점들이 바로 저음으로 느리게 언어를 이어가는 설교자들에게 다가오는 부작용입니다.

문제의 해결은 자신의 노력에 있을 뿐입니다. 외적인 방법으로는 치유가 어렵습니다. 스스로 다음의 세 가지 방법을 고려해 보셨으면 합니다.

먼저는, 자신의 설교 원고를 펴놓고 일정한 분량을 소리내어 빠른 속도로 읽는 연습입니다. 그 때는 초침까지 있는 시계를 옆에 놓고 보통 자신의 언어 습관대로 먼저 읽은 후 다음에는 시간을 점차적으로 단축하여 읽는 연습을 합니다.

둘째는, 언어 속도가 빠른 설교자의 설교 테이프를 들으면서 그대로 따라 하는 방법입니다. 2쪽 정도의 분량을 원고화하여 앞에 두고 그 설교자의 속도에 맞추어 함께 읽어 가는 연습입니다.

셋째는, 가장 중요한 것으로서 설교자의 열정의 표면화입니다. 언어의 속도가 느린 분이 빠르게 하려면 감정이 상승기류를 타야 합니다. 평범한 평소의 감정을 가지고서는 전혀 기대치에 도달하지 못합니다.

노력하십시오. 어렵지 않게 극복할 수 있는 문제입니다. 이러한 문제가 해결되는 날 설교의 세계는 달라집니다. 회중이 말씀을 경청하고 느끼는 것이 달라집니다. 이러한 희망은 멀리 있지 않고 바로 가까이 있습니다.

대화의 정리

1700년대 러시아의 과학자요 문학가였던 로모노소프(Mikhail V. Lomonosov)가 각 나라의 언어에 대하여 흥미로운 분석을 한 바 있다. 스페인어는 그 웅장함 때문에 신과의 대화에 적합하고, 불어는 경쾌하기에 친구들과의 대화에 좋고, 독일어는 무뚝뚝하기에 적과의 대화에 적당하고, 이탈리아어는 부드럽기에 여성들과의 대화에 적합하다는 말을 남겼다.

변화의 파도가 빠른 속도로 밀려오는 오늘을 달리는 설교자들은 앞의 말을 음미해 볼 필요가 있다. 말이 가지고 있는 웅장함과 경쾌함과 무뚝뚝함과 부드러움의 리듬이 그 대상마저 달리한다는 사실이다. 설교자는 자신의 음정과 언어에서 풍기는 리듬이 있어야 상대가 귀를 열고 감상을 함을 마음에 두어야 한다. 한번 오른 높은 음정에서 내려오지 못하고 소리를 지르면서 시간을 보내다가 설교를 끝맺는 현상을 바로잡아야 한다. 반면에 한 음도 오르내리지 못하고 조용한 베이스만을 지속하는 음정 역시 달라져야 한다. 리듬이 없는 소리, 즉 제자리에서 벗어날 줄 모르는 음정은 하나의 소음에 불과하다. 이 소음은 회중의 정신을 혼미하게 하고 귀를 닫게 만드는 결과를 가져온다.

뿐만 아니라 회중을 외면하고 혼자서 빠른 속도로 달려가는 언어의 속도는 외로운 독백이 되기 쉽다. 함께 동승한 무리들이 없이 혼자 달리는 운반수단이 된다. 그리고 회중이 빨리 가자고 독촉하는 느린 언어 역시 설교에서는 반드시 수정되어야 한다. 스피드 시대에 살고 있는 현대인들은 느린 언어의 속도를 고집하는 사람을 보면 답답하여 견디지를 못한다. 달려 주기를 독촉하다가 따라오지 못하는 설교자를 회중은 기다려 주지 않는다. 그들은 자신들의 속도대로 설교자를 뒤로 하고 달려간다.

설교에서의 리듬, 그것은 설교자에게 언제나 자연스럽게 주어진 것이 아니다. 진정한 효과를 거둘 수 있는 리듬은 노래하는 사람들보다 더 진지한 노력 속에서 개발되어야 한다. 개발된 리듬의 효과는 하나님의 말씀을 운반하는 데 필수적인 도구이다.

화신적 설교가 전달의 성패를 가름한다

아무리 훌륭한 내용을 갖춘 설교라고 하더라도 그 설교가 효과적으로 전달되지 못할 때 그 내용은 큰 상처를 입고, 의미 전달 또한 손상을 입게 된다는 사실을 잘 알고 있습니다. 신학교에서 '설교학 개론'을 배울 때 교수님은 설교자라면 설교의 원고화가 다 끝났을 때 무엇보다도 그 설교가 성육화(成肉化)되도록 노력해야 한다면서 화신적 설교(Incarnational Preaching)에 대한 강조를 많이 하셨습니다. 그 때는 설교의 경험도 별로 없고 해서 그 말씀에 대해 깊이 관심을 기울이지 않았습니다. 최근에 이르러 강의하셨던 화신적 설교에 대하여 새롭게 알고 싶은 충동이 생겼습니다. 우선 화신적 설교의 정의를 듣고 싶습니다.

일찍이 일리온 존스 교수는 「설교의 원리와 실제」라는 책 서문에서 설교학 강의는 신학생들이 아니라 설교를 해본 경험이 있는 목사들 앞에서 진행되어야 한다고 말한 적이 있습니다. 그 말은 설교에 대하여 막연하게 생각하고 있는 학생들보다는 계속적으로 설교를 해오면서 문제점에 직면해 본 경험자들이 설교에 깊은 관심을 가진다는 뜻이 담긴 말입니다. 그렇습니다. 저도 지난 22년 동안 강의실에서 이 화신적(化身的) 설교에 대하여 무척이나 강조를 했습니다. 그러나 질문하신 대로 그 깊은 뜻을 잘 알고 나가는 사람이 많지 않은 듯합니다. 그러나 지금이라도 그 필요성을 느끼고 질문하여 주심을 고맙게 생각합니다.

화신적 설교란 두 가지 측면에서 그 정의를 내리게 됩니다.

하나는, 설교 내용의 구성과 표현이 단순히 본문을 석의해 놓은 책을 적당히 옮겨온다거나 좋은 자료들을 잘 배열하여 구성함을 의미하지 않습니다. 그러한 것은 순수한 설교 본문에 대한 준비일 뿐입니다. 여기서 한 발자국 더 나아가 그 설교 내용과 설교자의 관계가 어떻게 이룩되는가에 화신적 설교의 성패가 가름됩니다. 즉, 단순한 본문의 의미 전달만을 목적으로 한다면 그것은 전혀 화신적 설교가 아닙니다. 이 설교는 준비한 메시지와 자신이 일치됨을 의미합니다. 특별히 말씀의 적용에서 설교자의 심성과 삶의 내용이 외치고자 하는 말씀의 내용과 일치되어 서로 어긋나지 않고 있음을 말합니다.

예를 들면, 언제나 교만한 마음과 자세를 가지고 사는 설교자가 '겸손'이라는 주제를 가지고 설교를 했을 때 설교자는 스스로의 모순을 발견하게 되고 회중은 설교자가 먼저 겸손을 실천한 후에 그 주제를 자신들에게 설교해 주기를 바라게 됩니다. 다시 말하면 설교의 메시지가 설교자의 삶으로 승화되어 나타나는 성육화된 메시지를 말합니다.

둘째는, 전달에서 나타나는 화신적 설교입니다. 인간이란 어떤 일에 대하여 넉넉히 잘 감당하고 있다는 믿음이 있을 때의 어감과 그렇지 못할 때의 어감이 많은 차이를 보이기 마련입니다. 앞에서 언급한 대로 설교자 자신이 행동으로 실천하고 있을 때의 어감은 확신에 차 있습니다. 그리고 그 언어의 흐름이 단순한 강의나 설명의 음정이 아닙니다. 비록 높은 소리를 지르지 않더라도 회중은 그 메시지에 깊은 감동을 받고 그 설교자를 새롭게 우러러봅니다. 자신들이 실천하기에는 매우 힘겨운 메시지의 경지를 설교자가 이미 도달하여 거기에서 우러나오는 설교를 하고 있음을 알게 되는 회중은 차원이 다른 반응을 보이게 됩니다.

한국교회의 지도자들로서 살다가 간 설교자들이 남긴 설교는 설교 이론으로는 그렇게 훌륭한 것이 아닙니다. 그러나 그들이 그 메시지를 전달할 때는 누구도 따를 수 없는 은혜의 물결을 일으켰습니다. 이것이 메시지의 성육화를 이룩한 설교 현장의 모습입니다.

설교의 성육화가 실로 중요함을 다시 느낍니다. 이해는 쉽게 했으나 내 자신이 실천하기에는 몹시 어렵다는 생각을 해 봅니다. 그러나 설교자가 너무나 당연하게 실현해야 할 설교의 소중한 원칙으로 받아들입니다.

이어서 드리고 싶은 질문이 있습니다. 만일 메시지의 내용이 반드시 설교자가 실천하고 있는 것만을 외치게 된다면 삶의 내용과 환경이 달라진 세상에서 새로운 세대와 더

불어 살아야 하는 설교자들에게는 적지 않은 부담이 됩니다. 이러한 부담을 안고서 자유롭게 설교하기가 매우 힘이 든다고 생각합니다. 여기에 대한 답변을 듣고 싶습니다.

A 그렇습니다. 주신 질문은 현대의 설교자들이 모두 고민하는 문제입니다. 말하는 것처럼 행동하고, 행동하는 것처럼 말한다는 것은 참으로 어려운 문제입니다. 그러나 그리스의 정치가였으며 시인으로서 그 시대의 7명의 현인 중에 하나였던 솔론(Solon)이 "말은 행동의 거울이다."라고 했던 금언에 귀를 기울여야 합니다. 자신이 실천하지 못했거나 실천할 수 없는 메시지를 외친다는 것은 실로 어려운 문제입니다. 예를 들어 부부 일체가 되어 가정의 평화를 만들어 가면서 살아야 한다는 설교는 이혼 경력을 갖고 있는 설교자에게는 가장 큰 부담이 되는 것이 사실입니다.

그런데 이러한 원칙만을 고수할 때 우리의 설교단에는 모두가 성인들만 서야 한다는 결론에 도달합니다. 죄인은 전혀 설교할 수 없다는 고정된 틀만을 주장한다면 참된 설교자를 발견하기가 무척 힘이 듭니다. 여기에 현대 설교학의 깊은 고민이 있습니다. 어떤 설교학자들은 설교자를 평범한 한 인간으로 허용하고 하나님 말씀이 설교자의 입을 빌려 나오는 단순한 메시지여야 한다는 주장을 합니다. 그래서 설교자의 이혼도 허용하고 동성연애도 허용해야 한다고 합니다. 과거의 율법적인 도덕률보다는 용서가 있는 은혜의 거울로 설교자를 비추어 보면서 설교를 경청해야 한다고 합니다.

바로 이 시점에서 한국교회 설교자들의 고민이 있습니다. 한국과 같이 높은 도덕률을 가르쳐 온 유교권의 문화에서는 실로 수용하기가 몹시 힘이 드는 것이 사실입니다. 아직도 우리의 문화는 설교자의 인간적 고뇌나 탈선을 조금도 허용하지 않습니다. 그래서 한국의 설교자들은 남다른 심리적 압박을 받고 살다가 건강을 잃는 경우가 적지 않습니다. 설교자이기에 할 수 있는 말이나 터뜨릴 수 있는 분노도 삼가면서 가슴앓이를 하며 살아가야 합니다. 이것이 바로 한국교회의 설교자가 걸어가야 하는 오늘의 길입니다. 이러한 부담이 한국 문화에서는 상당 기간 지속되리라 생각하면서 부담을 덜어드리는 답변을 드리지 못함을 마음 아프게 생각합니다.

저는 요즈음 인터넷을 통하여 여러 목사님의 설교를 경청하고 있는 평신도입니다. 그 동안 우리 목사님의 설교만을 전부로 여겨왔던 저의 신앙생활에 대단한 변화를 일으키고 있습니다. 대형교회를 이룩한 목사님들의 설교를 비롯하여 작은 규모의 교회 목사님들의 설교에 이르기까지 그분들의 설교를 들으면서 많은 차이점들을 비교하고 있습니다. 그런데 어떤 분은 땀을 흘리면서 거대한 음성으로 설교를 하는데 은혜가 되지 못합니다. 그러나 어떤 분은 잔잔한 음성으로 설교를 하는데도 내 자신이 그분의 설교에 흡입되는 듯 은혜를 받고 있습니다. 어떤 분에게서 말씀의 성육화 현상을 찾을 수 있는지 알고 싶습니다.

먼저 주신 질문을 살펴보면서 질문자께서는 첨단의 인터넷 문화를 최대한 활용하고 있다고 생각합니다. 지금은 소수일지 모르나 앞으로 몇 년 후면 수많은 교인들이 귀하처럼 다양한 설교자들을 접하게 되리라 생각합니다. 지난날처럼 찾아다니면서 명설교가를 만나는 것이 아니라 컴퓨터 앞에서 단시간에 원하는 설교자들은 모두 만나게 됩니다. 설교자가 자신의 설교를 인터넷으로 볼 수 있도록 저장해 놓는 일은 이제 피할 수 없는 현실로 정착되어 가고 있습니다. 이러한 디지털 시대를 이해하고 활용하고 있는 저에게 설교의 두려움이 늘 앞서고 있습니다. 활자만을 이용하던 시대가 아니고 설교의 내용과 전달하는 모습을 모두 인터넷에 공개하게 되는 사회 구조이기에 설교하기가 점점 어려워집니다. 정성에 정성을 쏟지 않으면 하루아침에 실추하게 되는 것이 오늘의 설교 현장입니다.

질문하신 분께서 인터넷을 통하여 만나 본 다양한 설교자의 형태를 화신적 설교의 입장에서 분석해 드립니다. 먼저, 설교자가 열심히, 그리고 크게 외친 설교라고 해서 모두가 거기에 흡입되고 은혜를 받는 것은 결코 아닙니다. 솔직히 어떤 설교자는 남의 설교를 도용하여 단에 올라가 훨씬 더 강하고 큰 소리로 우렁차게 외치는 경우도 종종 있습니다. 문제는 얼마나 그 메시지를 성육화(incarnation)시켰는가이며, 그에 따라 그 설교의 진위를 알게 됩니다. 그 메시지에 스스로 감동이 되고 하나님을 향하여 부끄러움이 없는 설교자가 확신이 가득한 가운데 우렁차고 크게 외친 설교라면 모두가 함께 깊은 감명을 받고 하나님 앞에 머리를 숙이게 됩니다. 그러나 만에 하나 자신의 모순된 삶의 기록과 현실을 은폐하기 위하여 첨단의 음향시스템이 견디기 힘들 정도로 외친다면 그것이 바로 위선의 가면을 쓴 설교자입니다. 이러한 설교는 그 내용을 말하지 않아도 성령님의 감화가 그 곳에서 흔적을 감춥니다. 그러나 전달의 미숙함이나 음성이나 음정의 미흡함이 있더라도 성령님이 전하고자 하는 메시지에 설교자가 완전히 젖어 있다면 거기에는 뜻하지 않은 큰 은혜의 파장이 일게 됩니다.

저는 앞에서 주신 화신적 설교의 중요성을 잘 이해하고 있습니다. 그리고 설교자는 아무리 주변과 자신에게 어려움이 있더라도 화신적 설교를 해야 한다고 생각합니다. 그런데 아무리 설교자 자신이 메시지에 동화되어 있다고 하더라도 그 전달 과정에서 갖추어야 할 기본 요소가 있다고 생각합니다. 이러한 요소를 갖출 때 그 설교는 훨씬 더 효과를 낼 수 있다는 것이 저의 견해입니다. 여기에 대한 좋은 의견을 듣고 싶습니다.

옳습니다. 화신적 설교는 단순히 설교자가 메시지대로 살고 있다는 것만으로 이룩되는 것은 아닙니다. 그 설교가 회중의 가슴을 파고 들어가야 합니다. 내 자신에게만 은혜가 되고 회중에게 효과적으로 전달되지 않는다면 그것은 커다란 설교의 오류입니다. 화신적 설교의 완성을 위하여 다음의 몇 가지의 기본 원칙을 말씀드립니다.

먼저는, 설교자가 그 메시지를 전달하는 데 한점의 부끄러움이 없는 자신감의 확보입니다. 이 자신감이 없을 때 끓어오르는 양심에 의하여 설교자는 고개를 숙이게 됩니다. 설교의 시간과 공간을 메우기에 급급하게 됩니다. 떳떳한 자세를 갖추지 못합니다. 때로는 위선적인 인상과 어감을 갖추게 됩니다. 그래서 설교자는 성별된 삶을 주무대로 해야 한다는 결론이 나옵니다.

둘째는, 설교를 원고화하는 데 각별히 유의해야 합니다. 본문의 해석을 하는 데 자신의 부끄러운 부분과 관계되는 말씀일지라도 숨김없이 메시지를 알려야 합니다. 그리고 그 말씀의 적용을 진솔하게 해야 합니다. 원고화 작업에 이르렀을 때는 단순하고 건조한 문장에서 벗어나 감성적이고 시감이 흐르는 어휘들을 십분 활용해야 합니다. 이렇게 문학적 감각을 주문하는 것은 두뇌를 향한 메시지가 아니라 가슴을 움직이는 메시지를 추구하기 때문입니다.

셋째는, 원고를 완전히 소화하고 외워야 합니다. 외운 원고는 적어도 10회 이상 자신의 감정을 넣어 자연스럽게 외쳐지도록 연습을 해야 합니다. 이 때의 연습은 단순한 암기의 연습이 아니라 메시지의 성육화가 되는 과정입니다. 이 과정에서 설교자가 은혜를 받아 눈물을 흘리며 하나님께 감사의 기도를 드릴 수 있어야 합니다. 진정 이 순간은 설교를 하는 존재가 아니라 설교를 듣는 회중의 한 사람으로 그 순간에 임해야 합니다.

넷째는, 설교자가 설교단에 섰을 때 어떤 경우도 자신이 전하고자 하는 메시지를 객관적으로 보는 어감이나 자세나 음정은 절대 금물입니다. 설교단에서 외쳐야 할 설교는 자신에게 성육화된 메시지인즉 이제는 자신의 감정이 몰입되어야 합니다. 몰입된 감정이 회중의 감정에 최대한 모아지도록 해야 합니다. 예를 들어 우리 주님이 십자가 위에서 고통을 당하신 모습을 그림을 그리듯 원고에 옮기면서 감격의 눈물을 흘렸던 설교자라면 그 부분이 선포되는 동안 설교자의 눈은 다시 뜨거워지고 눈물이 글썽거리게 됩니다.

끝으로, 메시지에 깊이 동화된 설교자가 설교단에서 어느 정점에 이르렀을 때에 절대적인 주의를 기울여야 할 것이 있습니다. 그것은 뜨거운 호소력이 있어야 한다는 점입니다. 회중의 가슴을 파고드는 호소력은 바로 설득과 이어지고 설득은 준비한 메시지를 회중의 가슴 깊이 심어 줍니다. 그리고 시원스러운 음정과 발음 또한 중요합니다. 감정은 고조되었는데 그 음정이 힘이 없다거나 그 발음이 무슨 말인지 알아들을 수 없게 된다면 그것은 참으로 애석한 일입니다. 자신의 가슴에 스며 있는 메시지를 시원스럽게 선포할 수 있는 것은 설교자에게 매우 중요한 요소입니다.

Q 저는 어느 때인가 개인이 경험한 부끄러운 사실을 가지고 그 문제를 고백적인 차원에서 설교했습니다. 하나님의 용서가 얼마나 위대한가를 자신의 경험을 통하여 얻어진 진리를 통하여 간증의 형태로 설교했습니다. 그때 듣는 사람들은 은혜를 많이 받았습니다. 이러한 경우는 화신적인 설교와 무슨 차이가 있는지 궁금합니다. 그리고 이러한 설교는 할 수 없는 것인지도 알고 싶습니다.

A 매우 중요한 질문을 하셨습니다. 설교는 하나님의 말씀의 선포요 해석이며 적용이기에 그 사역을 담당해야 하는 설교자 역시 정결해야 한다는 것이 당연한 요구이며 논리입니다. 이 기본적인 원칙이 무너지면 설교의 질서는 무너집니다. 특별히 예배 가운데 거룩하신 하나님의 말씀을 운반해야 하는 설교자의 마음과 몸가짐이 특별해야 한다는 당위성을 언제나 우

리는 최우선으로 생각해야 합니다.

　　그러나 일반 집회에서는 질문하신 경우들을 긍정적으로 고려할 수 있습니다. 예배는 하나님을 향한 제의적 행위라고 생각할 때 보다 더 엄숙하고 거기에 버금가는 제반 요구와 성스러운 응답이 있어야 합니다. 그러나 집회란 인간들의 심성에 초점을 두고 주로 설교를 통하여 감동을 주는 데 목적을 둡니다. 그럴 때 설교의 형태는 다양할 수 있습니다. 그 중에서도 삶의 장에서 누구나 공감할 수 있는 인간 경험들을 설교의 형태를 빌어 토로할 수 있고, 자신이 받은 용서의 은총과 그 감격을 고백할 수 있습니다. 그러나 여기서 유의할 것은 화신적인 설교란 자신의 경험이 설교화되는 것을 말함이 결코 아닙니다. 화신적 설교란 본문의 말씀을 해석하고 그 말씀을 준비하는 동안 그 말씀 속에 설교자가 깊이 농축되는 것을 의미합니다.

　　그리고 이러한 고백적 설교를 할 때 유의해야 할 것은 자신의 경험이 위주가 되고 말씀이 부차적인 자료로 사용되는 우를 범하는 일은 모든 설교자가 적극적으로 피해야 한다는 점입니다.

　　예를 들어 자신이 무엇을 잘못 했는지를 말하고 그렇게 되지 않기 위해서 어떻게 해야 할 것인지를 또 어떻게 극복했는지를 말한다는 것은 많은 사람들의 귀를 기울이게 할 수 있습니다. 또한 설교자의 정직성에 감동을 받을 수도 있습니다. 한 인간이 잘못 살아왔다면 성경이 거기에 대해서 무엇이라고 말씀하고 있으며 그 해결책은 무엇인지를 말할 수도 있습니다. 그럴 때 현재 동일한 고민에 있던 사람들이 그 설교를 통해서 변화할 수 있는 희망을 갖게 됩니다.

　　그러나 어떠한 경우도 하나님의 말씀을 중심으로 하고 그 말씀을 삶의 장에 적용하는 과정에서 그러한 고백적인 설교가 있어야 합니다. 또 하나 유의해 주실 것은 이러한 설교가 회중으로부터 좋은 반응을 일으킨다고 해서 언제나 설교자가 자기 이야기로 일관된 설교를 계속함은 바른길이 아닙니다.

대화의 정리

회중에게 전달되어야 하는 메시지는 단순한 문서의 전달이 아니다. 일반 사회에서의 메시지는 전달하고자 하는 사실만을 전해 주는 것으로 그 임무를 다한다. 그러나 설교에서의 메시지란 하나님의 말씀이다. 이 말씀은 단순한 음향 시스템과 같은 전달의 매체만을 활용하지 않는다. 이 말씀은 먼저 운반자의 가슴에서 용해되어야 한다. 액체로 변하여 설교자의 영육에 깊이 스며들어야 한다. 설교자의 정신과 가슴에 스며든 메시지는 이제 더이상 글로 형성된 단순한 메시지가 아니다. 그 설교자 자체가 메시지이며 메신저이다.

설교의 역사에 발자국을 남긴 위대한 거성들은 이 땅에 머무는 동안 화신적 설교자로 살다가 떠난 기록들을 우리 앞에 보여 주고 있다. 그들이 그토록 고고한 신앙과 인격을 지키기에 수월했던 단순사회에서 살았다는 이점도 없지 않다. 그러나 그것은 시대에서 우러나온 결실이 아니다. 하나님 말씀의 종으로 살았던 사람들에게서 열린 결실들이다. 악의 세력은 예나 지금이나 있었으며 그 세력과의 싸움은 언제나 존속한다.

그 거성들이 그렇게 우렁차게 땀과 눈물을 흘리면서 확신에 찬 설교를 하였던 모습들이 바로 우리의 모델이 되어야 하는데 그 모습들이 날이 가면 갈수록 줄어들고 있다. 만에 하나 그들의 흔적이 자취를 감춘 강단만을 오늘의 교회가 붙들게 된다면 한국교회 설교의 미래는 암담하다. 그래서 설교의 대각성이 있어져야 한다는 목소리가 날이 갈수록 높이 외쳐지고 있다.

화신적 설교는 분명히 깊은 감동을 안겨 주는 설교이다. 악의 세력이 팽창하고 인간의 탈선이 극심한 지경에 이를지라도 메시지의 성육화를 이룩하고 나선 설교자들이 있는 한 하나님의 나라는 이 땅에서 끝없이 펼쳐질 수 있다.

예수님은 말씀이신데, 육신이 되어 이 땅에 오셔서 구원의 대업을 이룩하셨다. 그 복음을 이 땅에 외쳐야 하는 오늘의 설교자들도 주신 메시지로 자신의 형상을 만들어야 한다. 그러한 후에 그 메시지가 회중의 가슴에 심어지도록 땀과 눈물을 흘려야 한다. 그럴 때 우리의 교회가 21세기에 말씀의 주역으로 등장하여 새롭고 우렁찬 설교의 물꼬를 틀 수 있게 된다.

화신적 설교, 그것은 탈선한 현실과의 타협을 모르고 외롭게 살아가는 설교자에게만 주어지는 특별한 은혜이다. 이 설교는 진정 몸으로 외친 설교이다. 이 설교만이 음성 언어를 뛰어넘어 차원이 다른 메시지를 회중에게 안겨 준다.

설교자의 시간 감각과 설교의 전달

Q 설교를 위한 시간이 어느 정도가 적절한지 말씀을 듣고 싶습니다. 일반적으로 30분 전후인 줄 알고 있는데 어떤 분은 한 시간을 넘기도 합니다. 어느 것이 옳은지 알고 싶습니다. 그리고 설교 시간의 제한은 과연 성경적인지도 듣고 싶습니다.

A 주신 질문은 생소한 질문이 아닙니다. 설교학 교수인 저에게 자주 물어오는 내용입니다. 설교 시간을 제한하는 기록은 성경에 없습니다. 성경에 나타난 설교는 때로는 짧았고 때로는 길었습니다. 스데반의 설교 현장에서 사람들이 격분하기까지는 적어도 30분을 넘었으리라고 생각을 해 봅니다. 사도행전 20장에 나타난 청년 유두고의 이야기에서는 사도 바울이 설교를

장시간 했던 것으로 기록되어 있습니다.

현대 교회에서 설교를 일반적으로 30분 전후로 하고 있는 이유로 우선 다음의 두 가지를 생각해 볼 필요가 있습니다. 먼저는, 인간이 남의 말에 주의를 기울여 들을 수 있는 일반적인 시간의 길이가 30분 정도라고 합니다. 이 때는 웬만한 말이라도 인내심을 가지고 경청할 수 있으나 그 이상의 시간이 지나면 듣는 사람들의 정신이 산만해지고 주의력이 떨어진다는 이론입니다. 둘째는, 말하는 사람의 문제입니다. 30분간은 최대한 정열을 쏟아 설교할 수 있으나 그 이상 길어질 때 혼신의 힘을 이어가기가 힘이 든다는 사실입니다.

일반적으로 한 주제를 찾아낸 본문을 질서정연하게 해석하고 그 주제를 따라 회중의 삶에 적용시키는 데 소요되는 최소한의 시간이 30분 전후가 됩니다. 뿐만 아니라 예배 시간이 한 시간 정도로 진행되고 있는 현대 예배의 길이를 고려해야 합니다. 예배에는 설교 외의 다른 예식 순서들이 있으므로 설교를 위한 시간은 역시 30분 전후의 길이를 갖게 됩니다.

그러나 저는 이러한 이유보다는 설교의 내용에 따라 설교 시간이 소요되어야 한다고 봅니다. 순수하게 말씀만을 강조하는 회중 교회와 같은 곳에서는 설교 시간이 한 시간을 넘기고 있습니다. 필자가 방문했던 네덜란드의 우륵에 있는 어느 개혁 교회는 설교 중간에 2번을 쉬어 가면서 1시간 30분간 계속하기도 합니다. 지금도 어떤 설교자는 한 시간이 넘게 설교를 하는가 하면, 대부분의 설교자들은 25분에서 30분 이내로 설교를 끝냅니다.

　　저는 개혁 교회의 목사로서 말씀하신 부분에 대해 늘 갈등을 느낍니다. 우리 교회의 예배에서 설교 이외의 순서는 최대한 줄이고 설교에 예배 시간 대부분을 할애하고 싶은 생각입니다. 말씀 중심의 개혁 교회 예배에서 설교를 위한 시간이 충분히 주어지지 않는 점에 대한 불만이 있습니다. 여기에 대한 답변을 듣고 싶습니다.

　　귀하의 질문을 보면서 그 심정은 이해하고 있으나 두 가지의 의문을 갖게 됩니다. 첫째는, 예배학을 신학교 시절에 공부하셔서 예배에 대한 기본 이해를 갖고 계신지 의문이 생깁니다. 둘째는, 어느 설교학 책에서 언급한 대로 질문자가 설교할 때마다 회중이 더 듣고 싶다는 의사 표시를 해 오는지, 아니면 좀더 일찍 끝냈으면 좋겠다는 생각들을 하고 있는지를 파악해 보셨는지 묻고 싶습니다.

　　개혁 교회 예배가 아무리 말씀 중심의 예배라 할지라도 예배의 내용은 엄숙하고 철저하게 지켜왔습니다. 칼빈과 같은 개혁자들이 남긴 예배 순서를 보면 지금의 가톨릭 예배의 내용과 별로 큰 차이를 느끼지 못합니다. 루터나 부처나 칼빈과 같은 개혁가들은 성찬성례전만 지켰던 가톨릭 예배에 설교를 삽입한 정도였습니다.

　　실질적으로 개혁 교회를 비롯하여 모든 개신교의 예배는 하나님이 주신 은총에 대한 응답의 행위입니다. 매주일 예배를 통하여 말씀을 듣는 것 못지않게 경배와 찬양과 감사와 참회와 봉헌과 간구를 드리는 예배 행위도 동일하게 중요합니다. 이러한 응답의 행위가 없는 예배는 단순한 집회에 불과합니다. 그래서 말씀만을 중심으로 한 개혁 교회의 예배가 집회로 전락한 이유도 여기에 있습니다. 최근에 열린 집회(열린 예배)를 통하여 나타난 현상을 보면 바로 예배의 행위는 삭제되고 오직 회중의 귀만을 향한 찬양과 말씀만으로 이어가고 있습니다. 이것은 예배를 인간 중심으로 엮어가는 모습입니다. 예배는 하나님 중심이요, 그분이 영광 받으시는 데 초점을 두어야 합니다. 다시 말하면 설교는 예배하는 회중을 위한 부분이고 기타 우리의 경배와 찬양과 감사와 봉헌 등은 곧 하나님을 위한 예배 행위입니다. 우리의 예배에서 이러한 응답을 드리는 시간은 반드시 있어야 합니다. 이 드림의 시간이 필요한 예배이기에 역시 설교 시간은 그렇게 제한을 받을 수밖에 없습니다.

> **Q** 저는 언제나 설교를 30분 이내에 끝내기 위하여 원고도 그렇게 준비하여 설교단에 오릅니다. 그런데 문제는 원고대로 설교를 한 다음에 끝을 맺지 못하고 다시 설교를 이어가는 습관에 있습니다. 결국 설교 시간은 길어지고 그렇게도 열심히 설교를 듣던 회중은 지루한 표정을 지으면서 저의 설교가 길어지는 것을 환영하지 않고 있습니다. 이러한 경험을 할 때마다 늘 괴로운 마음입니다. 이러한 저의 고민에 적절한 조언을 부탁합니다.

A 제가 늘 평소에 많은 목사님들의 설교를 들으면서 느꼈던 문제를 질문해 주셨습니다. 먼저 부탁이 있습니다. TV에서 인기리에 방영되는 연속극을 보십시오. 언제나 극이 좀더

전개되기를 바라는 바로 그 지점에서 끝을 맺고 다음의 방영을 기다리도록 합니다. 사실 노련한 감독은 시청자가 원하는 대로 모두가 만족하게 드라마를 다 보여 주지 않습니다. 반드시 시청자들을 감질나게 만들어 기다림을 유도합니다.

설교자가 준비한 원고대로 시간이 다 되었는데도 끝을 맺지 못하는 가장 큰 원인은 두 가지가 있습니다. 하나는, 원고 이외의 생각이 이어지기에 좀더 들려주고 싶은 즉흥적인 충동을 이기지 못하는 경우입니다. 둘째는, 설교를 듣는 회중의 자세 때문입니다. 그들이 시선을 집중하고 열심히 듣고 있을 때 설교자는 자신의 설교를 끝을 맺지 못하고 늘 이어갑니다. 이러한 이유들 때문에 설교를 정한 시간 내에 끝맺지 못하고 고민하시는 설교자들은 앞에서 말씀드린 인기리에 방영되는 연속극에서 감독이 가장 좋을 때 "cut" 하는 솜씨를 눈여겨보아야 합니다.

설교자가 완벽한 문제의 해결이나 만족감을 회중에게 단 1회의 설교로 충족시키려는 욕심을 버려야 합니다. 그 충족은 설교자의 몫이 아닙니다. 설교 사역을 주관하시는 성령님의 몫입니다. 예배하는 회중에게 30분의 설교로 그들의 욕구를 단번에 채워줄 수 있는 설교자는 없습니다. 우리의 회중은 예배하는 공동체입니다. 예배는 단회적인 것이 아니라 이어지는 사건입니다. 오늘 충족되지 못한 것은 그 다음의 예배에서 이어지도록 해야 합니다. 그런 까닭에 설교자는 냉철해야 합니다. 회중의 눈동자들이 말씀에 심취되어 있다 하더라도 다음을 위하여 아쉬움을 남기고 준비한 대로 끝을 맺어야 합니다.

저는 설교학 강의를 하면서 학생들에게 이런 약속을 부탁합니다. 훗날 와룡 선생처럼 제자들의 설교 현장을 방문하여 설교를 듣다가 설교자가 결론을 맺어야 할 부분을 넘기었을 때 내가 일어서서 큰 소리로 "cut!" 하고 외치는 것을 용납하도록 하라는 내용입니다. 회중이 아무리 집중하고 있더라도 "cut!"을 해야 할 부분에서 끝맺지 못하고 넘어갈 때 한 번 정도는 용납되지만 그것이 반복될 때는 지루함을 느끼면서 설교의 권위가 사정없이 추락합니다. 부디 준비한 대로 끝을 맺도록 최대한의 노력을 기울이십시오.

Q 저는 목사님을 존경하고 사랑하면서도 설교 시간에는 그러한 감정이 모두 사라집니다. 그 이유는 설교 시간이 보통 50분에 이르기 때문입니다. 저는 목사님이 50분이라는 시간을 다 보내는 데 갈등을 느끼는 것이 아닙니다. 그 설교의 내용이 문제입니다. 잡다한 예화와 자신의 이야기로 그 시간을 다 보내면서 어느 교회 목사님보다 긴 설교를 하고 있기 때문입니다. 다시 말하면 15분이면 다 될 내용을 50분이나 소요하고 계신다는 사실입니다. 이웃 교회 목사님의 그 깔끔한 설교를 어쩌다 한 번씩 들으면 저의 감정은 이상한 반응을 나타냅니다. 25분의 짧은 시간에 우리 목사님보다 훨씬 좋고 많은 메시지를 질서정연하게, 그리고 효과적으로 전하고 있기 때문입니다. 여기에 대한 교수님의 말씀을 듣고 싶습니다.

A 심각한 질문을 주셨습니다. 우선 질문자께서 설교에 많은 갈등을 느끼고 있다는 사실에 염려를 하게 됩니다. 그러나 그 갈등을 부정적으로 보고 싶지 않습니다. 보다 나은 설교를 기다리는 좋은 심성으로 받아들이고 싶습니다. 솔직히 설교

자들은 설교 시간이 짧다는 말을 많이 하고 있습니다. 자신들이 하고 싶은 말은 많은데 설교 시간이 짧아 아쉽다는 이야기입니다.

그러나 문제는 지적하신 대로 설교 시간의 짧고 긴 것에 있지 않습니다. 설교해야 할 내용이 무엇이냐의 문제가 오히려 심각합니다. 예를 들어서 100분을 넘기고 있는 어느 집회에서 설교를 위해 할애된 100분이 모두 필요한 시간이었는가를 물을 때 그 대답은 부정적입니다. 엿장수가 엿을 늘여서 팔듯이 필요 없는 잡다한 부분까지 말하느라 설교를 늘일 수 있는 데까지 늘이고 있는 모습을 봅니다.

한국의 설교자들은 실로 불행합니다. 그들이 받은 신학 교육에서 설교학 교육이 매우 미약했습니다. 설교학을 전공하여 가르친 교수로서 1943년 곽안련(Charles Allen Clark) 교수가 평양신학교를 떠난 이후 1980년까지는 이 분야의 교수가 없었습니다. 대부분이 모방과 창작으로 설교 사역을 이어왔습니다. 그 결과 설교에 대한 바른 이해와 훈련과 연구가 많이 결여되어 있는 현실입니다.

저 역시 많은 설교자들이 때로는 40분 이상의 설교 시간을 소요하면서 주로 예화를 진열하고 있는 모습을 보아 왔습니다. 때로는 자신의 경험과 판단의 이야기를 흥미진진하게 늘어놓는 것을 봅니다. 저는 예화나 설교자의 경험담 사용을 부정하는 것이 아닙니다. 그 예화나 설교자의 경험담이 간결하게 엮어질 수 있는데 무한정 늘려놓는 데 문제가 있다는 말씀입니다. 그리고 그 예화와 경험담이 하나님의 말씀을 더욱 빛나게 하는 데 주안점이 있는 것이 아니라 오히려 하나님의 말씀을 가리고 있다는 데 더 큰 문제의 심각성이 있습니다.

설교자가 하나님의 말씀은 좀더 진지하고 자세하게 들려주고 예화나 자신의 경험담은 간결하게 줄이는 슬기를 갖추어야 현명한 설교자가 됩니다. 그렇게 하지 못하고 정반대의 경향을 보인다면 말씀의 주인이신 성삼위일체 되신 하나님은 보이지 않고 설교자만 교주처럼 우뚝 솟아 박수를 받게 됩니다.

질문하신 분에게 부탁이 있습니다. 위대한 설교자는 설교자 자신의 노력보다는 자신이 섬기는 회중에 의하여 만들어지는 경우가 많습니다. 부디 귀하께서 존경하고 사랑하는 목사님이 보다 효율적이고 발전적인 설교 사역을 하실 수 있도록 인내를 가지고 기도하시고 목사님과 대화를 나누시기를 부탁합니다. 대화가 어렵다면 이름을 밝히지 마시고 정중하고 건설적인 의견을 적어 보내시면서 기다리심이 좋으리라 생각됩니다.

저는 설교를 30분으로 엄격하게 스스로 제한하고 있는 설교자입니다. 사실 30분을 배운 대로 설교를 하게 된다면 그리 짧은 시간이 아닙니다. 솔직히 설교의 길이 때문에 느끼는 갈등은 없습니다. 그런데 예배를 1시간 10분 이내에 끝을 내려고 하는데 늘 예배가 길어지는 문제가 있습니다. 회중은 무엇이 그리 바쁜지 예배 시간이 예정대로 끝나지 않으면 술렁대는 모습을 보입니다. 이러한 경우 예배 시간에 대해 전반적인 고려를 해 보아야 하리라 생각합니다. 이 점을 어떻게 생각하시는지요?

그 답변은 간단합니다. 설교가 30분 이내에 끝나는데 예배 시간이 길어지는 이유는 크게 다음 몇 가지에서 찾아볼 수 있습니다. 먼저는, 기도를 맡으신 평신도가 기도 시간을 효과적으로 조절하지 못하는 경우입니다. 한국교회는 기록하여 가지고 온 기도에 대하여 부정적인 시각을 갖고 있습니다. 이것은 잘못된 생각입니다. 주일 예배 시간에 공중기도를 하는데 즉흥적으로 기도를 하는 것보다 중언부언하지 않도록 미리 기록해 오는 것은 즉흥적인 기도보다 훨씬 정성이 깃든 기도입니다. 그럴 때 그 기도는 3분 이내로 끝낼 수 있습니다. 이런 준비가 없이 드린 기도는 경우에 따라 15분을 넘기기도 합니다. 또 하나는 광고 시간입니다. 대부분의 교회에서 광고를 이중으로 하고 있습니다. 주보에 실은 것을 다시 읽고 또 보충하는 모습을 봅니다. 고졸 정도의 교육 수준을 갖고 있는 회중에게는 그럴 이유가 없습니다. 가장 중요한 광고 2개 정도를 하고 나머지는 주보를 보고 관련 광고를 참고하도록 해 주어야 합니다. 셋째는 예배 순서 하나하나를 설명할 필요가 없습니다. 설명 없이 예배 순서지에 있는 대로 진행해 볼 필요가 있습니다. 이상과 같은 문제들만 잘 수용하여 해결한다면 예배 전체의 시간은 매우 효율적으로 진행될 수 있으리라 생각합니다.

대화의 정리

시대의 발전이 거듭될수록 시간의 개념은 더욱 철저하게 이어진다. 고정된 삶의 시간을 쪼개어 사용해야 하는 현대인들은 '시간이 황금'이라는 말을 실감하게 한다. 이러한 철저한 시간 관념은 농경사회에서 산업사회로 바뀌면서 더욱 일반화되고 있다. 오늘을 달리는 사람들은 여가를 즐길 줄 아는 문화인들이기에

휴일의 시간 활용에 모두가 비상한 관심을 기울이고 있다. 이토록 소중한 시간이 누구에게서 침범을 받는 것을 싫어하고 좀처럼 허용하지 않는 실정이다.

오늘의 한국교회 그리스도인들도 시간에 대한 문제만은 누구보다 앞서고 있다. 그 결과 오늘의 회중은 긴 설교보다 간결하고 알차게 이어지는 짧은 설교를 선호하고 있다. 잡다한 예화를 늘어놓고 부차적인 이야기에 열을 올리는 설교자보다 그날의 본문에 치중하고 그 말씀을 해석하여 삶의 장에 가져다주는 설교자를 오늘의 회중은 따르기 마련이다.

설교자는 오늘의 회중이 가지고 있는 이러한 시간에 대한 일반적인 심성을 정확하게 읽어야 한다. 이제는 메시지에 따라 설교 시간을 조정하는 시대가 아니다. 주어진 시간 안에 일정한 메시지를 운반해야 하는 제약을 받는 시대이다. 특별히 주일 낮 예배는 말씀으로 회중의 욕구를 채워 주는 집회 시간이 아니다. 그러한 까닭에 주일 낮 예배만은 하나님의 말씀이 설교자에 의하여 가려지지 않고 온전히 운반되도록 해야 한다. 거기에 더하여 주일 낮 예배만은 예배다운 면모를 갖추어야 한다. 하나님이 주신 은총에 대한 진지한 응답을 드리면서 주신 말씀을 경청하는 예배로서의 성격을 뚜렷이 해야 한다. 이처럼 예배에 대한 이해와 정신이 살아 있을 때 주일 낮 예배에서 설교 내용과 시간의 조절은 늘 깨우쳐 돌아보아야 할 과제로서 우리 앞에 놓이게 된다.

설교 전달 현장에 나타난
흐느낌, 호통, 고함

Q 어떤 설교자는 기도를 할 때나 설교를 할 때 흐느끼는 음정을 사용합니다. 평상시에는 명랑하신 분인데 설교단에 올라서기만 하면 우울한 먹구름을 안겨 줍니다. 그분의 설교에서 유머의 사용은 찾아볼 수가 없습니다. 언제나 울부짖는 어감으로 설교를 합니다. 처음에 회중은 자신이 감동을 받아 그러한 설교를 하는 줄 알았습니다. 그러나 얼마 되지 않아 그것이 설교자의 습관에서 이어진 것이라고 판단되어 교인들이 몹시 못마땅해 합니다. 이러한 문제에 대한 의견을 듣고 싶습니다.

A 매우 중요한 질문입니다. 서울의 어느 대형 교회에서 똑같은 경우를 저는 발견했습니다. 그 교단에서는 대표적인 교회로 불리는 교회이기에 저는 그 교회를 종종 찾아 예배를

드립니다. 새로 부임한 젊은 목사님의 설교에 저는 기대를 갖고 갔습니다. 그러나 큰 실망을 하고 돌아왔습니다. 먼저는 젊은 설교자가 젊음을 보여 주지 못했습니다. 언어와 음정과 메시지에 전혀 젊은 감각이 없었습니다. 무엇보다도 젊고 발랄해야 할 목사가 침울한 분위기에 흐느끼는 언어와 음정을 사용하는 것을 보고 저는 큰 실망을 하고 돌아왔습니다. 몇 달 후, 저의 실망이 일방적이겠지 하는 생각으로 다시 그 예배에 참석했습니다. 그 때도 똑같은 현상이었습니다. 저는 몇 차례 더 확인을 거친 후 그 교회 교인들을 통하여 그분의 설교가 언제나 그렇다는 확인을 하고서 더 이상 그 교회에 가지 않고 있습니다.

설교학에서는 '거룩한 흐느낌'(holy whine)이라는 단어가 있습니다. 설교자가 설교를 준비하면서 깊은 감동을 받아 원고로 옮긴 내용을 회중에게 전심전력을 다해 설교하다가 스스로 우러나는 눈물을 억제하지 못하고 그대로 진행하는 모습을 가리키는 단어입니다. 설교에서는 이러한 거룩한 흐느낌이 절대로 필요합니다. 한 해가 다 가도록 설교자가 감동어린 설교를 하면서 눈물을 흘리면서 흐느끼는 경우가 전무한 것도 문제가 있습니다. 그러나 그것이 습관화되어 설교할 때마다 그러한 형태의 설교 전달이 자주 발생되는 것은 문제가 있습니다. 유명한 설교자였던 부룩스(Phillips Brooks)는 그러한 흐느낌은 생수가 솟아나는 것처럼 솟아날 때는 아무도 막을 수 없는 신선한 물이 되지만 그것을 펌프질하듯 인위적으로 사용해서는 안 된다는 것을 일찍부터 강조한 바 있습니다.

설교는 근본적으로 복된 소식(Good News)입니다. 복된 소식은 흐느끼는 음정과 울부짖는 어감이 기본이 될 수 없습니다. 밝고 상쾌하고 희망찬 분위기(mood)가 기본입니다. 우울하고 짜증 나고 괴로운 분위기를 만드는 것은 진정한 설교와는 거리가 먼 단어들입니다. 이 점을 우리의 설교자들이 먼저 마음 바탕에 두어야 합니다.

특별히 첨단 문화가 주종을 이루고 있는 현대는 과거와 다릅니다. 가난과 질병과 전쟁의 환경에서 세상을 괴롭고 귀찮아하며 싫어하는 염세주의(厭世主義)가 지배하던 시대에는 이러한 설교의 형태가 가능했습니다. 그러나 세상과 인생을 즐겁게 누리려는 낙천주의(樂天主義)가 지배하는 이 시대에는 환영받지 못하는 설교의 전달 형태입니다. 사실 우리 그리스도교는 하나님 나라의 현장에 서 있습니다. 기쁨과 감사가 삶의 줄기를 이어가는 곳이 교회이기에 설교의 전달도 그러한 분위기에 편승하여 이어져야 합니다.

Q 그러나 시대의 발전에 비례하여 상처받은 인간도 그만큼 많아지고 있다고 봅니다. 이들은 웃음보다는 더 많은 울음이 그 심성에 도사리고 있다고 봅니다. 그들이 머리 숙여 기도할 때마다 눈물이 앞을 가립니다. 하나님을 향하여 울부짖는 이런 사람들이 적지 않다고 봅니다. 이들에게는 울부짖는 설교가 오히려 적절하다고 보시지 않는지요?

A 잘 보셨습니다. 우리 민족은 한(恨)의 심성이 바탕이 되어 왔습니다. 이 한의 사전적 의미는 원통함이나 원망이나 뉘우침이 맺혀 있는 마음입니다. 실질적으로 안정되지 못한 가정과 사회에서 누구에게나 발생될 수 있는 요소들입니다. 특별히 인간들의 틈새를 뚫고 나아가는 삶의 장에서 흔히 볼 수 있

는 일종의 상처입니다. 여기서 발생되는 '한' 때문에 어떤 이는 복수심에 불타는 삶을 사는가 하면, 어떤 이는 억척스럽게 노력하여 발전을 가져오기도 합니다. 또 어떤 이는 그 '한' 때문에 질병에 이르기도 합니다.

설교자에게 이러한 상처 받은 사람들의 심성을 이해해야 함은 절대적인 요소입니다. 이러한 심령들을 보살피는 것이 진정한 의미에서 목회자의 돌봄(Pastoral Care)입니다. 그러나 그 한을 달래기 위하여 설교자가 흐느끼고 함께 한의 감정을 토로하는 듯한 설교의 전달을 하는 것은 권장할 만하지 못합니다. 한이 맺힌 사람들의 심성을 이해하고 거기로부터 탈출할 수 있는 길을 복음으로 제시하는 것이 설교자의 의무입니다. 슬픔에 잠긴 마음을 기쁨으로 바꾸어 주는 것이 설교의 진정한 효과입니다. 복수심에 불타는 한을 용서를 담은 사랑으로 변화시키는 것이 설교가 담고 있는 임무입니다. 후회와 실망으로 맺혀진 한을 밝고 희망찬 도전의 세계로 이끌어 주는 것이 설교자의 임무입니다. 이러한 설교의 목적을 확고히 하는 설교자는 상처 받은 사람과 함께 울부짖고 흐느끼면서 그 자리에 머물러 있을 수 없습니다. 오히려 그들의 손목을 붙잡고 일어서야 합니다. 그러기 위해서는 설교자가 침울한 얼굴이나 흐느끼는 어감이나 울부짖는 음정을 보이는 전달 방법보다는 밝고 명쾌하게 희망의 세계로 인도하는 느낌을 주는 설교 전달이 있어야 합니다.

앞에서 제시한 질문의 내용과는 거의 반대의 개념에 속하는 질문이 있습니다. 그것은 슬픔이나 비관적인 음성을 내는 것이 아니라 오히려 설교자가 호통을 치고 고함을 지

A 좋은 질문입니다. 저는 이 질문을 대하면서 역시 진정한 설교 사역을 위하여 설교자와 그 설교를 듣는 평신도가 함께 앉아 설교에 대한 의견을 자주 나눌 필요가 있음을 다시 한번 느끼고 있습니다. 설교의 발전을 위해서는 설교하는 이의 말보다는 설교를 듣는 이들의 말에 귀를 기울여야 합니다. 말하는 사람의 느낌과 듣는 사람의 느낌은 다르기 때문입니다. 그래서 커뮤니케이션에서 가장 중요하게 여기는 것은 바로 피드백(feedback)입니다. 여기서의 피드백이란 말하는 사람이 메시지를 보낸 뒤에 듣는 사람으로부터 그 반응을 면밀히 살펴보고 메시지를 그대로 계속할 것인지 아니면 변경시킬 것인지를 결정하는 것을 말합니다.

사실 한국의 설교자들은 자신이 설교를 한 다음에 이러한 피드백을 점검하지 못하고 있습니다. 겨우 자신의 가족에게서 들을 뿐입니다. 설교를 경청한 평신도들과 만나 자신의 설교를 이야기함을 기피하고 있는 것이 일반적인 현상입니다. 지금 이 값진 질문도 설교를 위하여 평신도들과 만남이 있었기에 들을 수 있다고 생각됩니다.

그렇습니다. 설교를 듣는 분들은 하나님의 말씀을 듣기 위하여 그 시간에 고개를 들고 설교자를 쳐다보고 있습니다. 그들이 설교자에게 종속된 존재들로서 설교자 앞에 와 있다고 생각하면 큰 오산입니다. 냉정하게 분석해 보면 그들의 지식이나 학벌이나 경제 형편이 많은 경우 설교자보다 더 나은 위치에 있습니다.

사람이 일상생활에서 상대에게 호통을 치고 고함을 지르면서 꾸중을 하는 것은 군대나 직장과 같은 조직 사회에서나 있을 수 있는 일입니다. 교회는 조직은 잘 되어 있으나 군대와 직장과는 전혀 다른 조직 세계입니다. 사람이 사람답게 인정받고 대접받는 곳이 교회입니다. 그러하기에 교회에서는 빈부귀천이 없습니다. 신분의 상하관계도 없습니다. 누구나 동일한 하나님의 자녀입니다. 교회에서 주어진 목사, 장로, 권사, 집사의 명칭은 섬기는 내용에 따라 부르는 직책이지 교회 안에서 주어진 신분의 높고 낮음이 아닙니다. 그렇기 때문에 교회에서는 어떠한 경우도 호통을 치고 질책의 고함을 지를 수 있는 권위를 부여받은 사람이 없습니다. 뿐만 아니라 그러한 것을 받아들일 사람도 없습니다.

그러나 한국 강단에서는 설교자가 절대군주처럼 등장하여 때로는 교인들을 책망하기도 하고 호통치는 언어와 음정을 발산하는 현장을 종종 만나게 됩니다. 이러한 것은 설교가 무엇인지를 잘 모르는 설교자에 의하여 저질러진 실수입니다. 앞에서 말씀드린 것처럼 설교는 좋은 소식의 선포입니다. 하나님의 은혜가 선포되는 설교만이 가장 반기게 되는 순간입니다. 그렇기 때문에 회중은 설교를 기다리고 그 말씀을 경청하게 됩니다. 거기서 하나님과의 만남을 이룩하고 감격의 예배를 경험합니다.

부디 부탁입니다. 어떤 경우도 설교단에 나타난 설교자는 회중에게 불쾌한 기분을 안겨 주는 호통이나 질책의 고함을 삼가야 합니다. 그리고 거기에 동반한 언어도 모두 삭제해야 합니다.

그러나 설교 때 언제나 칭찬만을 할 수 없지 않습니까? '책망과 교훈'은 때때로 목회에 필요하다고 생각합니다. 교인들이 나태해지고 변화가 없을 때 설교자는 말씀으로 질책도 하고 호통도 쳐야 되지 않겠습니까? 언제나 교인들의 귀를 즐겁게만 해주는 설교자로 이어나갈 수는 없다고 봅니다. 때로는 지도자로서 권위를 지탱하는 방편으로 호통이나 질책의 고함도 용납된다고 볼 수는 없는지요?

아닙니다. 설교는 목회의 수단이 될 수 없습니다. 목회에서 필요한 것을 설교를 통하여 채우려는 발상 자체가 잘못되었습니다. 설교는 순수한 하나님의 말씀만을 선포하고, 그 말씀을 회중이 이해하도록 해석하고, 그 말씀이 회중의 삶의 어느 부분에 해당되는지를 섬세하게 알려 주는 것이 전부입니다.

오늘의 회중은 옛날과는 많이 다릅니다. 자신들이 배우지 못하고 신앙의 연조도 짧을 때는 자연적으로 자신들보다 뛰어난 학식과 경험과 믿음을 가지고 경건한 생활을 지속하는 설교자를 우러러보았습니다. 그러나 지금의 시대는 그렇지 않습니다. 목사의 세계를 단순한 하나의 직업으로 보는 경향이 많습니다. 옛날처럼 절대권을 부여하지 않습니다. 이제는 권위가 가득하고 탁월한 지도력을 갖춘 설교자보다는 바보스럽고 못난 듯한 인상을 풍기는 목사이지만 단에 섰을 때는 잊을 수 없는 메시지를 전하는 목사를 훨씬 좋아합니다. 교인들의 나태함이나 철저하지 못한 신앙생활에 대한 것은 설교나 교육을 통하여 스스로 깨닫도록 해야 합니다.

오늘의 지혜 있는 설교자들은 어떻게 하면 자신의 음색과 어감을 보다 부드럽게 할 수 있는지 고민하면서 그 방법을 찾습니다. 호통치는 설교자보다 겸손한 자세와 공손한 말씨의 설교자가 환영받음을 잘 알기 때문입니다. 호통을 치고 고함을 지르면서 꾸짖는 설교의 형태는 한두 번 지나면 쉽게 습관화되기 쉽습니다. 그 습관은 무서운 속도로 설교자에게 뿌리를 내리고 떠나지 않게 됩니다. 그러한 까닭에 이러한 설교의 전달 형태는 설교자가 일찍부터 멀리해야 합니다.

Q 저의 개인적인 경험을 가지고 질문을 던집니다. 저는 저의 설교가 어느 수준의 준비를 갖추었을 때는 전혀 회중을 향하여 호통이나 고함을 지르는 일이 없습니다. 그러나 어딘가 나의 설교 준비가 소홀했을 때 이러한 일이 발생했던 경험이 있습니다. 이러한 증상이 나에게만 있는 문제인지 종종 고민을 하고 있습니다. 여기에 대한 말씀을 듣고 싶습니다.

A 바로 그것이 제가 언급하고자 하는 문제입니다. 설교자가 최선을 다해 설교를 준비하고 단에 섰을 때는 자신이 준비한 내용을 전달하기에 여념이 없습니다. 그러나 내용이 빈약했을 때는 자꾸만 인간적인 생각들이 틈새를 파고듭니다. 메시지 자체보다 설교자의 생각이 앞에 서서 이끌고 갑니다. 그럴 때 내 교인들의 흠이 보이고 평소에 자신에게 섭섭하게 했던 일들이 떠오릅니다. 이때 설교자는 탈선을 합니다. 마치 성령님의 역사로 주어진 메시지처럼 착각을 합니다. 그럴 때 설교자는 교

인들의 나태함을 비롯하여 목회자로서 평소에 하고 싶었던 말들을 늘어놓습니다. 그러면서 하나님의 말씀을 외치는 순간 마치 주어지는 계시처럼 권위를 가지고 호통을 치고 고함을 지르는 우를 범합니다. 그러다 보면 자신도 모르게 열기가 나면서 화난 인간으로 변하는 모순을 범합니다.

설교의 역사에 기록될 만한 유명한 설교자였던 비쳐(Lyman Beecher)도 이러한 경험을 한 적이 있음을 고백하면서 "나는 설교해야 할 것이 별로 없을 때 항상 호통을 치고 울부짖는 고함을 지른 바 있다."고 술회한 바 있습니다. 우리의 속담에도 "빈 수레가 더 요란하다."는 말이 있습니다. 설교자에게도 내놓아야 할 메시지가 담겨 있지 않았을 때는 일반적으로 더욱 큰 소리를 지르고 호통을 치면서 권위만을 행사하고 날뛰는 모습을 보여 줍니다. 알이 찬 벼이삭은 고개를 숙이고 설익은 벼이삭이 고개를 쳐들고 가볍게 움직입니다. 이러한 것을 직접 만지고 볼 수 있는 논둑길을 설교자는 종종 산책할 필요가 있습니다.

이러한 문제는 어느 특정한 설교자만이 안고 있는 문제가 아닙니다. 많은 설교자들이 빠져들기 쉬운 평범한 함정입니다. 특별히 수직 문화에 젖어 있는 우리의 사회에서 더 많이 볼 수 있는 문제입니다. 윗사람의 말에 귀를 기울이고 그분을 존경하는 우리의 언어 문화에 이러한 함정이 많이 도사리고 있습니다. 서구에서는 설교자의 이름을 부담 없이 부르면서 수평적인 관계를 이어가기에 설교자가 감히 그러한 우를 범하지 못합니다. 그러나 설교자의 이름을 전혀 부르지 못하고 '목사님'으로 불러야 하는 우리의 사회에서는 설교자의 위상을 높게 여기는 것이 현실입니다. 설교단에서 큰소리치는 것은 윗사람이 아랫사람에게 호통을

치는 것이 우리 문화에서는 예사로운 일이라고 생각하는 설교자
들에 의하여 종종 보이는 모습입니다. 그러나 교회는 이러한 문
화의 범주를 벗어나야 합니다. 설교단은 그러한 문화를 수용하는
곳이 아닙니다. 순수한 하나님의 말씀만이 선포되어야 하는 지극
히 거룩한 곳입니다.

대화의 정리

교회에서 목사에게 주어진 특별한 임무는 설교하는 일과 성
례를 집례하는 일이다. 이 고유한 임무는 누구의 방해도 받을 수
없는 특수한 임무이다. 문제는 이러한 고유한 임무가 성실하게
이행될 때는 신성한 임무로서 인정을 받지만 그렇지 못할 때는
비판과 조롱의 대상이 된다는 사실이다.

문화권에 따라 어떤 나라에서는 설교자들이 자신들을 하나
님으로부터 보냄을 받은 말씀의 사자처럼 여기는가 하면, 어떤
나라에서는 평범한 그리스도인이 부름을 받아 설교를 배우고 훈
련을 쌓아 성별된 임무를 수행하는 것 이상의 의미를 주지 않는
다. 일반적으로 종교성이 강하고 교육 수준이 낮은 나라의 문화
권에서는 설교자에게 신적인 권위를 부여하는 경향이 많고 교육
수준이 높은 나라에서는 그렇지를 않다.

우리나라는 매우 빠른 속도로 개발이 이룩되어 변화도 그
만큼 빠른 나라가 되었다. 가난과 기근과 무지와 전쟁 속에 살던
날에서 빠른 속도로 오늘의 세계에 진입하였다. 이러한 시대의
변천은 사회의 모든 분야에 대단한 변혁을 일으키고 있다. 교회
도 예외가 아니다. 이 민족이 어려움을 겪던 시절에 목회자의 권

위는 매우 높게 부여되었다. 그가 복을 빌어 주는 개인과 가정이 잘 풀려 나갔을 때 그 목사의 설교는 절대적인 위치를 점유하고 있었다.

그러나 국민 소득이 선진국 대열에 들어서고 사회의 모든 문화 시설과 교육 수준이 높아진 지금은 그러한 설교자의 황금기가 끝을 맺은 지 벌써 오래다. 오늘의 회중은 설교자를 더 이상 초인적인 위치에 앉게 하지 않는다. 이제는 병든 육체를 끌고 옛날처럼 목사님을 찾아 기도를 청하지 않고 의사를 찾아 치료를 받는다. 이제는 영혼의 양식만을 순수하게 준비하여 먹여 주기를 설교자에게 기대한다. 그 메시지를 되도록이면 부드럽고 평안하게 받기를 원한다. 그들은 알찬 메시지만을 기대하면서 어떤 울부짖음의 고함도 호통도 받아들이기를 거부한다. 이 시대는 설교자의 무절제한 감정의 표현이 그대로 수용되는 때가 아니다. 회중은 갈수록 감성보다는 지성의 기능을 선호하고 있다는 점을 유의해야 한다. 특히 그것이 매번 반복된다면 더 심각한 문제가 될 것이다. 설교자가 설교를 하면서 감정을 적절히 사용하는 것은 좋지만, 조절을 못하는 것은 보기에 민망하다.

이제 한국의 설교자들도 수직적인 관념을 버리고 수평적인 현실에서 설교를 해야 한다. 교육 수준이 높다는 것은 지, 정, 의를 조화롭게 사용하는 인격적인 면을 훈련했음을 의미한다. 설교에서도 바로 이러한 인격적인 면들이 잘 표현되어야 지식 수준이 높은 오늘의 회중에게 효과적인 메시지가 전달될 것이다.

제 **14** 주제

설교 전달은 자연인의 모습을 요구한다

설교의 원고화 작업이 완료되었을 때 설교 준비는 다 끝났다고 생각했던 나의 사고에 많은 변화를 가져오게 되었습니다. 진정한 설교는 회중에게 완전하게 들려지는 데서 이룩된다는 사실을 설교자로서 재인식하면서 전달의 중요성을 새롭게 발견하고 있습니다. 특별히 13장에서 다룬 한국의 설교자들로서 흔히들 갖기 쉬운 습관적인 속성들을 지적하여 주심에 감사드립니다.

오늘 저는 그 동안 가지고 있던 문제성 하나를 질의하고자 하는데 그것은 제 표정과 몸짓이 일치되지 않아 심하게 말해 가장된 감정의 표현을 나타낸다는 지적입니다. 이런 지적을 받을 때마다 마치 위선적인 모습으로 비추어지는 듯해 심한 상처를 받기도 합니다. 이 부분에 대하여 설교를 연구하는 학자들의 견해를 듣고 싶습니다.

매우 중요한 문제점을 가져오셨습니다. 제가 번역하여 소개한 바 있는 일리온 존스의 「설교의 원리와 실제」라는 책을 참고해 주셨으면 합니다. 설교학 교수였던 존스는 이 책에서 "소유하지 않는 감정을 가장하지 않도록 유의하라"는 매우 중요한 이야기를 하고 있습니다. 이 말은 질문하신 분과 같은 설교자들이 흔히 나타난다는 의미입니다. 그리고 그러한 현상은 설교에 합당하지 않다는 점을 지적하고 있습니다. 이어서 그분은 "순수한 감정은 몸의 움직임을 좌우하지만 몸의 움직임이 순수한 감정을 움직이고 일으킬 수 없다."는 말을 남기고 있습니다.

그렇습니다. 바로 이 지적이 설교자가 가장된 모습으로 비추어지고 설교자의 진실성에 의문을 제기하게 되는 부분입니다. 저 역시 종종 보는 문제입니다. 우리의 강단에서 흔히들 자신의 진정한 감정은 움직이지 않는데 얼굴 표정과 제스처가 매우 분주하게 변하고 바쁘게 움직이는 것을 보게 됩니다. 마치 자신의 감정도 함께 편승되는 듯한 인상을 받게 됩니다. 그러나 대부분 그러한 모습은 인위적이고 기계적이라는 것을 바로 알게 됩니다. 이때마다 회중은 이상한 느낌을 갖게 되면서 눈을 뜨고 설교자의 진실성에 의문을 제기하게 됩니다. 설교자가 지금 전하고 있는 말씀에 자신의 감정과 확신이 일치되고 있는지를 묻게 됩니다.

이 시점에서 회중은 설교자가 차가운 감정으로 뜨거운 표정과 제스처를 발하고 있다고 판단하게 되면 설교자에게 냉정한 시선을 보내거나 외면해 버리는 무서운 현상이 나타납니다.

그래서 우리 설교자들은 자신의 순수한 감정이 얼굴 표정과 몸짓에 드러나도록 해야 합니다. 자신이 감동을 받고 강조한 부분에서 움직이는 얼굴 표정과 음정과 몸짓 앞에서는 회중이 함께 합니다. 그러나 설교자의 순수한 감정에서 뜨거운 파장이 일지 않는데 전달의 건반만을 힘 있게 두드린다면 회중은 그 조화되지 못한 느낌을 아주 쉽게 느낍니다. 그러한 까닭에 존스 교수의 말대로 어떤 경우도 감정에 앞선 뜨거운 몸짓이나 제스처, 얼굴 표정이 있지 않도록 해야 합니다. 이 지점의 부조화는 단순한 실수의 차원을 벗어나서 위장된 설교자의 모습으로 비추어지는 심각한 문제를 유발하게 됩니다.

Q 저는 평신도로서 목사님의 설교를 하나님이 주시는 생명의 양식으로 알고 그 말씀에 귀를 기울이며 신앙을 지켜왔습니다. 그러나 이사를 하면서 집 가까운 교회가 다행히 전 교회와 같은 교단이고 해서 등록을 했습니다. 그런데 심방 때의 목사님 음성과 설교단에서의 음성이 너무 차이가 나서 거부감을 느꼈고, 몇 주가 지난 후부터 전혀 은혜를 받기 못한 채 설교 시간마다 갈등을 느낍니다. 이럴 바에야 차라리 다른 교회로 옮겨야 하지 않을까 하는데, 이 문제가 저의 잘못인지 아니면 설교자들이 유의해야 할 문제인지 말씀해 주셨으면 합니다. 그리고 설교를 듣는 회중이 안고 있는 이러한 문제를 설교자들에게 알려 주셔서 저와 같이 고민하는 교인들이 생겨나지 않도록 해 주셨으면 합니다.

A 귀하의 말씀은 단순한 고민의 사연이 아니라 오늘의 설교자들이 심사숙고해야 할 소중한 충고라고 여겨집니다. 앞에서 언급한 문제는 설교자의 움직이는 신체 언어와 감정과의 균형에 관한 이야기입니다. 이것은 회중의 시각과 크게 연관된

문제입니다. 그러나 주신 말씀은 청각과 밀접하게 관계를 맺고 있습니다. 인간은 주로 시각과 청각을 통하여 말하는 사람의 참과 거짓의 유무를 주로 알게 됩니다. 귀하가 갈등을 겪고 계시는 문제는 청각을 통하여 지각에 알려 주는 인식의 과정에서 발생하는 문제입니다.

말씀하신 문제는 오늘의 설교자들이 안고 있는 문제 중의 하나입니다. 실질적으로 설교자들 가운데 종종 보이는 문제가 바로 가성(假聲)의 문제입니다. 가성의 사전적 의미는 일부러 꾸며내는 목소리를 말합니다. 흔히들 거짓소리라고도 합니다. 자신의 목소리에 자신을 갖지 못하는 사람들이 좀더 좋은 목소리를 내기 위하여 자신의 자연스러운 목소리가 아닌 인위적으로 내놓는 목소리를 말합니다. 때로는 좀더 거룩한 음성을 나타내려는 지나친 욕심의 결과이기도 합니다. 그러나 이 가성은 사용하는 사람보다 듣는 사람에게 대단한 부담을 안겨 줍니다. 설교자가 마치 위장된 모습을 하는 것처럼 느껴지기 쉽습니다. 저와 가까운 사이인 어느 젊은 집사도 자신의 교회 목사가 강단에서 사용하는 가성(假聲) 때문에 갈등을 겪다가 그 교회를 떠난 사례가 있습니다.

설교자는 무엇보다도 자연인의 모습이 필요합니다. 특별히 성대를 사용함에 있어서 대화에서처럼 자연스러운 목소리를 사용해야 합니다. 많은 설교학자들은 "두 목소리를 가진 설교자가 되지 말라"고 가르칩니다. 즉, 대화에서 자연스럽게 사용하는 목소리와 설교단에서 부자연스럽게 사용하는 목소리를 따로 갖지 말라는 부탁입니다. 설교단에서 메시지의 어느 부분에 이르러 강조할 경우는 평소와 다른 음정이 나올 가능성이 많습니다. 이 때의 다른 음정은 음의 폭과 높낮이를 말하지 음정의 본질적 변화를 말하지는 않습니다. 여기서 말하는 것은 설교 시간 전체가 자신의 기본 목소리를 감추고 가성을 사용하는 문제입니다.

일반적으로 대형 교회를 이룩하고 설교를 계속해 온 설교자들을 자세히 관찰해 보면 그들은 가성을 사용하지 않고 있다는 공통점을 발견하게 됩니다. 자신의 본래의 자연스러운 음성을 가지고 자신의 진솔한 모습을 보이고 있습니다. 거기서 많은 교인들이 신뢰감을 가지고 신앙생활을 이어가는 듯합니다. 역시 회중은 설교자의 모습이나 음성에서 자연스럽고 꾸밈이 없기를 바라고 있음을 다시 확인하게 됩니다.

Q 저는 '자연스런 설교자'에 대하여 일찍부터 깊은 관심을 가져온 설교자입니다. 꾸밈이 없는 설교자의 모습을 갖추려고 애를 쓰고 있습니다. 그런데 가까운 사람에게서 설교자로서의 체통이 보이지 않는다는 지적을 받고 있습니다. 이러한 지적을 받을 때마다 좀더 근엄한 인상과 몸짓과 음성을 활용함으로 인하여 설교자의 경건성이 보이고 메시지도 무게가 있어지지 않을까 생각합니다. 여기서 말씀하신 설교자의 자연스러움이란 저의 이러한 생각과 상치되는 것인지요?

A 우리의 문화권에서는 한 번쯤 고려해 볼 만한 문제를 지적해 주셨습니다. 앞에서도 지적한 대로 우리의 문화권에서는 말하는 환경에 따라서 그 요구가 달라지고 있습니다. 그리고 세대에 따라 말하는 사람의 몸가짐과 언어의 구사도 달라져야 합니다. 젊은 사람들 앞에서는 그들의 격에 맞게 언행을 해야 되고 중년층 이상에서는 그들의 기대치에 상응하는 언행을 해야 합니다. 이것은 우리의 문화권에서 설교자들이 깊게 관심을

가져야 할 문제입니다. 이러한 문제를 외면했을 때 회중과 호흡을 함께 하지 못하는 설교자로 낙인이 찍히는 결과를 가져옵니다. 회중의 수준과 환경에 맞게 언어와 몸짓을 갖는 것은 자연스러움에 속한다고 보는 것이 오히려 타당합니다.

설교학자였던 일리온 존스는 어느 유명한 연기자의 말을 빌려서 말합니다. 누구나 죽음의 순간에 직면한 사랑하는 친구에게 웅변식으로 말하려 하지 않는다고 합니다. 마찬가지로 설교자는 대상과 시간과 환경에 따라 자연스러운 적절성을 갖추어야 함을 강조하고 있습니다. 그는 이어서 설교자가 가장 자연스러운 음성, 가장 적절한 언어, 그리고 가장 적합하고 우아한 모습으로 단장해야 설교자로서 즐거울 것이고 영향을 끼치며 유익을 얻을 수 있음을 강조하고 있습니다.

여기서 지적하는 문제는 자신의 몸가짐이나 언어의 사용에 있어서 진지한 모습이나 신중한 자세를 버리라는 말이 아닙니다. 여기서의 말은 설교자의 본래의 모습을 찾을 길이 없이 달라진 언어와 몸가짐을 말합니다. 설교자가 일반 사석에서와 동일한 어감이나 어조를 사용하고 가벼운 몸가짐을 설교단에서 계속하는 것은 권장할 만한 일이 아닙니다. 그러나 그 진지함이나 신중함이 지나칠 때 자연스럽지 못한 설교자의 모습으로 나타나게 되고 그것이 심화되었을 때 설교자의 이중성으로 비추어질 위험성이 높다는 뜻입니다. 경우에 따라서는 지나친 진지함이 위장된 모습으로 오해를 받기도 합니다. 너무 이러한 문제에 대하여 마음을 쓰다 보면 오히려 어색한 몸가짐이 보이기도 합니다. 설교자는 이러한 경우 긴장을 푸시고 자연스러운 자신의 모습을 갖추는 것이 좋습니다.

　　저는 설교하는 동안에 준비된 설교보다는 순간에 떠오른 영감을 더욱 소중하게 생각하고 있습니다. 이 때마다 힘이 솟아나고 더 우렁찬 설교의 분위를 지속할 수 있습니다. 대체적으로 이러한 경우는 저에게서는 보통 때와는 달리 신적인 권위를 부여받은 사람처럼 자연스럽지 못한 어감과 자세가 이어집니다. 이 때마다 상쾌한 기분을 느끼고 승리자의 마음이 생겨납니다.

　　그러나 때로는 나에게는 의문이 발생합니다. 그 시간에 떠 오른 생각과 메시지가 과연 성령님의 역사였는지, 아니면 내 생각의 발로였는지 혼돈이 올 때가 있습니다. 솔직히 내 자신이 보아도 부자연스러운 모습이었고 때로는 억지를 부리는 모습처럼 느껴진 때가 적지 않습니다. 여기에 대한 좋은 말씀을 듣고 싶습니다.

　　매우 중요한 문제입니다. 질문하신 문제는 설교자들이 많은 시간 혼돈하는 문제이며 흔히 범할 수 있는 오류이기도 합니다. 많은 시간 우리의 설교자들은 성령님의 역사를 인식하지 못하고 자신의 주관적 행위로 판단하기도 합니다. 반면에 순수한 자신의 생각과 감정을 성령님의 역사로 오인하는 경우도 많이 있습니다. 이 때마다 이것은 성령님의 역사라고 구분하여 가려낼 수 있는 분변(分辨)의 능력이 얼마나 필요한지를 다시 생각하게 됩니다. 그러한 까닭에 설교자는 설교 준비로부터 전달에 이르기까지 모든 과정을 성령님의 손에 맡기고 자신은 오직 도구로 사용되어지도록 하기 위하여 기도하고 맡기는 자세가 절대적으로 필요합니다.

　　문제는 주신 질문대로 자신의 감정의 발로와 성령님의 역사에 대한 혼돈의 문제입니다. 저는 이 어려운 문제에 대하여 지금 껏 확신하고 있는 점이 있습니다. 그것은 설교의 준비부터 전달에 이르기까지 성령님의 손에 의존하고 그 도구로 충성을 다하였을 때 그 모두를 하나의 과정으로 보고 있습니다. 즉, 준비에 관여하시고 원고화의 작업을 하실 때 성령님이 관여하셨다면 전달의 순간에 순간적으로 달라진 내용이나 그 무엇을 성령님이 갑작스럽게 활용하신다고 보지 않습니다. 인간의 지능이나 감정은 순간에 따라 변화를 가져오지만 성령님의 역사는 시작과 끝을 하나로 보시고 우리를 사용하신다는 신념을 가지고 있습니다.

그러므로 설교자는 처음부터 성령님의 도구로 자신을 겸허히 내어 놓아야 한다는 주장입니다. 한국교회 설교자들이 종종 보이는 문제점은 설교 현장에서만 성령님의 역사를 구하는 일입니다. 그러나 그것은 바른 자세가 아닙니다. 본문의 선택과 그 말씀의 터득을 비롯하여 현재적인 의미의 발굴과 적용과 전달에 이르기까지 모두가 성령님의 도우심이 없이는 불가능합니다. 본문의 석의 과정에서는 말씀하시지 않으신 성령님이 설교의 전달에서만 우리의 두뇌를 움직이신다고 보고 싶지 않습니다.

물론 때로는 전달의 순간에 떠오른 말씀으로 생각 밖의 은혜를 끼친 경우도 있습니다. 그러나 그러한 순간을 찾고 즐기는 것은 설교자의 바른 자세가 아닙니다. 솔직히 이러한 것은 설교자의 자연스러운 모습이 아닙니다. 이러한 설교자는 그것을 성령님의 역사로 믿고 있지만 실질적으로 설교자의 즉흥적인 착상이나 감정에서 우러나오는 것이 많습니다. 어떤 경우는 대단한 효과를 거둘 수도 있으나 실수할 확률이 훨씬 높습니다. 유명한 설교가 스펄전은 어떤 설교자는 땀이 솟는 열기(perspiration)를 성령님이 주시는 영감(inspiration)으로 오인한다는 말을 남기고 있습니다. 모든 설교자들이 범하기 쉬운 오류의 문제를 간결하게 잘 표현한 말입니다. 한국교회의 설교자들이 깊이 새겨야 할 매우 의미 있는 말입니다. 성령님의 감화가 인위적으로 강조되고 설교자의 자연스럽지 못한 음성과 행동으로 이어진다면 그것은 매우 위험한 경지에 접어들기 쉽습니다.

대화의 정리

자연인의 모습과 음성으로 설교 전달을 성공적으로 이어간다는 것은 그렇게 단순한 과제가 아니다. 인간이란 많은 사람 앞에 나타날 때는 누구나 자세를 가다듬기 마련이다. 더욱이 설교자가 설교단에 섰을 때는 긴장하지 않을 수 없다. 그러나 그 긴장이 지나칠 때 인간의 자연스러운 모습은 일그러지거나 또는 자취를 감춘다. 이 긴장은 얼굴의 표정에서부터 음정과 음색에 이르기까지 부자연스러운 변화를 가져온다. 이 부자연스러움은 설교자의 내적인 문제가 아니라 바로 회중에게 그대로 보여지는 외적인 문제로 등장한다. 회중은 설교를 듣기 시작하는 순간에는 긴장하지 않는다. 평화로운 자신의 기본 심성을 갖추고 있다. 그리고 설교자도 자연스러운 기본자세와 음정을 사용해 주기를 기대한다.

이러한 기대가 무너질 때 회중은 서서히 갈등을 일으킨다. 그 이유는 설교자의 긴장된 모습에서 자신들의 잔잔한 감정이 피해를 입기 때문이다. 그리고 기대했던 설교자의 음성이 바뀔 때 이상한 감각을 느끼면서 부자연스러운 감정에 서서히 휩싸이게 된다. 이럴 때마다 회중은 설교자를 보는 시각에 변화를 일으킨다. 그 시각의 변화는 단순한 사물의 판단과 같은 차원을 벗어나서 설교자의 진실성까지 파고든다. 특별히 설교자가 자신의 생각과 감정을 함부로 성령님의 역사라고 단정짓고 나설 때 회중은 혼돈을 일으킨다. 특별히 훗날 그것이 사실이 아니라고 판단되었을 때 설교자는 치명적인 상처를 받게 된다.

여기에 하나의 처방이 있다. 그 처방은 지극히 평범하다. 그것은 다름 아닌 철저한 설교의 준비이다. 한 편의 설교를 위하여 최선의 준비를 갖춘 설교자만이 성령님의 역사를 차분한 마음으로 구할 수 있다. 설교 원고의 탈고에서 전달에 이르기까지 철저한 준비를 한 설교자는 성령님 앞에 우선 부끄럽지 않은 자신을 보일 수 있는 여유가 있다. 성령님의 두루마기를 입혀 달라는 기도를 떳떳이 할 수 있다. 뿐만 아니라 설교자로서 진실한 기도를 하게 된다.

이러한 설교자가 설교단에 섰을 때 설교자의 몸가짐은 자연스럽게 된다. 언어와 몸짓이 일치되는 자연스러움을 보인다. 그리고 가성의 사용으로 인한 갈등도 사라지게 된다.

음성 관리는 설교자의 중요한 임무

Q 제가 설교를 들을 때 늘 아쉬운 점이 하나 있습니다. 그 것은 설교자의 음성 관리입니다. 어떤 분은 천성적으로 좋 은 성대를 가지고 있는가 하면 어떤 분은 매우 듣기에 거 북한 성대를 가지고 설교를 합니다. 왜 설교자들은 음성의 개발이나 관리를 소홀히 하는지 이해하기가 어려울 때가 있습니다. 음성 관리에 조금만 노력하면 보다 좋은 설교를 하실 수 있을 것인데 하는 아쉬움을 느낄 때가 많습니다. 여기에 대한 설교학 교수님의 의견을 듣고 싶습니다.

A 매우 필요한 질문을 주셨습니다. 인간의 음성 관리는 설 교에서만 필요한 것이 아닙니다. 커뮤니케이션의 가장 중요한 도구로 음성 언어를 사용하는 인간 사회에서는 절대적으 로 필요한 것이 바로 음성입니다. 하고자 하는 말의 내용보다 상

대의 음성을 먼저 듣게 됩니다. 언어가 의사소통을 할 정도로 구성되지 않은 상태에서 음성은 상대의 귀에 이미 들려집니다. 그래서 언어의 첫 인상은 음성에서 먼저 시작됩니다.

선천적으로 좋은 음성을 가지고 세상에 태어난다는 것은 참으로 큰 복입니다. 음성의 폭과 질이 좋은 사람은 일차적으로 많은 사람들에게 호감을 줍니다. 그리고 안정감을 줍니다. 뿐만 아니라 아무런 거부감이 없이 듣는 사람들의 귀와 마음을 열게 합니다.

이러한 음성의 사용과 관리는 설교자에게는 가장 중요한 문제 중의 하나입니다. 개인을 대하고 말하는 순간에도 음성이 중요한 몫을 감당할진대 회중을 향하여 외쳐야 하는 설교자의 입장에서 음성의 관리란 매우 필요한 부분입니다. 그런데 많은 설교자들이 설교해야 할 내용에만 정신을 쏟을 뿐 자신이 발하고 있는 음성에 대해서는 별로 관심을 두지 않습니다. 바로 이 부분이 좋은 성대를 가지고 있지 못한 설교자들이 손상을 입게 되는 부분입니다.

실질적으로 설교자들이 이 음성에 대한 관심을 너무나 소홀히 하다가 설교 사역에 실패를 가져온 경우가 많습니다. 설교자를 인격적으로 존경하고 따르다가도 설교 시간만 되면 고민하는 교인들이 많이 있는 것을 잘 알고 있습니다. 심지어는 견디다 못해 눈을 감고 오수를 취하는 사람들도 봅니다. 이 음성의 문제는 설교자들이 깊은 관심을 가지고 나아가야 할 부분들입니다.

Q 저는 설교자로서 남달리 저의 음성에 대하여 깊은 관심을 가지고 있는 40대 목사입니다. 누구보다 설교자의 음성이 중요함을 경험하고 있습니다. 그 이유는 저의 음성이 설

교자로서는 빈약하기 때문입니다. 그러나 저는 지금도 발성 훈련을 통하여 근본적인 음성의 문제를 해결하고 싶은 충동을 많이 느낍니다. 과연 타고난 음성이 훈련을 통하여 변화를 가져올 수 있는지요?

A 사람의 성대는 선천적으로 타고난 것이 사실입니다. 그러나 후천적으로 많은 훈련을 통하여 향상을 가져올 수 있습니다. 전문가들이 펴낸 발성과 음성에 관한 책들을 보면 정확한 발성 훈련을 받고 있는 사람은 보통의 발성 음역보다 더 높은 음을 낼 수 있을 뿐만 아니라 음의 넓이를 말하는 음역(音域)이 현저히 확대됨을 알 수 있습니다. 위대한 음악가나 설교가들 중에 발성 훈련을 통하여 성공한 분들이 많습니다.

누구나 청소년기의 변성기가 지나면 음역과 음성은 안정됩니다. 그 기간은 일반적으로 50세 전후까지 계속됩니다. 그런데 그 음성의 효율적인 사용을 위한 연습을 계속한 사람의 목소리는 50세 전후까지 쇠퇴하지 않는다는 보고서를 읽은 바 있습니다. 일반적으로 설교자들이나 성악가들이 그 성대의 폭과 고음의 정도가 보통사람들보다 넓고 높게 사용될 수 있다고 하는데 그 이유는 바로 늘 성대를 사용하기 때문입니다. 그래서 원래 소리가 작은 사람이라도 발성의 꾸준한 훈련을 통하여 크게 만들 수 있습니다.

발성의 연습에 관하여 많은 설교학자들은 목사가 되기 전 신학교 시절에 발성에 최대한의 주의와 연습을 요구합니다. 그 이유는 설교자가 되어 고정된 설교단에 서게 되어 여러 해가 지나면 설교자의 음성은 고착되고 변화를 가져오기가 매우 어렵기 때문입니다.

그러나 설교자로서 자신의 음성에 만족하지 못할 때는 자신의 연령을 생각하지 말고 꾸준한 노력을 기울일 것을 전문가들은 권하고 있습니다. 우리의 설교자들이 많은 설교를 하고 찬송을 부르는 그 자체가 타 분야와는 다른 훈련입니다. 그래서 설교자는 찬송을 부를 때 남을 따라서 편안하게 작은 소리로 부르는 것보다는 성대에 약간의 무리를 느낄 정도로 큰 소리로 항상 부르는 것도 좋은 훈련에 속합니다.

이럴 때 유의할 것은 마이크 앞에 섰을 때는 크게 부르되 회중에게 영향을 주지 않도록 마이크를 멀리하고 불러야 한다는 점입니다. 정확한 음정과 박자를 지키지 못한 설교자의 큰 찬송 소리는 전체 회중이 부르는 찬송에 좋지 않은 영향을 미칠 뿐만 아니라 회중에게 심각한 고통을 안겨 주는 행위입니다.

어떤 설교자는 혼자 운전을 하면서 크게 소리를 발하는 찬송도 부르고 말을 해 보는 연습을 하기도 합니다. 이 모두는 성대의 확장과 근육 운동이 되어 목소리의 향상에 도움이 됩니다.

그러나 설교자가 유의해야 할 것은 발성 연습을 하는 데 있어서 아무런 주의를 기울이지 않고 소리만 지르는 일은 절대 금물입니다. 발성 연습은 전문가의 도움을 받으면서 계속하기를 부탁드립니다. 참고로 이 분야에 조예가 깊은 문영일 교수의 「호흡과 발성」과 「기초 음성학과 발성기법」과 같은 책을 권합니다. 이 책들을 정독하시면 실질적인 도움을 얻으시리라 생각합니다.

저는 설교자의 음성이 중요함을 목회 현장에 와서 새롭게 느끼고 있습니다. 좀더 호소력 있는 음성을 개발하고 싶어 요즈음 새벽기도회가 끝나면 바로 혼자서 산에 올라가 소리를 지르는 연습을 하고 있습니다. 그런데 그 때마다 성대가 상처를 받아 목이 쉬게 되고 때로는 그 증세가 심하여 고민할 때가 많습니다. 그 때마다 서점에 들려 전문가들의 책을 보지만 별로 도움을 받지 못하고 돌아옵니다. 거의 모두가 음악가들의 성대 문제를 다루고 있을 뿐 설교자들의 입장에서 그 고충을 이해하고 도움을 주는 지침서들은 서점에서 좀처럼 발견하기 힘듭니다.

신학교 시절 교수님께서 가장 기초적이고 효과적인 발성 연습을 위하여 횡격막을 통한 호흡법을 말씀하셨던 것이 생각납니다. 그때 주의를 기울이지 않고 건성으로 강의를 들었던 것을 부끄럽게 생각합니다. 저에게는 횡격막을 통한 호흡법이 절실하게 필요한 듯합니다. 다시 한번 횡격막을 활용한 발성 연습에 대하여 가르쳐 주셨으면 합니다.

학교에서 스승의 가르침을 모두 경청하고 현장으로 나가서 그대로 실천하는 제자들이 얼마나 되겠습니까? 사역의 장에서 느껴지는 필요성에 따라 배운 것들을 상기하게 되고 새롭게 그것을 탐색하는 것이 거의 일반화된 현상입니다. 사실은 신대원 '설교학 개론' 시간에 횡격막의 활용을 위하여 두 시간 동안 함께 연습까지 하면서 교육을 시킨 바 있습니다. 그 필요성을 이제야 실감하고 다시 찾아 주시니 고마울 뿐입니다.

아침마다 설교자로서 기도회를 마친 다음에 이른 아침 등산을 하심은 참으로 좋은 일입니다. 그리고 보다 호소력이 있는 음성의 개발에 노력을 기울이신다고 하니 고마운 생각을 갖게 됩니다. 그러나 앞에서도 언급한 대로 발성 연습이란 무작정 소리를 지르는 것이 전부가 아닙니다. 거기에는 최소한의 원칙이 있어야 합니다. 그것은 횡격막을 활용한 호흡 연습입니다. 이 횡격막을 활용한 호흡을 취하지 않고 단순히 성대에게만 힘을 주고 소리를 지르는 것은 성대에 심각한 상처를 입히게 됩니다.

먼저 상상을 해 보십시오. 무더운 여름철에 동물들이 호흡을 할 때마다 배가 확장과 수축을 거듭합니다. 어린 아이가 잠을 잘 때 자세히 관찰해 보시면 어린이 역시 배로 호흡을 합니다. 이 호흡이 바로 횡격막을 사용하고 있는 호흡입니다.

횡격막(diaphragm)의 역할은 흉곽과 복부 사이에 있는 공기를 빨아들이고 이동시키는 펌프와 같은 역할입니다. 그것은 접시를 뒤집어 놓은 것과 같은 모양의 근육으로서 몸을 가로질러 뻗쳐 있으면서 호흡의 양을 조절하는 호흡 조절기의 역할을 합니다. 인간의 음성은 폐에서 밀려나온 숨이 성대를 진동시켜 소리가 나오게 합니다. 폐는 횡격막 위에 있으면서 호흡의 양에 따라 횡격막을 작용시키고 있습니다. 이 때의 횡격막의 근육이 숨의 유출량을 조절하는 역할을 합니다. 횡격막의 근육은 공기를 한꺼번에 또는 서서히 밀어낼 수 있는 힘을 가지고 있습니다.

인간은 일상생활에서 호흡의 형태를 인식하지 않고 살아갑니다. 거의 자동적이고 무의식적입니다. 그러나 설교자가 설교를 하는 순간에는 호흡을 의식적으로 통제하고 조절해야 합니다. 높은 음성으로 메시지의 절정을 이루고 싶다면 거기에 따른 준비가 있어야 합니다. 비록 순간적이지만 호흡을 통한 준비가 없이 큰 소리를 발하려 한다면 그것은 음성 관리에 매우 무지한 행위입니다.

이 순간 바로 다음과 같이 함께 연습을 해보시지요. 먼저, 한 손을 가슴에, 그리고 다른 한 손은 복부에 얹어 놓고 내쉬는 날숨(呼氣)과 마시는 들숨(吸氣)을 천천히 정확하게 해 보십시오. 만약 횡격막을 사용한 정상적인 호흡을 하고 있다면 공기를 들여 마실 때 복부가 앞으로 밀려나오고 가슴은 별 반응을 일으키지 않을 것입니다. 어떤 사람은 가슴으로 호흡을 하면서 공기를 마실 때 복부가 들어갑니다. 이것은 전혀 횡격막을 사용하지 못하고 있는 탓입니다. 먼저 이 호흡 연습을 익히시기를 부탁합니다.

둘째로, 이제 공기를 마음대로 횡격막에 보관하고 필요한 대로 조금씩 꺼내는 연습을 계속 해 보십시오. 그 다음으로 횡격막에 있는 공기를 한꺼번에 내놓는 연습을 계속해 보시지요. 이 연습이 제대로 진행이 되는지 몇십 번이고 반복하여 확인하고 자연스러울 정도로 정착시키는 데 최선을 기울여 보시지요.

셋째로, 지금부터 음성을 사용하는 본 단계로 진입합니다. "여호와는 나의 목자시니 내가 부족함이 없으리로다."를 아주 편안한 음정으로 진행합니다. 한꺼번에 말하는 것이 아니라 한 단어씩 내놓습니다. 먼저 들이쉬는 호흡을 통하여 횡격막에 공기를 집어넣습니다. 이 때는 복부가 앞으로 밀려나옵니다. 공기가 가득 차 팽창된 복부에 한 손을 올리시고 "여호와는. 나의. 목자시니. 내가. 부족함이. 없으리로다."를 해 보십시오. 이때 복부에 얹은 손을 통하여 한 단어가 필요한 공기를 보내면서 그만큼 복부가 움직이면서 축소된 것을 느껴야 합니다. 한 단어가 나가는 데 필요한 공기를 내보내면 당연히 횡격막은 그만큼 줄어들어야 합니다. 아마 세 번째 또는 네 번째 단어인 '내가'에 이르러 횡격막의 공기가 다 소비됨을 느낄 것입니다. 길면 '부족함이'에서는 새로운 호흡을 필요로 함을 느끼게 됩니다. 그러나 그것까지 참고 '없으리로다'까지 다다르는 연습을 해 보십시오. 마지막 부분에서는 횡격막이 전혀 움직이지 않고 내부에 남아 있는 최후의 공기를 내보내게 됩니다. 즉, 한 번의 큰 호흡으로 이 문장을 모두 말하는 연습입니다. 중간에 호흡을 하시지 않아야 이 연습은 진행됩니다.

넷째로, 중간 음정을 사용하여 자신이 어느 단어에서 호흡이 멈추게 되는지를 경험하십시오. 가장 큰 소리를 사용하고자 하는 경우 아무리 공기를 많이 마셔 횡격막에 저장을 해도 두 단어 "여호와는. 나의."까지를 하고 나면 더 이상 지탱할 공기가 없음을 알게 됩니다. 저음일 때는 공기의 배출이 적기에 한 문장을 다 말할 수 있으나 가장 높은 음을 낼 때는 한꺼번에 축적된 공기를 배출해야 하기에 한두 단어밖에 말하지 못합니다.

다섯째로, 성대를 사용한다는 생각을 버리고 공기가 직접 횡격막으로부터 나온다는 생각으로 성대를 거치도록 해야 합니다. 성대에 무리를 주지 않으면서도 자신이 원하는 소리를 내고 그 소리가 여러 과정의 공명 상태를 거치는 것에 유의해야 합니다.

끝으로, 중요한 주의사항이 있습니다. 호흡이 끊어질 듯한 순간에 들이마시는 호흡을 해야 하는데 그 흡기의 방법이 매우 중요합니다. 이 때는 코로 마실 생각을 하지 마십시오. 코는 그 통로가 협소하여 시간이 걸리고 소리가 납니다. 특별히 마이크 앞에서 호흡을 코로 취할 때 들리는 소리는 듣기에 매우 거북하고 천박하게 보입니다. 이것은 설교자에게 금기 사항입니다. 이 때는 입으로 들이마시는 호흡을 해야 함을 명심해야 합니다. 이 때의 입과 턱의 모양은 기분이 좋아 미소를 짓고 "헤헤" 하는 형태를 취하면 훨씬 효과적입니다. 다시 말하면, 설교자는 흡기(吸

氣)는 입으로 신속하게 짧은 순간에, 그리고 성대를 통하여 나오는 호기(呼氣)는 횡격막을 통하여 필요한 대로 조절되면서 나와야 합니다.

이상과 같은 과정을 마음먹고 서서히 연습을 하고 평소에 앉아 있을 때도 횡격막을 통한 호흡 연습을 해야 합니다. 사실은 성대가 선천적으로 좋은 사람도 이 호흡 연습을 할 필요가 있습니다. 그럴 때 설교 문장이 길어질 때나 고음정을 사용할 때 어색한 언어의 단절이나 숨쉬는 상태가 발생하지 않습니다. 무엇보다도 저의 경험으로는 횡격막을 사용하여 강조된 음성은 단순한 성대를 통하여 나오는 소리와는 비교할 수 없을 정도로 호소력이 있습니다. 그래서 설교자는 설교의 내용에 정신을 모으는 만큼 횡격막을 설교 속에서 움직이도록 해야 합니다.

Q 흔히들 '제2의 변성기'를 말하는 분들이 있습니다. 제2의 변성기는 언제 오는 것이며 그 현상은 어떠한지 알고 싶습니다. 만약 그것이 설교하는 데 문제를 일으키는 것이라면 그것을 극복하는 방법은 어떤 것들이 있는지 알고 싶습니다.

A 제2의 변성기란 50세를 넘기면서 발생하는 음성 변화의 현상을 말합니다. 이것은 개인의 건강과 환경에 따라서 차이가 있습니다. 이 때의 현상은 인간의 육제적인 쇠퇴와 함께 성대 근육이 이완되어 자신이 가지고 있는 본래 음의 질과 양이 서서히 약해져 감을 느끼게 됩니다. 이러한 현상이 나타나는 시기를 제2의 변성기라고 합니다. 이러한 변화를 가장 심각하게 느

끼게 되는 경우는 젊었을 때 발하였던 우렁차고 맑은 음성이 사라지기 시작하는 때입니다. 성대의 근육이 이완되어 음성의 질량(質量)을 마음대로 조절하지 못하는 현상이 나타납니다. 높은 음정을 사용했을 때 목이 마르면서 물로 목을 축이지 않고서는 지속하기 힘들 때가 많아집니다.

그러나 우리의 설교자들은 이러한 제2의 변성기를 모르게 됩니다. 이유는 성대를 꾸준히 사용하기 때문입니다. 젊어서 노래를 하다가 나이 들어 노래하는 기회를 갖지 못하는 사람들이 이러한 현상을 가장 심각하게 느낍니다. 즉, 성대가 필요한 운동 기능이 정지하여 발생된 현상입니다. 그러한 까닭에 대화에서 사용하는 기본적인 음성은 계속적으로 말을 하는 데 변화가 별로 없습니다. 그러나 성대를 집중적으로 장시간 사용해야 하는 경우는 과거의 음성을 사용하는 데 어려움을 겪게 됩니다. 50대 후반의 목사가 몇 개월 동안 설교를 하지 않고 있다가 설교를 하면 성대에 이상을 느끼는 경우가 바로 제2의 변성기를 경험하는 순간입니다. 가끔 수십 년간의 설교 사역을 멈춘 은퇴 목사님들이 설교를 할 때 자신의 음성이 자연스럽지 못함을 느끼면서 그것을 만회하고 싶어 오히려 젊은이들보다 훨씬 큰 소리를 지르는 모습을 우리는 흔히들 보게 됩니다. 그러나 그러한 목사님도 다시 설교를 몇 개월 계속하게 되면 다시 정상이 되는 경우가 허다합니다.

대화의 정리

설교자는 누구보다 많은 말을 해야 한다. 이 많은 말은 붓을 이용한 글이 아니라 성대를 이용한 음성을 통해서만 가능하다. 거기에 더하여 회중 앞에서 찬송까지 인도해야 하는 경우 성대의 사용은 누구보다 많이 해야 하는 일터의 주인이다. 이러한 중요한 과업을 수행하는 설교자가 성대에 대한 무관심 속에서 자신의 사역을 감당한다면 이것은 대단한 모순이다.

특별히 한국의 설교자는 취침하는 시간 외에는 입을 다물 겨를이 없다. 가정에서 가족과의 대화를 시작으로 수많은 교인들과의 접촉에서 그 성대의 사용을 멈출 길이 없다. 거기에 더하여 매일 새벽, 금요 기도회, 수요 기도회, 매주일의 낮과 밤에 설교를 해야 하는, 서구의 목사들은 엄두도 못 낼 정도의 음성을 사용한다. 그 결과 외국의 목사들은 맑은 음성을 가지고 사는데, 한국의 설교자들은 쉰 목소리를 평생 동안 소유하고 사는 실례가 너무나 많다. 특별히 부흥회와 같은 집회를 많이 갖으면서 목회를 해야 하는 목사들에게서 이러한 현상을 많이 본다.

필자는 설교의 횟수를 줄이라는 권고보다는 우선적으로 성대를 바르게 사용하는 방법을 먼저 터득하고 거기에 깊은 관심을 기울일 것을 충고하고 싶다. 성대의 상처는 많이 쓰는 데서 발생하는 것이 아니라 그 성대를 바르게 사용하지 못한 데서 원인이 나온다. 특별히 설교자는 횡격막을 바르게 사용하지 못했을 때 성대에 피해를 주어 상하게 하고 설교 전달의 생명인 호소력을 제대로 표현하지 못하는 안타까운 설교자로 평생을 살게 된다.

발성기관의 이해와 설교자의 좋은 음질

Q 제15주제에서 설교자가 음성 관리를 중요한 임무로 알고 수행할 것을 강조한 말씀은 평소에 그 문제로 고민하여 온 저에게는 매우 중요한 메시지로 여겨졌습니다. 특별히 횡격막을 사용하는 방법의 서술은 저에게 큰 도움을 주었습니다. 말씀하신대로 횡격막을 사용한 연습을 거듭하면서 횡격막의 기능이 얼마나 필요한지를 잘 알게 되었습니다. 그런데 횡격막의 활용이 가져다주는 효과가 단순한 성대의 보호에만 있는지, 아니면 다른 부분의 효과도 있는지를 묻고 싶습니다.

A 그 동안 관심을 두지 않고 지내 온 횡격막의 활용을 계속적으로 연습하면서 그 효과를 경험하신다니 감사한 일입니다. 사실 설교자가 횡격막을 사용하는 이유는 단순한 성대

의 보호에만 있는 것은 아닙니다. 횡격막을 사용해 성대에 무리를 주지 않아 '목이 쉬는 현상'을 최소화시키는 것 외에도 더 큰 효과를 가져오는 부분이 있습니다. 그것은 바로 호소력의 향상입니다. 우리의 설교 현장에는 스쳐가는 언어와 어감이 있는가 하면 가슴을 파고드는 언어와 어감이 있습니다. 다시 말하면, 머리만을 움직이는 언어와 가슴을 파고드는 언어가 있습니다. 그것은 설교자가 아무런 힘을 들이지 않고 머리만을 이용하여 입으로 내보내는 언어에서는 회중이 큰 감동을 받지 못합니다. 그러나 설교자가 최대의 열정을 쏟으면서 가슴에서 우러나오는 언어를 토할 때는 회중도 가슴에 깊은 감명을 받게 됩니다.

바로 이 가슴에서 나오는 언어가 횡격막을 사용하는 경우입니다. 횡격막을 사용하여 나오는 음의 질은 설교자를 신뢰할 수 있도록 만들고 그 진실된 모습까지 영향을 줍니다. 그리고 메시지의 진지함과 애절한 호소도 함께 수반하는 감각을 주게 됩니다.

Q 제15주제에서 횡격막의 보다 더 효과적인 활용을 위하여 호흡에 주의를 기울여야 한다는 간단한 언급이 있었습니다. 그것에 대해 보다 자세한 설명을 주실 수 있다면 도움이 되겠습니다.

A 매우 중요한 문제를 부탁하고 계십니다. 그렇습니다. 횡격막의 활용이란 호흡의 방법을 터득하는 데서 시작됩니다. 호흡이란 우리의 육체가 생명을 유지하기 위하여 필요할 뿐만 아니라 설교의 전달을 효과적으로 진행하는 데 절대적인

영향을 끼치고 있습니다. 그래서 브라운과 같은 설교신학자들은 "설교의 전달에 호흡보다 더 중요한 것은 없다."라는 말을 남기고 있습니다.

설교자에게 호흡의 중요성을 깨달아야 할 다음의 몇 가지 이유가 있습니다.

먼저는, 호흡은 발성을 안정적으로 진행시킵니다. 지난 주제에서 잠깐 언급했지만 횡격막은 접시를 뒤집어 놓은 것과 같은 모양으로 명치뼈 밑을 가로질러 자리 잡고 있으면서 공기의 저장량을 조절하는 역할을 합니다. 이것을 사용하여 숨을 들이쉴 때에 횡격막은 낮아져서 복부를 내리누르면서 앞으로 불쑥 나오게 됩니다. 이때 폐를 포함한 횡격막의 상부공간은 확장되고 폐는 많은 양의 공기를 받게 됩니다. 이렇게 공기를 듬뿍 받은 횡격막은 숨을 내쉴 때는 점차 그 이전 상태로 이완되고 공기는 서서히 폐에서 빠져나갑니다. 이러한 과정을 정확히 이해하는 설교자는 발성을 자신이 원하는 대로 조절하고 안정적으로 진행하게 됩니다.

둘째는, 호흡은 말의 속도와 음성의 높낮이를 효과적으로 진행하는 데 절대적인 역할을 합니다. 이미 지난 주제에 언급한 대로 많은 설교자들이 폐에 저장된 공기의 양은 적은데 단숨에 원하는 문장을 모두 쏟아 내다가 내뿜을 공기가 없어서 문장의 중간에 멈추고 들숨(吸氣)을 취한 다음에 다시 계속하는 어색한 장면을 보게 됩니다. 뿐만 아니라 횡격막을 통해 폐 안에 비축된 공기의 양을 예상하지 못하고 높은 음정을 사용하다가 부적절하게 멈추고 들숨을 취하는 경우를 봅니다. 이러한 어색한 현상은 모두가 호흡의 중요성을 마음에 두지 않은 설교자들이 보이는 실수입니다.

셋째는, 설교할 때에 취하는 호흡은 생명을 유지하기 위한 단순한 호흡과는 차이가 있음을 설교자는 명심해야 합니다. 호흡은 생명을 유지시켜 주는 가장 중요한 생명줄입니다. 이 호흡은 아무런 주의를 기울이지 않아도 생명을 유지시키기 위하여 자연적으로 이어집니다. 그러나 설교를 하기 위한 호흡은 신체의 기능이 자연스럽게 이어가는 호흡만으로는 충족되지 않습니다. 여기에는 보다 조절된 양과 속도의 호흡이 필요합니다. 즉, 보다 신속하고 조용하게 들숨을 취하고, 보다 느리고 고르게 또는 급하게 날숨(呼氣)을 조절해야 합니다. 이 조절을 성공적으로 이어갈 때 설교자의 음성과 감정은 메시지의 내용을 원활하게 전달하는 데 보다 효과적인 도구가 됩니다.

참고로 여기에 설교자의 음성에 깊은 관심을 가지고 스티븐슨(Stevenson)과 디이일(Diehl)이 펴낸 *Reaching People from the Pulpit*에서 그들이 남긴 다음의 말을 여기에 옮깁니다.

스피치 호흡의 효과적인 습관이란 반복된 훈련을 요구한다. 필연적으로 얼마 동안은 지극히 부자연스럽고 의식적인 호흡을 하게 된다. 그러나 설교자의 호흡 운동이란 결국 기계적으로 손쉽게 나오는 일상생활 속의 호흡과 같이 정착되도록 해야 한다.

말씀하신 횡격막과 그것을 십분 사용하는 호흡법 그 자체가 발성이 될 수는 없다고 봅니다. 그것은 효율적인 발성을 가져오는 데 필요한 바탕이라고 이해하고 싶습니다.

비축된 공기를 사용하여 나오게 되는 발성의 과정을 설명
해 주셨으면 합니다. 사실 설교자들은 이 분야에 별 관심
을 두지 않고 있습니다. 자신의 발성이 어떤 과정을 거쳐
나오고 있는지에 대한 기본 이해마저 없이 지내고 있습니
다. 음악에서 흔히 말하는 두성, 중성, 흉성 등은 무엇인지,
우리의 설교자들이 취해야 할 음성의 구역은 어떤 것이 좋
은지 기초적인 설명을 듣고 싶습니다.

A 매우 중요한 질문을 해 주셨습니다. 사실 설교자들은 성
대를 제일 많이 사용하면서도 이 분야에 대하여는 아무
런 관심이나 지식이 없습니다. 그러므로 설교자들은 이 분야의
전공의들을 모시고 강의를 들으면서 음성의 기관들을 이해하고
사용해야 합니다.

목소리가 나오는 곳을 일반적으로 성대(聲帶)라고 부릅니다.
이 성대는 해부학적으로 후두(喉頭-Larynx) 안에 있습니다. 후두
는 호흡하는 통로로서 발성기(發聲器)를 겸하고 있습니다. 이 후
두는 연한 뼈와 근육으로 조직되었고 내면은 점막으로 덮여 있
습니다. 그림을 보면 이 후두는 좌우 한 쌍의 활 모양을 하고 있
으며 머리에서 기관(氣管)에 이르는 입구를 만들고 있습니다.

발성은 공기가 폐로부터 후두 안에 있는 성대를 통과할 때
내면의 점막들이 진동하면서 소리의 파동을 일으켜 발성으로 배
출됩니다. 여기서 음의 고저, 음역, 억양 등과 같은 말의 요소들
을 만들어 냅니다. 음성의 고저는 부분적으로 성대의 길이와 두
께에 의하여 결정된다고 합니다. 그리고 공기가 진동하는 성대
사이를 통과함으로써 소리가 발생하는데 그 조직 내의 차이로

인하여 음성의 기본적인 높낮이의 수준이 다르게 됩니다. 그리고 이 발성의 영역은 보통 사람들의 경우 두 옥타브 정도지만 꾸준한 발성 훈련으로 삼 옥타브 이상으로 넓힐 수 있다고 전문가들은 말하고 있습니다.

그 다음으로 음성을 분류하는 구역(區域)의 문제입니다. 소리는 일반적으로 머리소리인 두성(頭聲)과 가운데 음넓이를 말하는 중성(中聲), 그리고 가슴소리인 흉성(胸聲)으로 분류됩니다. 음악에서는 위와 같은 소리의 종류 가운데 가늘고 높은 두성이 솔로나 테너들에 의하여 많이 사용됩니다. 그러나 설교에서는 그러한 소리를 엄격히 제한하고 있습니다. 노래 가운데서 솔로는 음악적인 리듬을 사용하기에 청중의 열렬한 환영을 받을 수 있으나 말로만 이어지는 설교에서는 회중의 신경을 자극하여 거부반응을 일으킬 뿐만 아니라 메시지마저 손상을 입게 됩니다. 그래서 설교자들은 대체로 가늘지 않은 두성을 쓰도록 하며 중성 및 흉성의 활용을 통해서 설교자로서 차분한 음성을 사용함이 좋습니다.

발성에 공명(共鳴)을 효과적으로 해야 한다는 말을 들은 적이 있습니다. 신체의 부분에 울림을 준다는 뜻인 듯한데 이러한 부분에 대한 교육을 받아 본 적이 없습니다. 공명이란 무엇을 뜻하며 설교자의 발성에 공명은 필요한 것인지를 알고 싶습니다. 그리고 그 공명은 신체의 어느 부분을 통하여 이룩되는지도 알고 싶고, 설교자로서 그 공명의 사용 여부를 듣고 싶습니다.

저 역시 공명에 대한 관심을 일찍부터 가져오면서 필요
한 책들을 읽었습니다. 그런데 최근에 읽은 전문서적을
보면서 새로운 것을 깨닫게 되었습니다. 그 동안 공명이란 머리
(頭部)에 울림을 주고, 가슴과 횡격막에 울림을 줄 뿐만 아니라
근육이나 발끝까지 울리도록 하는 것이 공명이라고 알고 있었습
니다. 그러나 이러한 이론은 잘못되었다고 합니다. 즉, 목소리를
내면 여러 곳에 울림을 주는 느낌이 있는 것은 사실이나 물리음
향학적인 연구에 의하면 이는 음을 증대시키는 것이 아니라 음
의 에너지를 흡수 소멸시키면서 외부로 전달시키고 있는 것에
불과하다고 합니다(문영일 저, 「알기 쉬운 음성학: 아름다운 목소리」,
42쪽).

전문가들의 분석에 의하면 음성의 울림을 주는 기관은 인두,
구강 및 비강이라는 세 공간부입니다. 음성으로 변하여 나오는 공
기가 나오는 기관은 오직 구강(口腔)과 비강(鼻腔) 두 통로뿐입니
다. 그런데 음성이 나오는 방법은 세 가지로 분류됩니다. 하나는
구강만을 통하여 나오는 경우입니다. 또 하나는 비강만을 통하여
나오는 경우입니다. 그리고 세 번째는 구강과 비강을 동시에 사
용하여 나오는 경우입니다. 설교자들은 세 번째의 경우를 가장
많이 사용합니다. 충분히 확대된 구강과 비강을 울리면서 나오는
음질은 설교자에게는 매우 필요한 것임에 틀림이 없습니다.

여기서 비음을 소유하고 고민하는 설교자들을 위하여 몇 마
디 더 보충을 합니다. 말씀드린 대로 후두에서 음질이 형성되면
그것이 바로 구강과 비강의 공간 속에서 확대되고 울림(共鳴)을
일으켜 음성에 음질이 생기게 됩니다. 이 공명의 과정에서 상당
히 많은 설교자들이 가지고 있는 콧소리(鼻音)의 문제를 발견하

 제16주제 발성기관의 이해와 설교자의 좋은 음질

게 됩니다. 이것은 비강에 있는 공동(空洞)의 조건이나 심한 감기
로 인하여 발생하는 문제, 또는 축농증과 같은 문제로 발생한 기
능의 장해 때문입니다. 그래서 전문가들은 설교자가 비음(콧소리)
이 나와 자연스럽지 못한 음질을 가지고 있다면 고민하지 말고
반드시 전문의와 상담할 것을 권하고 있습니다.

> **Q** 설교자가 정상적인 구강과 비강을 통하여 공명을 이루
면서 내놓은 음성이 설교자의 잘못된 습관에 의해 장애를
받는 일은 없는지 알고 싶습니다.

A 질문은 간단하나 대단히 중요한 질문입니다. 좋은 음질
이 나쁜 습관에 의하여 손상을 받고 잘못된 음색을 나
타나는 경우가 많습니다. 음의 질이란 언제나 혀, 목의 근육,
턱, 그리고 얼굴의 인상에 의하여 절대적인 영향을 받는다고 음
성학자들은 말하고 있습니다.

말을 할 때 혀는 반드시 필요한 경우를 제외하고는 가장 기
본적이고 필요한 위치에 놓아야 합니다. 성대로부터 나온 음을
특별한 이유 없이 혀가 방해하지 않도록 특별히 유의해야 합니
다. 음질에 손상을 입히지 않기 위하여 취해야 할 혀의 위치는
사람이 기분이 좋아서 "헤헤 헤헤…" 소리를 내면서 웃을 때입니
다. 연습을 해보시면 혀가 완전히 바닥에 붙어서 발성에 전혀 지
장을 주지 않음을 발견하게 됩니다.

또 하나는 턱의 방향입니다. 인위적으로 턱을 옆으로 돌리거
나 높이거나 아래로 내리고 발성을 해보시면 후두의 위치가 장

애를 받으면서 음성이 바르게 나오지 못함을 알게 됩니다. 그래서 언제나 몸과 함께 턱의 위치는 정면으로 편안하게 방향을 잡아야 합니다.

끝으로, 목과 혀의 근육이 힘을 받지 않아야 합니다. 이때 음질은 전혀 다르게 나옵니다. 그래서 설교자는 말을 할 때 목에 힘을 주지 말아야 합니다. 혀에도 힘을 주지 말아야 합니다. 편안히 그대로 놓아둔 상태에서 말하는 연습을 하고 높은 음을 발하는 연습을 해야 합니다. 소리 내어 "헤헤"를 반복하면서 목을 만져 보십시오. 목에 전혀 힘을 주지 않고 좋은 음질이 나옴을 알게 됩니다.

그 외에도 잘못된 언어 습관에 의하여 음질의 손상을 가져오는 경우도 있습니다. 예를 들면 자음의 'ㄴ, ㅅ, ㅈ, ㅁ, ㅂ'이나 모음의 '이응' 발음에서 불필요한 강조나 모습을 내다가 음질의 변화까지 가져오는 설교자들이 종종 있습니다.

저는 평소에 피곤하거나 긴장했을 때는 전혀 다른 음성으로 들리는 경우가 많습니다. 설교 전에 어떤 방법을 취하면 좀더 좋은 음질을 사용할 수 있는지 알고 싶습니다.

한국의 설교자들은 차분하게 설교를 준비할 수 있는 여유를 갖지 못할 만큼 바쁜 일정에 사는 경우가 많습니다. 심방을 많이 하고 사람을 많이 만나야 하는 설교자들은 육체적인 피곤마저 겹쳐서 신체적인 피로가 쌓이게 됩니다. 이럴 때 신경조직은 긴장하게 되고 육체의 근육들이 본능적으로 굳어지게 됩니다. 그 결과 몸의 모든 기능들이 뻣뻣해지고 폐의 호흡량은 그 융통성이 원활하지 못하며 목의 근육은 굳어진 상태에 빠지게 됩니다. 이럴 때 음질은 상처를 입고 정상이 되지 못하여 설교자에게 또 하나의 괴로운 부분으로 다가서게 됩니다.

이러한 경우 긴장을 풀어 주는 것이 최우선입니다. 흔히들 이 분야의 교수들이나 경험자들이 권하는 몇 가지의 충고는 다음과 같은 것들입니다.

먼저는, 토요일에 몸의 긴장을 풀기 위하여 적당한 운동을 하고 뜨거운 물에 잠길 것을 권하는 사람들이 많습니다. 둘째는, 설교 시작 20분 전부터 사람을 전혀 만나지 않고 전폭적으로 자신이 준비한 설교와 그 전달 과정을 성령님의 손에 완전히 맡기는 심리적인 평정을 가져오는 일입니다. 셋째로, 쌩스터와 같은 설교학자는 설교를 맡은 설교자가 20분 전쯤에 방바닥이나 소파 위에 누어서 마치 구름 위에 또는 물 위에 누워 자신이 잠을 청하여 표류하는 것처럼 휴식을 취하라고 권합니다. 그리고 설교 5분 전에 일어나 호흡 조절을 하면서 목의 근육을 만져 긴장된 근육을 이완시키는 것이 좋다고 합니다. 사람의 목소리가 가장 정상적인 때는 아침 잠자리에서 나올 때입니다. 그 이유는 목의 근육을 비롯하여 신체의 긴장이 모두 풀려 있기 때문입니다.

대화의 정리

설교자가 발성기관에 대해 이해를 하고 있어야 함은 너무나 당연한 일이다. 그러나 대부분의 설교자들은 이 부분에 관하여 별다른 관심을 두지 않는다. 그러다가 성대에 이상이 발생했을 때 몹시 당황하는 모습을 본다.

　어느 대학병원의 이비인후과에서 발표한 음성장애(音聲障碍) 환자들에 관한 분석은 설교자들이 눈여겨보아야 할 필요가 있다. 이 통계에 의하면 음성에 이상이 생겨 찾는 환자 가운데 급성 후두염과 만성 후두염이 가장 많았다고 한다. 그들을 직업별로 볼 때 급성 후두염은 목사가 성악가 다음으로 가장 많았으며, 만성 후두염은 성악가, 교사 다음으로 목사가 많았음이 밝혀졌다. 그리고 목이 쉬어 어려움을 겪게 되는 성대폴립 환자는 목사가 교사, 성악가 다음으로 많았다고 밝히고 있다. 이러한 현상은 많은 설교자들이 성대를 무리하게 사용해서 입게 되는 손상이 얼마나 심각한가를 잘 말해 주고 있다.

　설교자의 성대는 주의를 기울여 간수하고 가꾸면서 사용해야 할 중요한 도구이다. 이것은 단순히 설교자의 음성을 생산하는 도구에 끝나지 않고 하나님의 말씀을 전하는 데 필요한 도구이다. 이 도구가 손상을 입어 제 기능을 발휘하지 못한다면 하나님 말씀의 선포는 그만큼 손상을 입게 된다. 이러한 차원에서 설교자는 발성기관에 대한 관심을 기울여야 하고 그 사용에 각별히 유의를 해야 한다. 언제나 상한 목소리로 설교를 하는 설교자 앞에 앉아 있는 회중은 시원스럽고 맑고 깨끗한 음질의 설교자를 선호한다는 사실을 오늘의 설교자들은 마음에 두어야 한다.

즉석 설교, 원고 설교, 메모 설교
어느 것을 택할까요?

Q 저는 이제 설교 사역에 몸담기 시작한 설교 초년병입니다. 그래서 선배들의 설교에 깊은 관심을 가지고 있습니다. 그런데 설교자마다 그 전달 방법에 따라 각각 다른 형태를 취하고 있음을 발견하게 되었습니다. 어떤 설교자는 충실하게 원고를 작성한 후 가지고 단에 올라가서 읽고 있는가 하면 어떤 분은 원고나 메모가 없이 회중만 바라보고 끝까지 설교를 계속하는 것을 보았습니다. 설교 이론에서는 이러한 전달 형태들을 어떻게 분류하고 있는지 알고 싶습니다.

A 설교를 시작하는 설교자에게는 이러한 다양한 전달의 형태가 혼돈을 가져오리라 생각합니다. 설교학에서는 설교 전달의 형태를 크게 세 가지로 분류합니다. 하나는 원고를 그대로 가지고 올라가 그 내용을 읽고 있거나 외워서 전하는 원고

설교(preaching with a manuscript) 형태입니다. 둘째는, 원고를 완벽하게 작성한 후에 암기하기 어려운 부분들을 중심으로 내용을 10분의 1 정도로 메모하여 준비한 원고의 내용을 대부분 그대로 전하는 메모 설교(preaching with notes) 형태입니다. 셋째는, 아무런 원고나 노트가 없이 설교자가 현장에서 자신과 박력을 가지고 행하는 즉석 설교(extemporaneous preaching)가 있습니다.

어느 책에서 스펄전과 같은 유명한 설교자들은 즉석 설교를 즐겨하면서 많은 사람을 감동시킨 바 있다고 기록하고 있습니다. 회중도 이러한 즉석 설교를 좋아했고 많은 감명을 받으면서 자리를 뜰 줄 몰랐다고 합니다. 스펄전과 같은 설교자들이 했던 즉석 설교는 어떤 것들이었는지 좀 더 자세하게 알고 싶습니다. 그리고 지금도 그러한 설교가 가능한지도 언급하여 주셨으면 합니다. 저도 그러한 설교 형태를 본받고 싶은 심정입니다.

언제인가 언급하고 싶은 문제를 질문해 주셨습니다. 스펄전만이 아닙니다. 그 후의 설교자들도 종종 즉석 설교를 하는 예가 많았습니다. 비쳐(Beecher)나 앝킨스(G. G. Atkins) 같은 설교자들도 즉석 설교를 즐겼습니다. 유명한 회중 교회의 목사였던 앝킨스는 "나는 결코 원고를 쓰지 않았다. … 나는 어떤 쪽지도 강단에 가지고 가지 않았으며 오랫동안 펜을 종이에 대지도 않았다."는 말을 남긴 적이 있습니다. 이상과 같이 특별한 즉석 설교의 형태를 취한 설교자들이 종종 있었습니다.

그러나 질문자에게 먼저 들려주어야 할 이야기가 있습니다. 1800년대 중반에 미국의 유명한 연설가이며 정치가였던 웹스터 (Daniel Webster)가 미 상원에서 뛰어난 연설을 하여 많은 사람들을 놀라게 했습니다. 그 앞에 다가선 많은 사람들이 그에게 극찬을 하면서 어떻게 한 줄의 메모도 없이 그렇게 중요한 연설을 해낼 수 있었는지를 물었습니다. 그때 그는 "그 연설에 대한 자료는 몇 달 동안 내 책상 속에 있었소."라고 대답한 바 있었습니다. 그는 한 편의 명연설을 하기 위하여 수개월 동안 자료를 보고 그 자료를 마음에 심고 논리를 정리하였음을 실토하였습니다.

예, 그렇습니다. 지금도 스펄전과 같은 즉석 설교가 가능합니다. 그러나 유창하게 감동적으로 전달한 설교자가 원고 없이 등장하여 즉흥적으로 외친 듯한 그 설교의 뒤안길에는 남다른 노력이 있었음을 알아야 합니다. 앞에서 언급한 앝킨스는 자신이 원고를 쓰지 않은 이유는 자신의 준비된 마음이 주고자 하는 메시지를 모두 기억하고 있었을 뿐만 아니라 기록한 원고로는 다 전할 수 없는 뜨거운 열정이 넘치기 때문이라는 말을 한 적이 있습니다. 비쳐 같은 설교자는 설교하고자 하는 본문과 주제를 읽고 연구하는 데 수많은 날을 보내면서 거기서 얻어진 메시지를 마음에 간직하고 혼자서 설교를 계속하다가 단에 선다는 고백을 하고 있습니다.

사실은 오늘의 설교자들도 이상의 설교자들처럼 할 수 있는 길이 있습니다. 그것은 자신의 마음과 시간을 필요로 하는 가정과 교회의 잡다한 일들을 완전히 벗어나 오직 말씀만을 일주일 내내 사모하고 구상하고 명상하는 단순한 목사의 삶이라면 가능합니다. 온정신이 24시간 말씀 준비에만 모아지고 거기에 수반한 삶을 살 수만 있다면 오늘 우리에게도 가능한 일이라 생각합니다. 그러한 삶에서 나온 설교는 원고를 가득 메운 내용보다 훨씬 감동적일 수 있습니다. 우선 설교자 자신에게 감동적인 메시지가 될 것이고 회중에게는 신령한 영의 양식이 되고도 남으리라 생각합니다.

그러나 시간에 쫓겨 말씀 준비에 깊이 몰두하지 못하고 나와서 즉흥적으로 자신의 짧은 지식이나 경험으로 일관하는 설교라면 그는 완전히 실패한 설교자가 됩니다. 누구나 원고나 노트마저 없이 설교를 하고자 하면 설교 원고를 작성한 것보다 훨씬 더 깊고 넓은 준비를 해야 합니다. 그리고 아무리 많은 준비를 한 설교자라도 그 준비된 것을 거침없이 언어로 표현할 수 있는 재능을 겸비해야 합니다. 그리고 오직 말씀만 붙들고 사는 설교자 특유의 삶을 살아야 합니다. 이러한 요건을 갖추지 않고 즉석 설교를 시도함은 매우 위험한 전달 형태라고 말씀드리고 싶습니다.

원고 설교에 대한 질문입니다. 저는 주일 낮 설교만은 완벽하게 원고를 준비해 여러 번 읽고 전하는데 최근 몇 가지 문제가 생겼습니다. 하나는, 설교 중 새로운 생각이 나면 원고대로 할지, 새 생각대로 할지 혼돈이 되는 것입니다. 또 하나는, 원고에 의존해 원고만을 보려고 하는 것입니다. 신학교 시절 '설교의 실제' 시간에 10회 이상 고개를 숙여 원고를 보다가 교수님으로부터 "설교 중단하라."는 호통을 받고 하단하였던 아픈 상처가 선한데 아직도 나는 고민하고 있습니다. 원고 설교의 장단점을 정리해 주셨으면 합니다.

앞에서 아무런 원고나 메모가 없이 즉흥적인 설교를 하여 성공을 거둔 설교자들을 보았습니다. 그러나 미국의 제1차 대각성부흥운동의 주역이었던 조나단 에드워드 같은 설교자는 설교 원고를 읽기만 했는데도 설교의 역사에 위대한 족적을 남기기도 했습니다. 설교의 원고를 읽거나 원고에 시선을 주는 것이 반드시 나쁜 것만은 아닙니다. 경우에 따라서는 그러한 설교 전달의 형태도 하나님이 사용하신다는 데에는 이의가 있을 수 없습니다.

설교를 완전히 원고화하여 설교단에 섰을 때 생각해야 할 장점이 있습니다. 먼저는, 설교로서의 형태를 갖추면서 불필요하고 잡다한 언어들을 배제한 후 정선된 어휘들을 사용할 수 있습니다. 둘째는, 잊어버리기 쉬운 중요한 메시지의 핵심이나 자료들을 흐트러짐이 없이 활용할 수 있다는 점입니다. 셋째는, 설교자의 정서적 표현을 잘 조절하면서 설교를 계속하게 됩니다. 넷째는, 본문에 대한 연구와 자료의 제시와 함께 메시지에 대한 확신을 가지고 설교하게 됩니다. 다섯째로, 보다 나은 설교의 전달을 위한 준비 연습을 원하는 대로 할 수 있습니다. 여섯째로, 원고가 있음으로 인하여 당황함이 없이 안정적으로 설교를 진행할 수 있습니다. 일곱째로, 설교가 산만하거나 수다스럽다거나 장황해지는 것을 막고 논리정연하고 깔끔한 설교를 하게 됩니다. 끝으로, 자신의 설교 기록을 정확하게 갖게 됨으로 훗날 반복된 설교나 자료를 다시 사용하는 실수를 막게 됩니다.

원고 설교가 이러한 장점이 있음에도 불구하고 단점도 많습니다. 설교자들이 이상에서 제시된 장점들만을 생각하면서 원고 설교를 읽는 것을 즐기고 있을 때 1720년 스코틀랜드 교회 총회는 "설교를 읽는 것은 하나님의 백성들을 불쾌하게 하여 영적 위로에 조그마한 물결도 일으키지 않는다."고 선포한 적이 있습니다. 설교자가 설교단에서 설교 원고를 읽고 있을 때 발생하는 단점들을 정리하여 보면 다음과 같습니다.

먼저, 설교자가 원고를 읽고 있는 동안 회중과의 시선 접촉이 끊어집니다. 그 결과 회중의 주의력은 순간적으로 설교자의 시야를 벗어나게 됩니다. 둘째는, 설교자의 인격에서 흘러나온 자연스러운 설교가 아니라 인위적으로 문자화되어 나오는 설교로서 인격과 인격의 만남과 교류가 형성되지 못할 수 있습니다. 셋째는, 정서적인 거리감을 느낍니다. 정서란 회중과의 호흡을 함께 하는 가운데 더욱 상승되는데 설교자가 회중을 외면하고 원고와만 밀착된 감각을 줌으로 정서의 교류에 문제를 발생시킵니다. 넷째는, 기대하지 않았던 현장의 변화에 충분한 대응을 할 수 없습니다. 설교를 작성할 때 생각했던 환경이 바뀌어 있을 경우 원고대로 설교를 이어간다는 것은 원고를 읽은 설교자들에게 가장 어려운 문제입니다. 다섯째로, 원고를 읽고 있는 설교자에게서 흔히 독백하는 인상을 받기 쉽습니다. 혼자서 원고를 보면서 흥분하고 열을 내면서 메시지를 강조하는 모습은 양방적 관계 속에 이어지는 대화적 설교가 아니라 일방통행적인 감각을 주게 됩니다. 여섯째로, 설교가 삶의 장에서 발생된 인간적이고 경험적인 적용보다는 지성적인 이론을 가지고 적용하게 되기 쉽습니다. 일곱째로, 원고를 읽으면서 이어지는 설교의 장에서는 영적인 감화력이 적게 될 가능성이 큽니다. 보다 감동적이고 능력이 넘치는 설교자의 위력이 반감되기 쉽습니다.

　　신학교 시절 교수님은 원고 대신 메모를 가지고 단에 서
라는 충고를 주셨습니다. 그때 주신 메모란 어떤 것을 의미
하는지 다시 듣고 싶습니다. 설교 원고를 완벽하게 작성하
지 않고 중요한 것만 노트하여 단에 서는 것이 매우 편하
기도 합니다. 우선 많은 시간을 빼앗기지 않아 좋습니다.
그리고 회중과의 시선 교환도 잘 되고요. 그래서 언제인가
부터 저는 설교의 윤곽만 짜서 설교단에 서게 되는 습관이
생겼습니다. 그러다 보니 준비를 너무 소홀히 하는 것 같아
마음에 갈등이 생기기도 합니다. 교수님의 조언을 듣고 싶
습니다.

　　질문자가 나에게서 교육을 받으신 분이라면 매우 크게
탈선을 하셨습니다. 이러한 탈선의 모습을 볼 때마다 저
는 설교학 교육을 맡은 사람으로 괴로운 심정에 파묻히게 됩니
다. 그 이유는 강의실과 현장과의 괴리 현상이 너무 심하기 때문
입니다. 물론 교과서에서 배운 대로 실천하기가 어려우리라 생각
합니다. 그러나 원칙을 지키려는 설교자의 노력이 절대로 필요합
니다.

　　설교 전달의 현장에 나타난 메모는 세 가지로 분류되고 그
성격 또한 다릅니다. 하나의 원고는 설교자가 원고를 완전히 다
정리한 후 그것을 반복하여 읽고 또 읽으면서 스스로 감동에 젖
도록 소화한 다음에 요약하는 메모입니다. 이 때의 메모는 자신
앞에 놓인 원고를 가져가지 않고 메모만 보고서 그대로 전하는
데 필요한 부분들을 정리합니다. 그 이유는 인간의 두뇌작용은

눈앞에 원고가 펼쳐 있으면 그것을 의존하고 싶어서 암기의 작용을 멈추려 하기 때문입니다.

두 번째의 메모는 미완성된 설교의 메모입니다. 설교의 준비 과정에서 가장 힘든 부분이 설교를 원고에 기록하는 일입니다. 배우신 대로 이 원고 이전에 있어야 할 단계가 있습니다. 그것은 본문과 주제를 정한 후 그 본문을 가지고 석의와 주해와 적용의 단계를 거칩니다. 그리고 거기에 필요한 자료를 모읍니다. 그러한 다음에 설교의 윤곽(Outline)을 만들고 거기에 필요한 자료 배열까지 마칩니다. 그 다음의 단계가 원고화 작업입니다. 그런데 많은 설교자들이 바로 이 윤곽에 적절한 예화나 기타의 자료를 배열해 가지고 그것을 들고 올라가 설교를 시도합니다.

결코 권장할 만한 형태가 아닙니다. 설교를 원고화하는 과정은 매우 중요한 단계입니다. 저의 경험으로는 수많은 기도가 이 때 나오게 됩니다. "말씀하시옵소서. 종이 여기 받아쓰고 있나이다"의 기도를 얼마나 많이 반복하는지 모릅니다. 이 과정은 진심으로 성령님의 섭시(攝示)를 간구하는 시간입니다. 이러한 단계를 거치지 않고 설교한다는 것을 저는 상상할 수 없는 일입니다.

세 번째의 메모는 가장 게으른 설교자들의 메모입니다. 자신의 생각을 대강 정리하여 설교를 시도하는 형태입니다. 본문의 석의, 주해, 적용의 단계는 전혀 거치지 않고 자신의 머리에 떠오르는 생각들을 메모장에 옮기고 거기에 필요한 예화 이름 정도를 기록한 메모입니다. 그래서 "본문에서 3개의 대지를 찾고 거기에 맞는 예화만 있으면 설교는 얼마든지 할 수 있다"는 말들이 나옵니다. 실제로 이렇게 설교하는 사람들이 너무 많습니다. 죄송한 표현이지만 이러한 설교자는 게으르고 사특한 설교자들로서 말씀의 종으로서 제 구실을 다하지 못하는 사람들입니다. 이 형태의 메모야말로 설교자를 나태하게 만들고 무책임하게 만듭니다. 그리고 이 형태가 자신의 생각을 하나님이 주신 메시지로 전하게 되는 무서운 오류를 범하게 됩니다.

이 책을 쓰신 교수님은 한국교회의 설교학 교육에 매우 중요한 몫을 담당하고 있는 분으로 알고 있습니다. 장신대 출신이 아닌 설교자들은 교수님의 설교학 교육을 받은 바 없기에 이 책에서 말씀하신 많은 부분들이 생소합니다. 솔직히 이 글들을 탐독하면서 제가 배운 설교학 교육이 얼마나 단편적이었는지를 깨닫게 됩니다.

저의 질문은 저희들이 가장 이상적이라고 여길 수 있는 전달의 방법이 어떤 것인지 듣고 싶습니다. 교수님은 목사 후보생들에게 설교학을 가르치면서 어떤 형태를 가장 강조하고 계시는지 진솔한 답변을 듣고 싶습니다.

저는 한국교회의 설교 사역이 혼탁해지고 하나님의 말씀이 사라지며 인간의 말들로 설교를 장식하고 있음을 볼 때 많은 책임을 통감합니다. 뿐만 아니라 설교자와 회중이 성공적인 커뮤니케이션을 이룩하지 못하는 현장을 볼 때마다 답답함을 금하지 못합니다. 그 때마다 이 모든 책임은 일차적으로 신학교의 설교학 교육이 져야 한다는 생각을 합니다. 이러한 생각을 하다 보면 누구보다 내 자신을 향한 채찍이 무섭게 보입니다.

저는 종종 평신도들로부터 설교의 전달 형태에 대한 다음과 같은 주문을 받습니다.

이런 질문을 받을 때마다 연기자들이 그 많은 대사를 단순히 외우는 것이 아니라 그 대사를 자신의 감정에 용해시켜 자신의 말과 감정으로 발로시키는 장면을 연상해 봅니다. 바로 그것이 제가 바라는 가장 이상적인 형태입니다. 어떻게 보면 연기자들보다 우리의 설교자들은 더 잘 할 수 있습니다. 남의 원고를 외우는 것이 아니라 자신이 쓴 원고의 내용을 그대로 전하기에 훨씬 더 수월할 수 있습니다.

「대화의 기적」의 저자로 유명한 루엘 하우는 설교를 듣는 사람들이 얼굴과 얼굴을 맞대고 진행되는 설교를 원한다는 조사 결과를 내놓은 적이 있습니다. 문제는 설교자 역시 회중과 얼굴을 맞대고 설교를 하고 싶지만 그렇게 했을 때 설교 내용에 문제가 생깁니다. 그렇다고 설교 내용만을 중요하게 생각하고 원고에 매달리면 회중을 잃게 됩니다. 이 두 욕구를 채울 수 있는 방법은 단 하나밖에 없습니다. 그것은 완벽하게 설교를 원고화하고 그 원고를 완전히 소화한 후에 설교단에 올라가는 형태입니다. 그러나 아무리 총명한 두뇌라도 둔한 필만 못하다는 옛말처럼 그 엄숙한 순간에 깜박하여 전해야 할 메시지를 놓치게 된다면 이것 또한 심각한 문제입니다. 그래서 그 원고를 10분의 1로 축소한 메모를 들고 설교단에 서라는 것이 저의 주장입니다. 이 때는 원고가 설교자 앞에 없기에 설교자의 두뇌는 정상적인 활동을 합니다. 그리고 핵심적인 내용이나 자료는 실종되지 않습니다. 그리고 가장 중요한 것으로서 회중과의 시선 교환이 자유롭게 되고 감정의 조절이 수월해집니다. 뿐만 아니라 회중과의 만남 속에 메시지를 함께 호흡할 수 있습니다.

대화의 정리

설교란 참으로 어려운 사역이다. 설교자가 매너리즘에 빠진 경우는 어려울 것이나 쉬울 것이 없다. 기계처럼 더 나은 향상을 추구하지 않는다면 두려울 것이 없다. 그러나 늘 신선한 하늘의 만나를 효과적으로 먹여보려는 노력을 쉬지 않는 설교자에게는 설교란 언제나 소중한 사역으로 발전을 거듭한다.

다시 반복하여 한 편의 설교를 만들기 위하여 설교자가 거쳐야 할 최소한의 과정을 밝힌다. 먼저, 본문과 주제가 확정되면 지체 없이 본문의 석의와 주해와 적용의 단계에 진입해야 한다. 둘째는, 설교의 윤곽을 설정하고 거기에 필요한 자료를 배열한다. 셋째는, 성령님이 섭시(攝示)해 주시기를 간구하고 그 내용을 받아쓰는 심정으로 원고화한다. 넷째는, 원고에 적힌 말씀을 반복하여 읽으면서 스스로 감동을 받아 말씀의 성육화 작업을 해야 한다. 다섯째는, 그 원고를 10분의 1로 줄여 언제 어디서나 원고에 실린 내용을 거침없이 나의 말로 전달하도록 한다. 끝으

 제17주제 즉석 설교, 원고 설교, 메모 설교

로, 설교의 도구로서 설교자의 겸허한 준비를 철저히 한 다음에 설교단에 서서 회중을 바라보고 설교를 한다.

이러한 과정이 무겁고 고단하게 여겨질 수 있다. 그러나 설교 현장이란 나의 말을 하는 곳이 아니고 하나님의 말씀을 전하는 곳이다. 그러하기에 세상의 강의나 만담의 자리에 가는 것보다 훨씬 더 진지한 준비가 있어야 한다. 그리고 효과적인 운반을 위한 땀도 흘려야 한다.

회중은 설교자의 간결한 언어와 표현을 기다린다

저는 설교자들이 사용하는 언어에 대하여 깊은 관심을 가지고 있는 평신도입니다. 한국 개신교에서는 참으로 많은 설교가 이어지고 있습니다. 한 목사님이 매주 10편이 넘는 설교를 하는 것을 보면서 때로는 깊은 동정을 금하지 못합니다. 솔직히 이 많은 설교의 진행은 설교하시는 분만 피곤하게 하는 것이 아니라 그 설교를 들어야 하는 교인들도 피곤하게 합니다. 반복된 언어와 빈약한 내용의 설교를 듣고 있노라면 졸음이 오고 존경심도 적어집니다. 특별히 설교자의 습관적이고 잘못 사용된 언어 표현들을 적어도 한 달에 20여 회 반복하여 듣고 있노라면 설교자가 우리말 교육을 정상적으로 받은 분인지 의심이 갑니다. 설교를 가르치는 교육에서는 '설교와 언어'에 관한 과목 같은 것을 가르치고 있지 않은지요? 저는 이러한 질문을 통해 마음에 쌓인 불만을 하소연할 수 있음을 다행으로 생각합니다.

A 대단히 중요한 질문입니다. 질문자가 지적하신 문제는 현실적으로 매우 심각한 문제입니다. 지금 한국교회의 설교자들이 사용하고 있는 언어들은 많은 문제점을 안고 있습니다. 어떤 내용을 갖추느냐에 관심을 기울일 뿐 어떻게 표현할 것인가에 대하여는 별로 관심을 갖고 있지 않습니다. 문학적인 감각이나 국어 사용에 관한 깊은 관심을 기울이는 설교자를 제외하고는 대부분 어휘의 선별이나 문장 구성에 대한 문제는 외면해 버리는 경우가 허다합니다. 바로 이러한 결과로 설교가 건조한 구어체로 이어지게 되고 회중은 반복된 어휘와 다듬어지지 않은 문장과 어감에 싫증을 쉽게 느끼게 됩니다. 특수한 경우 외에는 한 사람에게서 계속적으로 몇 십 년에 걸쳐 매주일 수편의 설교를 듣는다는 일이 쉽지는 않습니다. 설교를 하는 사람의 입장에서도 마찬가지입니다. 동일한 내용을 피하여 늘 새로운 내용으로 매주일 3회 이상의 설교를 해야 한다는 것은 매우 어려운 일입니다.

그렇기 때문에 설교란 늘 신선해야 한다는 주장을 하게 됩니다. 새로운 내용을 신선하게 표현해야 하는 것이 설교자의 사명이며 고민입니다. 인간은 음악을 들을 때도 동일한 음악만 듣기를 원치 않습니다. 아무런 변화가 없는 노래를 몇 십 번이고 반복하여 들어야 한다면 그것은 실로 큰 고통입니다. 그렇기 때문에 노래마다 다른 내용과 곡을 가지고 있습니다. 사람들에게 깊은 감명을 안겨 준 시인도 마찬가지입니다. 늘 새로운 내용을 새로운 시어들을 통하여 발표할 때 독자는 흥미를 가지고 그 시를 읽게 됩니다.

이러한 입장에서 볼 때 설교의 표현과 전달은 매우 중요한 문제입니다. 이토록 중요한 부분이 목사를 양성하는 신학 교육에서 충실히 이어지고 있는가에 대한 질문을 받고 저는 당황하고 있습니다. 그 필요성은 인정하면서도 거기에 필요한 과정이 없음을 고백합니다. '설교학 개론' 시간에 한두 시간 중요성을 강조하고 '설교의 실제' 시간에 작성해 온 설교를 보면서 지적을 하는 정도가 고작입니다. 부끄럽게 생각합니다. 그러나 신학 교육이 설교만을 가르치는 것이 아니라 신학의 방대한 세계를 교육시켜야 하기 때문에 어쩔 수 없는 현실입니다. 그래서 여러 신학교의 설교학 교수들이 뜻을 모아 사이버 설교대학원(www.21preaching.com)을 만들어 설교만을 위한 교육을 시도하고 있습니다. 여기에서 신학교 교육 과정에서 못 다한 부분을 보충하도록 노력하고 있습니다.

Q 저는 설교를 위한 준비가 남보다 더 충실하다고 자부합니다. 그리고 보다 지적인 수준을 유지하기 위하여 원고에 때로는 시적이고 학문적인 어휘들을 사용하면서 매우 신중하게 작성합니다. 저는 그 원고를 들고 올라가 가급적이면 준비된 원고대로 설교를 하고 있습니다. 어떤 분들은 저의 설교를 아주 진지하게 잘 듣고 무게가 있는 설교라고 좋아합니다. 그런데 대부분의 교인들은 처음에는 주의를 집중하는 듯하지만 얼마 있지 않아 졸기 시작합니다. 이러한 모습을 나의 설교 현장에서 보면서 무척 당황할 때가 많습니다. 몇 년 후에 조사를 했을 때 놀라운 사실이 발견되었는데 그것은 고학력의 소유자들이 주종을 이루게 되었고 우리 교회의 주축이 되었던 저학력의 많은 분들이 떠나고 있다는 사실이었습니다. 솔직히 저는 설교 시간에는 고학력의

A 매우 현실적인 문제를 물어 주셨습니다. 귀하가 가지고 있는 고민은 설교 역사에 일찍부터 등장한 문제입니다. 일리온 존스 교수가 남긴 책 「설교의 원리와 실제」에서 어느 교인의 고백을 접할 수 있습니다. 내용은 그분은 자신이 출석한 교회 목사님의 설교를 듣고 있노라면 자신의 손에 여러 개의 사전들이 있었으면 하는 생각을 많이 한다고 합니다. 그 이유는 심심치 않게 들려주는 원어를 비롯하여 외래어들을 많이 사용하시기 때문이었습니다. 그리고 그 설교자가 회중이 전혀 익숙하지 않은 어휘와 문장들을 구사하기 때문이라고 합니다.

바로 여기에 오늘의 설교자들이 안고 있는 문제가 있습니다. 설교자들의 교육 수준이 과거와는 달리 매우 높은 것이 오늘의 현실입니다. 이제는 목사들의 절대수가 석·박사 학위를 가지고 있습니다. 특히 목회 초년병들은 자신이 가지고 있는 학위를 자랑스럽게 생각하면서 거기에 따른 지식의 표출을 예사로 여깁니다. 여기서부터 설교는 문제에 봉착합니다. 설교자와 학위 취득은 무관한 주제입니다. 박사학위가 보다 발전하는 설교자가 되기 위하여 노력하고 있는 목사임을 입증하는 표지는 될 수 있으나 그것이 설교 자체의 권위를 높이거나 그 설교를 빛나게 하는 도구는 될 수 없습니다.

　　설교자는 자신의 지식 수준을 설교를 통하여 보이려는 시도를 절대로 삼가야 합니다. 또한 자신의 생각을 아름답게 색칠된 그림으로 만들려는 지나친 욕심도 버려야 합니다. 진정한 설교의 목적은 어떻게 하나님의 말씀인 성경의 진리를 정확하게 해석하고 그 진리를 회중의 삶에 적용시켜 주어야 하는가에 있습니다. 이러한 깊은 뜻은 예수님과 사도들의 가르침을 그리스의 표준어였던 코이네로 기록하였다는 것 또한 설교자가 눈여겨 볼 필요가 있습니다.

　　언어란 사람의 생각이나 느낌을 소리나 글자로 나타내는 수단입니다. 이것은 언제나 상대를 가지고 있을 때에만 기능을 발휘합니다. 그래서 상대의 수준을 뛰어넘은 언어들, 즉 그들이 도저히 알 수 없는 원어나 외래어를 사용하거나 추상적인 어휘들을 사용하는 것은 적절하지 못합니다. 언어의 목적은 의사소통에 주안점을 두어야 합니다. 그런데 의사소통을 어렵게 하거나 부담을 주는 언어의 사용은 설교에서는 삼가야 합니다. 때로는 고등교육을 받은 특수한 집단들이 모이는 교회가 있기도 합니다. 그러나 일반적으로 교회란 여러 계층이 자리를 함께하는 자리입니다. 그렇기 때문에 설교자는 언제나 회중의 수준을 면밀히 파악하고 표준어를 사용하되 그들의 언어 수준에 약간 상회하는 정도의 언어 구사가 적절합니다.

　　거듭 말씀드립니다. 설교자가 가지고 있는 학식의 나열은 회중에게 학적인 영향은 끼칠 수 있을지 모르나 그들의 영혼은 더욱 갈증을 느끼게 한다는 점에 주의를 기울여야 합니다. 회중은 거창한 학문의 세계나 아름다운 문장을 감상하기 위하여 나온 사람들이 아닙니다. 오직 하나님의 말씀이 그날 자신에게 무엇을 말씀해 주실 것인지를 찾아온 심령들입니다. 그래서 설교자에게 는 그날의 본문을 회중의 삶에 현장화시키는 것이 최우선의 작업입니다. 이 말씀의 현장화는 바로 그들이 알아듣기에 부담이 되지 않는 언어를 최대한 활용하여야 하는 당위성을 갖게 됩니다. 그러한 까닭에 설교는 설교자 앞에 앉아 있는 회중의 언어와 그 수준을 먼저 익히고 활용해야 합니다.

Q 우리 교회 목사님은 설교에 대해 대단한 열정을 가지고 계신 분입니다. 그런데 불필요한 말을 너무 많이 하십니다. 그러한 부차적인 언어들이 나열될 때마다 우리는 인상을 찌푸리게 됩니다. 설교에서 이러한 불필요한 언어들을 반드시 사용해야 하는지 알고 싶습니다. 지난 주일 설교는 50분이 넘도록 진행되었는데 냉정히 분석해 볼 때 우리에게 아무런 도움도 주지 못한 말들을 삭제한다면 그 설교는 25분이면 충분하리라는 생각을 하면서 귀한 시간을 낭비하고 있다는 생각을 거듭하게 되었습니다. 이러한 면에 설교자들은 관심을 두었으면 합니다. 여기에 대한 의견을 듣고 싶습니다.

A 질문하신 분이 느낀 문제는 일찍부터 지적되어 온 문제입니다. 설교는 필요한 말만을 해야 하는 것이 원칙입니다. 이 원칙을 벗어났을 때는 많은 문제점들이 발생됩니다. 이 문제들은 설교의 초점을 흐리게 할 뿐만 아니라 회중이 메시지의 방향을 잡지 못하게도 합니다. 또한 설교자는 지루함을 면하기 위하여 잡다한 말들을 사용하지만 그 자체가 설교의 시간을

연장시키고 지루함을 더해 줍니다.

지적하신 문제는 설교를 질서정연하게 원고에 정리하지 않았을 때 가장 많이 발생합니다. 간결한 문장으로 정리되어 나온 말과 즉흥적으로 구사된 말에는 차이가 많습니다. 뿐만 아니라 설교의 자료가 빈약할 때 짧게 인용할 예화나 기타의 자료를 무한정 늘리는 경우를 봅니다.

예를 들면, 한국교회가 언제나 자랑스럽게 생각하는 순교자 주기철 목사님은 다음과 같은 말을 남겼다고 하면서 한두 문장을 인용하면 되는 경우입니다. 여기에 필요한 시간은 불과 20초면 충분합니다. 그런데 어떤 설교자는 이 한마디를 인용하기 위하여 그분의 생애 전체를 10분에 걸쳐 나열한 후에 그 설교에 필요한 자료를 인용합니다. 이러한 경우 설교자는 하나의 예화를 가지고 흥미를 유발시켰다고 할 수 있으나 회중은 메시지의 줄기를 벗어나서 이야기 속에 파묻히게 되고 갈피를 잡지 못하는 경우가 너무나 많습니다.

그래서 설교자는 전하고자 하는 뜻을 충분히 나타내면서도 그 서술이 간결하게 엮어지는 문장의 구사에 절대적인 관심을 가져야 합니다. 설교자가 명심해야 할 것은 자신의 설교 속에 시간만 소비하면서 이어지는 허튼 소리의 사용과 사고의 명료함에 보탬이 되지 않는 말들을 삭제하는 일입니다. 그리고 복잡한 문장의 사용을 피하는 연습도 매우 필요합니다. 설교마다 허황하고 별의미도 없는 말들을 버리고 간결하고 산뜻한 어휘들로 문장이 구성되어야 합니다. 그럴 때 회중은 더욱 흥미를 갖게 되고 그 간결한 메시지를 가슴에 안고 집으로 돌아갑니다.

저는 설교자로서 제 자신의 언어 표현에 문제가 있음을
알고 무척 고민하고 있습니다. 특별히 문장 구성에 나타난
문제점은 심각할 정도입니다. 문장체로 이어질 때는 듣는
사람들이 별로 관심을 갖지 않고 있는 듯합니다. 그러나
어느 날 나의 설교를 받아 쓴 분으로부터 나의 설교 문장
에 많은 문제점이 있다는 평가를 받았습니다. 이러한 평가
를 내 스스로 확인하기 위하여 지난 주일 설교 테이프를
가져가다 글로 다시 옮겨 보면서 내 스스로 놀랐습니다.
때로는 나의 문장은 문법을 벗어나 주어도 없는 경우가 많
음을 발견하였습니다. 그리고 한 문장이 10줄쯤 끝없이 이
어지다가 끝이 나는 것을 발견하게 되었습니다. 이러한
모순을 최근에야 발견하고 저는 새삼스럽게 그 동안 나의
설교를 불평 없이 들어준 교인들에게 죄스러운 생각을 갖
게 되었습니다. 그 후부터 저는 깊은 고민에 빠져 있습니
다. 저의 고민에 대해 따뜻한 충고를 해 주셨으면 합니다.

질문하신 분이 가지고 있는 고민은 어느 특정인의 문제
가 아닙니다. 한국의 설교자들 가운데 상당히 많은 숫자
가 동일한 고민을 하고 있습니다. 많은 설교자들 중 일찍부터 목
사가 되어 설교하겠다는 계획을 세우고 초등학교부터 출발한 사
람은 없습니다. 설교자마다 자신의 미래를 일찍부터 알고 출발한
다면 거기에 맞은 여러 가지의 준비를 갖출 수 있습니다. 그러나
대부분이 대학과정을 거친 다음에 목사가 될 것을 결정합니다.
때로는 목사의 길과는 전혀 무관한 직업에서 종사하다가 소명을
받고 목사가 되기 위하여 신학교를 찾는 경우도 많이 있습니다.

그렇기 때문에 설교자가 되기 위한 우리말 공부나 문장 교육을 거의 받지 못한 상태에서 신학 교육을 받게 됩니다. 그리고 목사가 되어 설교하게 됩니다. 이러한 결과로 설교자들이 빈약한 문장의 실력을 갖추게 되고 문법적으로 문제가 많은 문장을 구어체로 구사하게 됩니다.

　질문자가 뒤늦게나마 자신이 구사한 문장에 문제가 많은 것을 발견한 것을 다행으로 생각합니다. 이제부터라도 설교를 원고화하는 것을 원칙으로 정하고 설교를 준비하시기를 먼저 말씀드립니다. 한국의 언어는 알타이어족에 속하기 때문에 1인칭 주어를 생략하는 경우가 너무나 빈번합니다. 예를 들어 자신의 사랑하는 아내에게 "여보! 사랑하오."라고 하지 "여보! 나는 당신을 사랑하오."라고 말하지 않습니다. 가장 많이 사용하는 말을 자세히 관찰하시면 1인칭 단수를 전혀 사용하지 않는 특색이 우리말에 있음을 알게 됩니다. 자신의 설교를 영어로 번역을 시도해 보면 이러한 문제를 분명하게 발견하게 됩니다. 정확한 문법에 의하여 구성된 영어 문장을 눈여겨보시면 우리들의 문장 구성에 문제점이 심각함을 바로 발견하게 됩니다. 이러한 언어 습관이 우리의 설교에도 깊이 파고들어 있습니다. 그 결과 1인칭 단수, 즉 말하는 주체를 생략하는 것으로 끝나지 않고 일반 문장의 주어도 예사로 생략하면서 설교하는 습관이 형성되고 있습니다. 이러한 배경을 이해하는 설교자들은 스스로 이 함정에서 벗어나려고 몸부림칩니다.

　우리의 설교자들은 반드시 기본적인 문법을 익혀야 합니다. 설교자는 자신이 말하고자 하는 내용을 분명한 문장으로 작성하고 발표해야 합니다. 회중이 듣는데 아무런 부담을 느끼지 않도

록 간결한 문장이 되도록 해야 합니다. 웨터스푼과 같은 설교자
는 "문법 과정은 너무나 유용하고 필요한 것이므로 무시될 수 없
는 수사학의 작업 도구들이다."라는 말을 남긴 적이 있습니다.

　　회중의 입장에서 설교 시간에 가장 싫어하는 것이 제직
회나 당회나 심방 등에서 발생한 이야기를 하는 경우입니
다. 칭찬의 경우도 싫어합니다. 어느 특정한 개인이 설교
중에 칭찬을 받는 것이 그렇게 권장할 만한 일이 아니기
때문입니다. 또한 부정적인 비판이나 책망의 말은 더욱 싫
습니다. 우리 교인들은 설교자의 사병이 아닙니다. 자신의
주관적인 감정을 섞어서 교회 내에서 발생된 어떤 사건이
나 인물에게 초점을 맞추어 설교하는 것은 더욱 싫습니다.
저의 이러한 견해를 설교학 교수님은 어떻게 보시는지 듣
고 싶습니다.

　　말씀하신 문제는 모든 설교자들에게 해당된 말이 아니
고 극소수의 설교자들에게 해당된 지적이라고 생각합니
다. 지적하신 문제는 설교자의 상식에 해당된 것이기 때문입니
다. 설교자가 작성한 원고에는 교인들에게 거부감을 주는 그러한
문제가 없으리라 봅니다. 그러나 즉흥적으로 떠오르는 생각을 붙
잡고 준비가 되어 있지 않았던 내용을 그대로 말로 옮길 때 흔
히 범하는 실수입니다. 저는 설교를 목회의 수단으로 삼는 것이
매우 위험한 일임을 일찍부터 지적해 오고 있습니다. 설교자가
교회의 여러 회의에서 자기 뜻대로 되지 않은 문제나 불쾌했던
문제를 설교를 통하여 언급하려는 사고는 절대로 권장할 수 없

는 일입니다.

하나님의 말씀을 선포하고 해석하고 회중의 삶에 현장화시켜야 할 설교자가 자신이 불쾌하게 느낀 바를 그대로 토로하는 것은 설교자의 본 상태가 아닙니다. 말씀만을 운반해야 할 설교자가 상대가 침묵할 수밖에 없는 환경에서 일방적으로 자신의 개인 감정을 토로함은 설교의 본질을 모르는 행위입니다. 이것은 설교이기 전에 설교자의 스트레스를 푸는 감정의 정화(Catharsis)입니다. 속이 좀 후련해지는 그 느낌에 맛을 들이게 되면 이것은 바로 상습화됩니다. 이것이 상습화되어 자주 발생하게 되면 회중은 서서히 떠나게 됨을 알아야 합니다. 목사가 그럴 수밖에 없는 원인 제공을 하고 있는 회중에게도 책임이 있습니다. 그러나 설교의 본질은 그러한 인간 감정이 개입할 수 없다는 데에 있습니다.

대화의 정리

어느 설교학자는 한 단어로 충분한 곳에 구태여 두 단어를 사용하지 말라는 말을 남겼다. 설교자가 설교의 권위를 상실하는 요인 중의 하나가 바로 불필요한 언어와 표현을 일삼고 있는 데 있다. 회중은 설교자의 언어 사용에 매우 민감하다. 의미 없는 말을 시간을 끌면서 나열하고 있을 때 그들은 서슴없이 거부반응을 일으킨다. 그들은 설교자가 설교 준비가 빈약하여 시간을 채우기 위한 진실하지 않은 행위를 하고 있다고 판단한다.

또 한편으로 설교자가 자신의 지식을 나열하면서 수준 높은 설교 문장을 구상하고 차원 높은 사고를 유발하려는 의도 역시 회중의 공감대를 형성하는 데 어려움을 겪는다. 교회란 특수한 집단들이 무엇을 연구하기 위하여 모인 곳이 아니다. 평범한 사람들이 자신들의 삶에 주어진 메시지를 찾고 있다. 그 메시지를 기다리는 사람들의 손에는 이미 언급한 대로 원어나 외래어를 찾으면서 듣기 위한 사전이 준비되어 있지 않다. 그러한 준비는 설교자에게 필요한 도구일 뿐이다. 회중은 머리를 회전하면서 애써 설교를 들으려 하지 않는다. 여기에 설교자의 깊은 관심이 모아져야 한다.

설교는 그 시대, 그 장소에서 통용되는 커뮤니케이션을 기본 도구로 사용해야 한다. 그럴 때 설교자의 파트너들은 마음을 열고 귀를 연다. 자신의 범주를 벗어난 설교자에게는 멀리서 쳐다볼 뿐 다가오지 않는다. 그러면서도 진지하고 신실한 언어를 추구한다. 잡다한 이야기로 자신들이 드리는 예배에서 시간을 낭비하고 있는 설교자에게는 존경보다는 경멸을 보내는 무서운 비판자로 돌변한다. 그래서 설교자는 설교를 기록하고 읽고 수정하고 익히는 준비를 철저히 해야 한다.

한국의 설교자가 안고 있는 언어의 병폐
"… 것입니다."

지난 주제에서 설교자들의 장황한 언어 사용의 문제를 지적하여 주셔서 진심으로 감사합니다. 저는 지난 주제의 내용을 보면서 저와 같이 설교를 듣는 평신도로서 설교자의 간결하지 못한 언어 사용을 불만스럽게 생각하는 사람들이 많다는 것을 다시 한번 확인하게 되었습니다. 앞으로도 고삐를 늦추지 마시고 이러한 문제를 늘 설교자들에게 지속적으로 일깨워 주시면 합니다.

설교에 깊은 관심을 가져 주시니 고맙습니다. 사실은 설교에 대한 예리한 평가와 불만이 있어야 비로소 설교의 발전이 있을 수 있습니다. 그러나 한국교회는 설교자에 대한 이해를 먼저 해야 합니다.

무엇보다도 한국교회 설교자들은 세계 어느 나라 교회의 목사보다 설교를 많이 해야 하는 분들이십니다. 한 주일에 10회 이상의 설교를 해야 하는 막중한 부담이 언제나 한국의 설교자들에게는 따르고 있습니다. 그 결과 어휘는 반복될 수밖에 없고 문장을 다듬기에는 시간이 모자랍니다. 거기에 더하여 설교의 자료는 샘물처럼 솟아나는 것이 아니라 스스로 찾아야 합니다. 거기에 더하여 목회자의 시간을 빼앗는 교인들의 요구는 쉬지를 않습니다.

설교자의 이러한 딱한 사정들을 한국교회의 회중은 거의 고려하지 않고 있습니다. 그러나 현실적으로 회중은 설교자의 제한된 시간이나 자료의 제한성 등은 거의 생각하지 않고 있습니다. 오직 신선한 설교와 감동과 은혜가 차고 넘치는 설교만을 요구합니다. 이러한 요구가 채워지지 않고 어휘가 늘 반복되고 다듬어지지 않은 문장이 나열되며 잡다한 언어가 가득할 때 설교에 대한 싫증과 반감을 쉽게 갖게 됩니다.

설교자들이 이러한 문제를 언제나 염두에 두고 설교의 발전을 가져오도록 저는 설교학 교수로서 노력을 쉬지 않겠습니다. 그러나 설교를 듣는 회중도 설교 사역의 동참자들로서 설교자들이 보다 신선하고 알찬 설교를 할 수 있도록 기도와 함께 적극적인 도움을 주실 수 있기를 부탁드립니다.

저는 대학 때 국문학을 전공한 평신도입니다. 저의 대학 시절 전공이 학문적으로는 깊지 못합니다. 그러나 설교자의 언어나 표현에서 순수한 한국 언어의 구사가 제대로 되지 못하고 있음은 바로 알 수 있습니다. 저는 신학교에 다니는 친구에게 신학교에서는 미래의 설교자들을 위한 교육 과정에 국문학 교수에 의한 언어 교육이 있는지 물어보았습니다. 전혀 없다는 말을 듣고 저는 실로 놀라움을 금하지 못했습니다. 그리고 한국교회 강단에 선 설교자들이 사용하는 언어가 그토록 빈약하고 오류가 많은 이유를 알게 되었습니다. 저는 언제나 설교가 단순한 의사소통이 아니라고 생각합니다. 설교란 인간의 생각이나 사상 또는 지식을 교류하는 수준을 넘어서 하나님의 말씀을 선포하는 실로 중요한 사명이라고 생각합니다. 그렇기 때문에 어느 현장보다 바르게 언어가 사용되어야 합니다. 그러기 위해서는 바른 말과 글을 위한 교육이 설교자들에게 주어져야 한다고 생각합니다. 여기에 대하여 교수님은 어떻게 생각하시는지 의견을 듣고 싶습니다.

A 옳으신 지적입니다. 22년을 설교학 교육에 몸담아 온 저에게 주신 바른 질책의 말씀입니다. 부끄럽게 생각합니다. 솔직히 그 동안 제가 봉직하고 있는 장신대에서는 설교자를 위한 언어 교육이 전혀 없었습니다. 지금도 없습니다. 미국의 신학교에서는 흔히 볼 수 있는 과목인데 지금껏 우리들은 이 분야의 교육을 전혀 시키지 못한 채 수많은 설교자를 배출했습니다.

저는 개인적으로 일찍이 이 분야에 깊은 관심을 가지고 있었습니다. 솔직히 제 자신도 한국교회의 회중에게 한국말로 설교를 하면서 나의 용어에 확신을 갖지 못했던 경우가 많았습니다. 그 이유는 내 자신이 이러한 교육을 받지 못하였기 때문입니다. 이제야 우리말과 글을 바르게 쓰기 위하여 책을 보면서 자책과 부끄러움을 통감할 때가 많습니다.

그 필요성을 설교학 교육에서 절감하면서 그 동안 국문학과 설교학을 전공한 인물을 찾고 있었습니다. 최근에 국문학 박사로서 신학교에 입학하여 설교학을 석사과정까지 전공한 인재들이 나타나고 있습니다. 저는 지체함이 없이 이러한 학자들에게 한국의 설교자들이 우리 언어를 바르고 곱게 사용할 수 있는 과목을 열어 줄 수 있는지를 타진한 바 있습니다. 2003년부터는 저희 학교부터 이러한 교육이 실시될 수 있도록 주선하고 있습니다. 뿐만 아니라 제가 관여하고 있는 사이버 설교대학원(www.21preaching.com)에서 이 과목을 바로 개설하도록 결정한 바 있음도 알려 드립니다.

저 역시 설교자의 한국말 사용에 대하여 불만이 많은 평신도입니다. 우리 목사님에 대해 주변에서 세계적인 부흥사라는 말을 많이 합니다. 그런데 한국말 사용에 있어서 이상한 습관이 있습니다. 말끝마다 "… 것입니다."를 거의 빼놓지 않고 사용합니다. 너무 심하십니다. 저는 그 표현에 거부감이 너무 심하여 어느 유명한 목사님이 시무하시는 교회에 나가서 몇 차례 설교를 들었습니다. 이게 어찌된 영문입니까? 그분 역시 "… 것입니다."를 계속 사용하셨습니다. 최근에는 인터넷을 통하여 여러 목사님의 설교를 듣고 있습니다. 모두가 한결같이 "… 것입니다."를 아무런 여과 없이 문장 끝마다 계속하고 있습니다. 아무런 뜻도 내포하지 않고 습관적으로 거의 모두가 "… 것입니다."를 사용함을 보면서 저는 놀람과 실망을 금하지 못합니다. 여기에 대하여 교수님은 분석이나 연구를 해 보신 적이 있으신지요?

A 감사합니다. 이러한 예리한 지적들이 계속적으로 이어지기를 바라는 마음 간절합니다. 저는 말씀하신 한국교회 설교자들의 만성적인 언어의 병으로 나타나고 있는 "… 것입니다."에 대한 문제를 5년 전에야 발견했습니다. 그리고 이 병적인 현상에 대하여 몇 편의 글과 졸저 「그것은 이것입니다」를 통하여 애타게 부르짖고 있습니다. 신학대학원 '설교의 실제' 시간에는 이러한 표현이 나오면 아예 학점과 연계시키는 강력한 조치를 취하면서 교육을 시키고 있습니다.

말씀하신 "… 것입니다."의 문제는 심각한 단계를 지나서 중증의 언어질환에 와 있습니다. 이 문제에 대하여 깊은 관심을 가지고 설교를 듣노라면 가슴에 통증을 느낄 정도로 설교자들이 사용하고 있습니다. 어느 날 중요한 행사에 참석하였다가 교단장이 그의 설교에서 무차별적으로 사용하는 "… 것입니다."를 들으면서 한숨을 숨기지 못했습니다. 그분은 10분의 설교에서 문장마다 다음과 같이 "… 것입니다."의 병에 걸려 있음을 발견하게 되었습니다.

"… 이라 할 수 있을 것입니다."
"… 하여야 할 것입니다."
"… 되어야 하는 것입니다."
"… 되는 것입니다."
"… 기원하는 것입니다."
"… 바라는 것입니다."
"… 생각하는 것입니다."
"… 믿는 것입니다."

저는 그분이 자신이 사용하는 언어에 대하여 아무런 조심성이 없이 무차별적으로 "… 것입니다."로 종결어미의 거의 전부를 장식함을 보면서 안타까움을 금할 수 없었습니다.

어떤 분의 경우 문장의 종결어가 아니라 문장 안에서도 무수히 사용하는 경우가 다음과 같이 나타나고 있습니다.

사도바울이 말씀하신 *것이* 어떤 의미를 주고 있는 *것인지* 분명히 알아야 할 *것이*라고 저는 다시 한번 강조하는 *것입니다.*

이러한 설교자의 말을 조금만 음미해 보면 참으로 가소롭기 짝이 없는 표현들입니다. 이러한 현상이 설교자들의 언어 세계라고 생각할 때마다 우리말을 바로 쓸 수 있는 교육의 필요성은 절박해집니다. 조금만 마음을 쓰면 아주 자연스럽고 부드럽고 친근한 우리말로 다음과 같이 바꾸어 표현하게 됩니다.

사도바울의 말씀이 어떤 의미를 주고 있는지 분명히 알아야 함을 저는 다시 한번 강조하는 바입니다.

Q 저는 설교자로서 위의 답변을 보면서 심각한 충격을 받고 있습니다. 저 자신이 설교에서 "… 것입니다."의 종결어를 무수히 사용하여 왔음을 솔직히 인정합니다. 이제부터라도 잘못된 언어 습관에서 벗어나도록 노력하겠습니다. 솔직히 이 언어의 질병과 같은 현상을 알게 된 후에 많은 설교자들이 강단에서 "… 것입니다."를 남발하는 것을 볼 때마다 설교자들이 얼마나 언어 사용에 주의를 기울이지 않

는지를 바로 알게 됩니다. 그리고 그러한 표현이 얼마나 천박하게 보이는지도 느끼게 되었습니다. 바로 이러한 병적인 세계로부터 벗어날 것을 다짐합니다.

그러나 저는 그러한 현상을 지적하는 데 만족하고 싶지 않습니다. 설교자들이 사용하는 우리말이 그렇게 오염이 되기까지의 원인을 듣고 싶습니다. 그리고 그 대안은 무엇인지 말씀해 주셨으면 합니다.

A 말에 대한 사전적 의미는 사람의 생각이나 느낌 등을 표현하고 전달하는데 쓰는 음성 기호입니다. 그 음성기호는 성대를 통하여 조직적으로 나타나는 소리로서 인간이 고등동물로 분류되는 중요한 요소이기도 합니다. 이러한 언어는 일정한 문화권에서 사는 인간이라는 공동체가 살아가는 일상생활에서 생성되고 소통됩니다. 그래서 동일한 문화권의 공동체는 그 언어를 하나의 계약으로 여기고 그 계약된 언어 속에서 한 사회와 국가를 형성합니다.

우리 민족은 단일 민족으로 긴 역사를 가지고 있으나 언어에는 한문의 영향에 많이 젖어 있고 일본의 통치 속에서 스며든 상처들로 매우 많습니다. 여기서 지적하고 있는 "것이다"는 원래 우리말에도 있으나 그것을 사용하는 폭은 매우 제한적입니다. 불완전 명사로서 소유를 일컬을 때의 '네 것', '내 것', 무엇을 지정하여 가리킬 때 '그것', '이것', '저것' 정도이며 미래를 말할 때 종종 '할 것이다', '될 것이다' 정도로 사용할 뿐 그 외에는 별로 사용하지 않습니다. 여기에 대하여 좀더 자세히 알고 싶은 분들은 이오덕의 「우리글 바로쓰기」 293쪽을 보시면 더 많은 도움을 받을 수 있습니다.

　　어머니 앞에서 "내가 어머니를 사랑하는 것입니다.", "어머니! 내가 배가 고픈 것입니다."라고 말하는 사람이 있겠습니까? 그러나 설교자는 "우리가 하나님을 사랑하는 것입니다", "하나님이 일용할 양식을 주실 것을 믿는 것입니다." 따위의 어이없는 표현을 합니다.

　　기독교의 설교에서 이러한 표현이 지나치게 범람하는 이유는 일본어로 된 신학 서적들을 우리말로 옮겨 올 때 함께 실려 온 결과라고 국어학자들은 말하고 있습니다. 일본어에서 번역해 온 우리 책들을 살펴본 어느 국어학자는 우리말의 특성을 살리지 못하고 일본말을 따라가다 이러한 언어의 재앙이 발생되었다고 합니다. 일본에서 신학을 공부하고 돌아와 한국의 신학계에서 활동했던 분들이 남긴 많은 설교집이나 책을 보면 이러한 현상들이 뚜렷하게 나타나고 있습니다. 많은 설교자는 '것이다'라는 표현으로 가득한 번역서를 가지고 공부하였습니다. 그리고 공식 석상에서 말할 때 이러한 '것이다'를 사용함이 당연한 줄 아는 착각 속에 이어져 왔습니다.

　　대안은 간단합니다. "… 것입니다."를 삭제하면 해결됩니다. 저의 말과 글에서 앞에서 말한 대로 소유나 지칭, 또는 미래의 기대를 말하는 것 외에 "것이다"는 표현을 억제하면 자연스럽고 깔끔한 언어가 됩니다. 예를 들면 다음과 같습니다.

"하여야 할 것입니다." ↦ 해야 합니다.
"믿는 것입니다." ↦ 믿습니다.
"되어야 하는 것입니다." ↦ 되어야 합니다.
"생각하는 것입니다." ↦ 생각합니다.

“기원하는 것입니다.” → 기원합니다.

한국의 설교자들이 국어를 사용하는데 그릇 사용하고 있는 언어의 탈선이 지적하신 “것이다”뿐이라고 생각하시는지요? 저의 생각은 그 외에도 많은 표현에서 실수를 범하고 있다는 생각이 듭니다. 좀더 많은 부분을 분석하여 지적하여 주시면 바른 말을 사용하는 설교자가 되는 데 큰 도움이 되겠습니다.

예! 이번 주제에서는 “… 것입니다.”만을 설명하기에도 지면이 부족할 정도입니다. 그 외에도 설교자들의 설교 언어는 오류가 많습니다. 그 동안 들추지 않고 살아온 누적된 언어의 병폐가 심각할 지경에 도달하고 있습니다. 생각하면 설교자에게 우선적으로 시급한 것은 바른 말 바른 글을 사용하는 일입니다.

저는 이러한 부분의 중요성을 인식하면서 다음 주제에도 이어서 설교자들이 사용하는 우리말의 모순되는 부분과 그 교정을 다루려고 합니다.

대화의 정리

어느 아나운서 출신 언어 전문가는 “한국어를 오염시키는 주범은 설교하는 목사들이다.”라는 말을 필자에게 서슴없이 들려준 바 있다. 언제인가 코미디언들이 TV에서 대화를 나누면서 목사의 잘못된 언어 표현을 흉내 내는 장면을 보았다. 그 장면 앞에서 필자는 쓸쓸한 모멸감으로 나의 심장이 박동치는 것을 느꼈다.

설교자는 수많은 시간 말이라는 매체를 통하여 메시지를 전하기 위하여 회중 앞에 선다. 그 말은 사전을 찾아가면서 들어야 할 언어가 아니고 지체 없이 듣고 이해되어야 할 설교자와 회중이 공유하는 말이다. 이 말은 그 사회에서 통용되고 있는 계약된 언어이다.

한국의 설교자들이 그토록 흔하게 사용하는 "… 것입니다."가 우리의 일상생활에서 사용하는 언어에는 좀처럼 나타나지 않는다. 그런데 유난히도 설교자만이 이 병들어 있는 언어를 고집스럽게 사용하고 있다. 그 이유는 설교자가 자신의 언어가 안고 있는 병적인 요소가 무엇인지를 알지 못하기 때문이다. 아니면 자신의 언어생활에 무심하기 때문이다.

어느 날 나의 동료 교수가 채플에서 중요한 설교를 한 적이 있었다. 그런데 그 교수는 그의 설교에서 계속하여 "… 것입니다."로 말끝을 맺고 있었다. 필자는 설교 후에 그의 연구실 문을 열고 다음과 같은 말을 하였다.

"오늘 설교 말씀 좋았던 것입니다."

"말끝마다 '것입니다.'를 계속하였던 것입니다."

"'것입니다.'를 안 쓰는 것이 좋은 것이라고 나는 말하는 것입니다."

"나 이제 가는 것입니다. 안녕히 계시는 것입니다."

음미해 보면 나는 웃기는 표현이 아니라 말이 아닌 말을 반복하고 있었다. 동료 교수는 처음에는 당황하다가 그만 나와 함께 폭소를 터뜨리고 말았다. 그리고 몇 일 후 그가 정중하게 나에게 들려준 말이 있었다.

"이제 나의 설교에서뿐만 아니라 나의 글에서도 '것이다'를 최대한 억제하렵니다."

말씀보다 높은 자리에 서 있는
한국 설교자의 언어 형태

지난 주제에서 말씀해 주신 "것입니다."의 사용에 대한 지적을 읽고서 저의 귀와 입은 새롭게 긴장되어 있습니다. 지난 한 달 동안 저는 녹음된 저의 설교와 인터넷을 통한 동료들의 설교를 주의 깊게 들었습니다. 참으로 놀라운 일이었습니다. 그렇게 무가치하고 아무런 뜻도 수반하지 않는 "것입니다."를 계속하여 사용한 점을 새삼 부끄럽게 생각합니다. 그리고 말끝마다 이어진 "것입니다."를 들을 때마다 구토가 날 정도로 미워지는 감정도 갖게 되었습니다.

저는 지적하신 "… 것입니다."의 문제가 매우 심각함을 누구보다 생생하게 경험하면서 이러한 심각한 언어의 병폐가 지금까지 지적되지 않고 지내온 점에 대하여 궁금한 마음을 품게 되었습니다. 교수님은 이러한 문제를 어떤 동기에서 발견하게 되었는지를 듣고 싶습니다.

A 저는 설교학 교수로서 23년째에 진입하고 있습니다. 연륜이 쌓일수록 아쉽게 생각하는 것은 설교자들이 갖추어야 할 국어의 기본 실력이 매우 미흡하다는 사실입니다. 제 자신이 대학 때 영문학보다는 국어학을 전공했었더라면 나의 설교학 강의에 큰 도움을 받을 수 있었으리라 생각하고 있습니다.

그 이유는 한국의 설교자들이 사용하는 국어가 너무 부정확하고 때로는 우리 언어에 큰 상처를 입히는 주인공들임을 알게 되었기 때문입니다. 그리고 내 자신도 설교할 때마다 우리말을 정확하게 사용하지 못하는 실수를 종종 범하고 있기 때문입니다.

저는 설교학 교수로서 매년 2학기가 되면 한 주일에 20편이 넘는 설교를 듣고 평가를 해야 합니다. 그런데 수년 전에 학생들의 설교에서 모두가 한결같이 "… 것입니다."를 문장마다 사용하고 있음을 알게 되었습니다. 유년주일학교 시절부터 지금까지 들어온 말인데 처음으로 저의 귀에 거슬리게 들림을 느끼게 되었습니다. 저는 바로 이 분야의 책들을 찾기 시작했고 그 문제의 심각함을 알게 되었습니다. 지금 생각하면 성령님은 이 작은 종의 귀를 열어 주셔서 하나님의 말씀 사역에 필요한 또 하나의 과제를 안겨 주시고 일깨워 주셨다고 생각할 뿐입니다

Q 저는 교수님의 말씀을 들으면서 나의 전공에 대해 새로운 자부심을 느낍니다. 대학 때 국어학을 전공하고 신학대학원에 진학하여 설교자가 된 것을 하나님의 특별한 은혜로 생각하면서 감사를 드리고 있습니다. 그러나 부끄러운 것은 설교자로서 내 자신이 우리말 사용에 깊은 관심을 두지 않았다는 점입니다. 성언운반일념(聖言運搬一念)을 설교의 에토스(Ethos)로 가르쳐 주셨던 교수님의 설교학 교육

을 생각하면 늘 두려움이 앞섭니다. 특별히 바르지 못한 한마디의 언어에 의하여 설교의 기본 정신이 혼탁해지고 뒤바뀌는 경우를 많이 경험합니다. 그 때마다 설교자로서 나의 정체성이 언어와 직결됨을 느끼면서 바른 언어 사용에 깊은 관심을 두고 있습니다.

교수님께서는 한국교회 설교자들이 성언운반일념의 정신으로 설교 사역을 수행하는 데 거침돌이 되는 우리말의 표현이 어떤 것이라고 생각하시는지 말씀해 주셨으면 합니다.

A 질문의 내용을 보면서 저는 부러움과 고마움을 느낍니다. 부러운 부분은 한국 땅에서 한국인에게 한국말로 설교를 평생 동안 하셔야 할 분이 국어학을 전공하셨다는 부분입니다. 질문하신 분이 남달리 정확한 표현과 고운 말을 설교에서 사용하시리라 생각하면 부러운 생각을 감출 수가 없습니다. 그리고 감사한 부분은 부족한 교수가 그렇게도 애타게 부르짖었던 설교의 에토스인 성언운반일념(聖言運搬一念)을 지금껏 마음에 두고 하나님의 말씀을 선포하고 해석하고 회중의 삶에 유효적절하게 적용하신다는 점으로 참으로 고마운 마음 가득합니다. 부디 질문하신 분께서 하나님의 소중한 설교 도구로서 값진 삶을 지속하시기 바랍니다.

한국 설교자들이 가장 많이 사용하고 있는 말 중에 하나가 "…에 보면"이라는 표현과 "○○○도"라는 표현입니다. 예를 들면 다음과 같은 사례입니다.

그리스도인들은 언제나 긍정적인 생각과 믿음을 가지고 살아야 합니다. 긍정적인 사고는 한 인생이 험준한 세파를 헤쳐 나가는 데 절대적인 힘입니다. 더욱이 하나님의 자녀로서는 너무나 당연한 자세입니다. 빌립보서 *4:13에 보면* "내게 능력주시는 자 안에서 내가 모든 것을 할 수 있느니라."고 말씀하고 있습니다. 역시 믿는 사람들은 능력주시는 하나님 안에서 담대한 자신감을 갖추어야 합니다.

그리스도인들이 불신자들처럼 크고 작은 어려움에 직면했을 때 두려워하고 떨고 있는 것은 바른 자세가 아닙니다. 위험이나 질병을 앞에 두고 공포에 질려 있는 것도 바른 자세가 아닙니다. 하나님의 권능을 믿는 그리스도인들은 그 말씀을 믿고 머뭇거림이 없이 할 수 있다는 확신을 갖추어야 합니다. 보십시오. 일찍이 *예수님도* "믿는 자에게는 능치 못할 일이 없느니라."고 말씀하신 바 있습니다.

여기에서 사용된 "…에 보면"이라는 말과 "○○○도"라는 말에 깊은 주의를 기울여 보십시오. 대단한 오류가 담겨 있는 표현들입니다. 즉, 하나님의 말씀을 최우선으로 전달해야 하는 설교자들에게는 매우 부적절한 표현들입니다.

저에게는 지적하신 표현들이 매우 자연스럽게 보입니다. 무엇이 잘못된 것인지 쉽게 납득이 가지 않습니다. 지금까지 한국교회의 설교단에서는 위의 예문처럼 설교를 해 오며 누구도 거기에 대하여 문제를 지적하지 않았습니다. 그동안 설교를 하는 사람이나 듣는 사람들이 전혀 잘못이나 불편을 느끼지 않았습니다. 좀더 구체적으로 무엇이 잘못되었는지 설명을 해 주셨으면 합니다.

설교자들이 제시된 예문을 보면서도 문제의 심각성을 깨닫지 못하고 있음이 바로 문제입니다. 잘못된 표현을 정상적인 것으로 착각하고 살아온 우리의 지난 한 세기가 너무 길었습니다. 이미 고착되어 있는 언어에서 오류를 새삼스럽게 발견하고 바로잡아 나간다는 것은 참으로 어려운 일입니다. 비록 관습화되어 있는 표현이라도 그것이 바르지 못한 것이라고 판단되면 설교자는 지체함이 없이 고쳐나가야 합니다.

자세히 보면 앞에서 제시한 첫 예문에서 우리는 중요한 문제를 발견하게 됩니다. 그것은 설교자가 자신의 생각을 먼저 말하고 그 말을 성경으로 입증하고 있다는 사실입니다. 자신의 말이 성경의 기록과 같다는 것을 밝히고 있습니다. 두 번째의 예문도 마찬가지입니다. 자신이 말하고 있는 사실은 예수님이 하신 말씀과 동일하다고 밝히고 있습니다. 설교자들이 습관적으로 자신의 말을 먼저 하고 이어서 다음과 같은 표현을 예사로 사용합니다. "예수님도 말하기를", "사도 바울도 말하기를", "사도 베드로도 말하기를", "사도 야고보도 말하기를" 등등입니다.

물론 설교자 자신은 하나님의 말씀을 전하고 있다고 생각하시겠지요. 그러나 언어의 표현에서 나타난 내용은 자신이 생각하는 바를 말하고 그 말을 성경 구절이나 그 말의 주인공을 등장시켜 입증하고 있습니다. 이것을 가리켜 자신의 주장과 말을 입증시키는 데 성경 말씀을 입증자료(Proof Text)로 사용하는 경우라 합니다.

여기서 설교의 본질을 이해하는 사람들은 다음과 같은 질문을 진지하게 던져야 합니다.

어떤 경우에도 설교자는 성경의 진리를 하나님의 말씀으로 받아 전하는 존재일 뿐입니다. 그 이상도 이하도 아닙니다. 주신 말씀의 뜻을 헤아리기에 전심전력하는 것이 설교자의 본분입니다. 그리고 그 말씀을 사랑하는 양들의 삶의 마당에 현장화시키는 일에 최선을 기울이는 것이 말씀을 운반하여 먹이는 설교자의 진정한 자세입니다. 그렇기 때문에 어떤 경우도 하나님의 말씀을 자신의 사상과 경험과 판단에 끌어들여 자신의 주장을 합리화하려는 자료로 사용하는 일은 근본적으로 허용될 수 없습니다.

저는 그 동안 저의 말을 먼저 하고 그 말을 성경말씀으로 입증하는 데 전혀 이상함을 느끼지 않았고, 또 설교는 그렇게 해야 한다고 생각했습니다. 나의 말을 한 다음에 서슴없이 "성경 어느 책 몇 장 몇 절에 보면"이라는 말을 사용했습니다. 그리고 더 많이 사용했던 것은 나의 말을 한 다음에 "예수님도", "바울도", "요한도" 나와 같은 말을 했다고 소개하는 것이었습니다. 이제 새삼스럽게 부끄러움을 느낍니다. 생각 없이 사용해 온 언어가 그토록 중요한 오류를 범했음을 되뇌이며 그 책임을 통감하는 바입니다. 문제는 과거의 실수를 되새기는 것보다 미래를 위한 대안을 마련하는 데에 있다고 생각합니다. 한시라도 바삐 정상적인 언어를 사용하고 싶습니다. 그 대안으로 어떤 것이 있는지요?

무엇보다도 먼저 설교자의 사고에 변화가 와야 합니다. 표현을 바꾸는 것은 쉬운 일입니다. 그러나 지금껏 젖어 온 관습화된 자신의 사고에 변화가 없으면 이 문제의 해결은 매우 어려우리라 생각합니다. 그러나 다음 몇 가지를 마음에 우선적으로 두신다면 도움이 되리라 생각합니다.

먼저는, 설교자 자신의 정체성을 확립해야 합니다. 자신은 자신의 사상과 경험과 지식을 나열하기 위하여 설교단에 선 존재가 아니라 하나님의 말씀을 전하기 위하여 설교단에 서 있음을 명심해야 합니다. 그럴 때 머리와 가슴에서는 자신의 생각을 나열하거나 경험담을 들려주는 데 주안점을 두지 않습니다. 언제나 본문을 통하여 주신 말씀이 무엇인지를 먼저 말하게 됩니다.

둘째로, 구약에서 하나님의 말씀을 전하였던 선지자들의 언어 형태를 주의 깊게 볼 필요가 있습니다. 이들은 언제나 말씀을 전할 때 "여호와께서 내게 이르시되…"로 출발하면서 하나님이 들려주신 말씀을 우선적으로 전하였습니다. 이것은 현대의 설교자들이 가장 시급하게 회복해야 할 부분입니다.

셋째로, 설교는 봉독한 성경 말씀을 해석하는 일이 가장 우선적입니다. 이러한 최우선적인 일이 무엇인지를 아는 설교자는 봉독한 말씀을 먼저 선포의 차원에서 들려주고 그 말씀을 회중들이 쉽게 알아들을 수 있도록 해석해 주는 데 관심을 두어야 합니다. 앞에서 예를 들었던 문장의 선후를 다음과 같이 바꾸면 설교자는 말씀의 순수한 선포와 해석자로 보이게 됩니다.

하나님은 사도 바울을 통하여 빌립보서 4:13에서 "내게 능력주시는 자 안에서 내가 모든 것을 할 수 있느니라."는 말씀을 들려주고 있

습니다. 오늘도 인생의 험준한 세파에서 시달리고 낙심하는 그리스
도인들에게 주시는 하나님의 말씀입니다. 하나님의 자녀된 자신의
신분을 확신하는 사람은 언제나 하나님 안에서 긍정적인 생각과 믿
음을 가지고 살아야 합니다.

예수님이 복음을 전하시기에 바쁘시던 어느 날이었습니다. 한 아버
지가 귀신들려 비참한 삶을 지탱하고 있는 자식을 예수님 앞에 데리
고 와서 "하실 수 있으면 우리를 불쌍히 여기시고 도와 주십시오."
하고 간청합니다. 그 아버지에게 예수님은 "'할 수 있으면'이 무슨 말
이냐? 믿는 사람은 모든 것을 할 수 있다."고 말씀하셨습니다.
그리스도인들이 하나님을 모르는 사람들처럼 어려움에 직면했을 때
두려워하고 방황하는 것은 바른 자세가 아닙니다. 위험이나 질병을
앞에 두고 공포에 질려 있는 것도 바른 자세가 아닙니다. 믿음 안에
서 모든 것을 승리할 수 있다는 확신을 갖는 자세가 바로 우리 주님
이 원하는 자세입니다.

앞에서 보여 드린 예문에서는 간단한 두 가지의 변화가 있
을 뿐입니다. 먼저는, "빌립보서 4:13에 **보면**이 "빌립보 4:13**에
서**…라고 말씀하십니다."로 바뀌었습니다. 그리고 "예수님**도** …라
고 말한 바 있습니다."는 "예수님**은** …라고 말씀하십니다."로 바
뀌었습니다. 두 번째는, 말씀과 말씀의 주인이 뒤에서 앞부분으
로 옮겨 왔습니다.

표현이 달라진 것은 토씨의 변화에 불과하지만 그 함축된
의미는 매우 다릅니다. 달라진 토씨를 통해 드러나는 말씀의 주

체는 설교자가 아닙니다. 그러나 '보면'이나 '도'는 말씀의 주체가
은연중에 설교하는 사람입니다. 이 차이를 느낄 수만 있다면 수
정된 궤도를 달리는 것이 어려운 일은 아닙니다.

Q 동일한 메시지임에도 불구하고 간단한 토씨가 가져온 뉘
앙스와 실체의 차이가 대단함을 알게 되었습니다. 그런데
왜 이러한 표현 현상이 우리의 설교에 도입되었는지가 매
우 궁금합니다. 어떤 경로를 통하여 우리에게 이러한 표현
이 일반화되었는지 말씀해 주시면 합니다.

A 저는 두 가지의 이유 때문에 이러한 현상이 우리 앞에
서 지속되고 있다고 봅니다. 하나는, 설교학 교육의 기
본 이념(Ethos)이 확고하지 못한 데에 일차적인 원인이 있다고
봅니다. 설교자들이 말씀보다 자신의 사상과 지식과 각종 정보를
앞세워 나가는 데서 그러한 폐단이 지속될 수 있었다고 봅니다.
설교자가 성언운반일념(聖言運搬一念)을 자신의 사명으로 알고 설
교를 계속했다면 이러한 현상은 최소화되었으리라 봅니다.

둘째는, 설교를 작성하면서 학문하는 방법을 그대로 도입한
듯합니다. 학문의 현장에서 발표된 연구논문을 보십시오. 거기에
는 연구자의 주장을 뚜렷하게 펼칩니다. 그리고 이어서 자신의
주장이 근거가 있음을 밝히기 위해서 저명한 학자들이 이미 펼
쳐놓은 이론이나 통계들을 인용하면서 그 근거를 각주나 미주로
표시합니다. 즉, 자신의 주장이 정당함을 입증할 만한 텍스트
(Proof text)가 있음을 밝힙니다. 우리의 설교도 이와 같은 동일
한 형태를 취하고 있음을 보게 됩니다. 그러나 설교는 결코 논문

이나 설교자의 학설이 아닙니다. 순수하게 주신 말씀을 전할 뿐입니다.

인간이 아무리 훌륭하고 참신한 사고를 가지고 있다 하더라도 그 생각하는 것이 어떤 형태의 언어를 통하여 들려지느냐에 따라 그 평가를 달리한다. 우리의 언어를 유심히 살펴보면 매우 섬세함을 느낀다. 모음의 장단에 따라 의미가 달라지는가 하면 토씨의 변화에 따라 의미가 달라진다.

설교는 바로 이러한 우리의 섬세한 언어를 사용하여 하나님의 말씀을 회중에게 선포하고 해석하고 적용한다. 그러한 까닭에 설교자는 자신이 사용하는 언어에 깊은 주의를 기울인다. 그렇지 않은 설교자는 수많은 실수를 범하고 회중을 당황하게 만드는 사례가 많이 발생한다.

한국 강단의 거성들 중에는 때로는 거친 언어의 남발과 함께 부끄러운 기록을 남긴 분들이 있었다. 그러나 대부분의 설교자들은 보다 더 신중한 언어의 선택과 활용에 대단한 노력을 기울였다. 그래서 그들은 우리말의 발전을 가져온 주역들이 되기도 하였다. 최근의 설교자들도 두 갈래의 길을 걷고 있음을 본다. 흥미 위주의 언어만을 골라서 회중을 웃기려고 저질 언어로 설교를 장식하는 설교자들을 본다. 그들은 때로는 비정상적인 언어들을 남발하면서 위력을 발하기도 한다. 이러한 현상은 예배 밖의 각종 집회에서 흔히 나타나고 있었는데 최근에는 예배 안에도 깊숙이 파고들어 왔음을 본다.

　　그러나 하나님의 말씀만을 전하려는 일념에 젖은 설교자들은 하나님의 말씀이 상처를 받거나 손상을 입는 일이 없도록 하기 위하여 최선의 노력을 기울인다. 최근에 나타난 많은 참신한 설교자들은 한 마디라도 설교자의 등장을 억제하고 하나님의 말씀만이 빛나게 하려는 일념을 불태운다. 그들은 자신의 말을 앞세우려는 설교자의 심성을 억제하고 바르고 고운 언어로 하나님의 말씀만을 운반하려는 노력을 기울인다. 여기서 한국교회는 새로운 설교의 서광을 기대하게 된다.

불확실한 표현은 불확실한 메시지를 남긴다

질문을 하기 전에 지난 주제에 대한 저의 느낌을 몇 자 적고 싶습니다. 지난 주제에서 지적해 주신 "…에 보면", "○○○도"에 대한 문제는 저에게 심각한 충격을 안겨 주었습니다. 그 이유는 저도 그 동안 설교하면서 이러한 표현이 정상이라고 생각하고 있었기 때문입니다. 오히려 말씀을 빛내는 표현으로 알고 시간마다 사용해 왔던 것이 저의 현실입니다. 그러나 이제 그러한 표현들이 문제가 많다는 사실을 새롭게 알게 되었습니다. 좀더 일찍 이러한 지적과 교육이 없었던 것을 참으로 아쉽게 생각합니다. 이미 굳어진 언어를 고집하는 기존 설교자들보다 미래의 설교자들에게 그 출발부터 이러한 모순을 범하지 않도록 철저한 교육을 시켜 주셨으면 합니다.

A 좋으신 말씀입니다. 언어란 사회나 개인에게 정착이 되면 시정하기가 매우 어려운 것이 사실입니다. 그러나 잘못된 언어 관습을 바로잡아 가려는 노력을 계속적으로 기울인 사람에게는 반드시 좋은 결과가 주어집니다. 저는 현재 설교 사역에 헌신하고 있는 다른 분들도 목사님처럼 문제를 인정하고 바른 언어의 사용에 최선을 기울이기를 바라는 마음을 가지고 있습니다. 설교자는 단순히 지식을 전하는 존재가 아니라 하나님의 말씀을 전하는 특수한 임무를 부여받은 특수한 신분의 사람입니다. 그러하기에 남다른 주의와 노력을 기울여야 합니다.

말씀하신 대로 목사가 되겠다고 신학교 문을 두드리고 들어온 많은 선지생도들에게 저는 바른 언어의 사용에 특별한 관심을 가지고 훈련을 시키고 있습니다. 이들이 설교를 한 다음에 교인들로부터 듣게 되는 "신선하다"라는 반응은 여러 각도에서 보아진 결과라고 생각합니다. 그러나 그 중에 가장 으뜸가는 것은 역시 언어의 사용에 있습니다. 그들이 사용하는 언어 중에 이미 지적한 "것입니다", "…에 보면", "〇〇〇도"의 표현이 없다는 데 신선함의 인상은 매우 강하게 풍기리라 확신합니다. 그들은 또한 강의와 설교가 그 내용과 표현에 많은 차이가 있음을 배우기 때문입니다. 부탁하신 대로 설교 교육의 장에서 이 문제만은 계속하여 고집스럽게 집중적으로 챙겨 나갈 것을 다짐합니다.

Q 저는 이 책을 읽으면서 많은 도전을 받고, 그리고 지금껏 생각하지 않았던 부분들을 배우고 있습니다. 특별히 우리가 계속적으로 사용해 온 언어에 이러한 모순들이 있었다는 것이 믿어지지 않을 정도입니다. 이 책을 읽는 동안 설

A 그렇습니다. 저는 이 문제를 저의 책 「그것은 이것입니
다」를 통하여 이미 발표하였습니다. 말씀하신 "… 수 있
습니다."의 표현은 불확실성을 내포한 대표적인 우리말의 한 부
분입니다. 제가 잘 아는 목사님은 누구보다 정확한 내용과 확실
한 자세를 가지고 설교를 하십니다. 그분이 사용한 어휘나 발음
에도 별로 흠잡을 부분은 없습니다. 그런데 가장 아쉬운 것은 다
음과 같은 표현이 너무 많이 나타나고 있다는 점입니다. 예를 들
면 다음과 같습니다.

… 말할 수 있습니다.
… 볼 수 있습니다.
… 들을 수 있습니다.
… 믿을 수 있습니다.
… 생각할 수 있습니다.

이러한 표현들이 너무 많아 그 교회 젊은이들은 목사님의
별명을 '수 목사'라고 지어서 부르고 있는 것을 보았습니다.
이상의 표현이 별로 문제가 되지 않게 생각될지 모르지만
설교자가 언어를 다음과 같이 구사하고 있다고 상상해 보시면

이 문제가 얼마나 심각한가를 곧 알게 됩니다.

여기서 한국의 설교자들이 한 단계 깊이 생각해야 할 부분이 있습니다. 그것은 "… 수 있습니다."는 완전한 긍정이 아니라는 사실입니다. 이것은 가능성을 나타내는 불완전한 표현입니다. 즉, "… 수 있다."는 말은 "… 수 없다."는 뜻을 언제나 수반하고 다닙니다.

이러한 표현이 설교에서 사용되었을 때에 나타나는 부정적 영향은 어떤 것들이 있다고 생각하십니까? 위의 지적에서 이러한 언어의 표현이 설교에 매우 부적절하다는 생각을 합니다. 그러나 좀더 구체적으로 설명을 해주시면 도움이 되겠습니다.

A 하나님의 말씀이 선포되어질 때는 확실성을 심어 주는 것이 설교자의 일차적인 소임입니다. 하나님의 말씀이 불확실한 표현에 휘말리게 되면 그 메시지를 듣는 회중 역시 혼돈에 빠집니다. 확실한 메시지가 그들의 가슴에 심어지지 않습니다. 설교란 하나님이 말씀하신 확고한 사실을 전하는 데 주 목적이 있습니다. 단, 설교자는 이 확실한 말씀을 회중에게 정확하게 풀어 주는 데 심혈을 기울여야 합니다. 설교자가 본문을 가지고 "이렇게 해석**할 수도 있고** 저렇게 해석**할 수도 있다**"고 말하던지 우리가 "이렇게 **믿을 수도 있고** 저렇게도 **믿을 수도 있다**"는 표현을 사용한다면 그것은 진리의 확실성을 훼손시키는 중요한 오류를 범하게 됩니다. 오직 하나의 가능성에 불과하게 하는 무서운 결과를 초래하게 됩니다.

뿐만 아니라 이러한 언어의 표현은 하나님의 말씀을 조건 없이 수용해야 할 사람에게 진리를 받아들여야 할지 판단력이 흔들리게 할 뿐만 아니라 말씀의 절대성을 의심하게 하는 결과도 가져옵니다. 결론적으로 이러한 표현은 설교의 정확성을 해치는 부정적인 결과만 많을 뿐 설교의 본질에는 도움이 되지 못합니다.

Q 일반 강의에서는 전혀 문제가 되지 않을 언어들이 설교에 등장할 때는 심각한 문제를 안고 있다는 생각을 하면 한국의 설교자와 언어의 상관관계가 매우 중요함을 다시 확인하게 됩니다. 저의 생각에는 위에서 지적하신 것 외에도 이와 비슷한 표현들이 더 있으리라 생각합니다. 혹시 이와 유사한 표현들을 찾아보셨는지요?

 예, 그 외에도 설교에서 사용해서는 안 될 불확실한 표현들이 있습니다. 예를 들면 다음과 같은 것들입니다.

…한 듯싶습니다.
…인 것 같습니다.
…처럼 보입니다.
…지도 모릅니다.

이러한 표현들도 확실한 감각을 상실한 언어들입니다. 막연한 가능성을 제시하는 것이 고작입니다. 저는 이러한 표현들을 의도적으로 연구한 것이 아니었습니다. 언젠가 학교 채플 시간에 초청된 설교자가 위의 표현들을 무수히 사용할 때 저는 깜짝 놀랐습니다. 사실 이러한 종결어는 자신이 추측한 바를 말하고 있습니다. 확실한 진리마저 그 입을 통하면 더 이상 진리가 아니라 오히려 방향이나 갈피를 잡을 수 없는 상태로 침몰됨을 느끼게 되었습니다. 설교는 자신이 추측한 바를 말하기 위한 순간이 아닙니다. 이 순간이야말로 정확한 사실의 진리를 전하는 엄숙한 순간입니다.

설교에서 상상이나 추측을 필요로 하고 그것을 서술해야 할 경우가 종종 있습니다. 그것은 설교 본문을 풀어 나갈 때 본문에 뚜렷하게 서술되지 않는 현장들이나 사건들을 접하게 되는 경우입니다. 그때 간혹 다음과 같이 추측을 수반한 서술을 하게 됩니다. 예를 들어 수가성 입구에 있던 우물가에서 예수님이 사마리아 여인에게 물을 달라고 했을 경우를 생각해 봅니다.

이럴 때 사용된 추측의 서술은 현장을 상상해 보고 말씀의
정황(context)을 생생하게 만드는 데 오히려 도움이 됩니다. 그
현장을 생생하게 오늘의 시각으로 보게 하는 데 필요합니다. 이
러한 경우는 2천 년 전의 현장을 오늘의 현장으로 끌어들이는
데 일익을 담당합니다.

그러나 말씀의 해석에서는 활용하기에 매우 힘든 표현들입
니다. 강의 시간에는 상상이나 추측을 자유롭게 말할 수 있습니
다. 그러나 설교에서 우선시 되어야 할 말씀의 해석이 그러한 상
상이나 추측으로 대체된다는 것은 부적절할 뿐만 아니라 자칫
큰 오류를 남기게 됩니다. 다음의 예문을 주시해 보면 해석을 추
측이나 상상의 표현으로 이어갈 수 없음을 알게 됩니다.

이상과 같은 문장을 설교에서 들었다고 가정을 해 보십시오.
가소로운 표현입니다. 멀리서 희미하게 쳐다보면서 그 현장과는
무관한 거리를 두는 표현입니다. 이러한 문장을 다음과 같이 바
꾸면 그 말의 감각은 전혀 달라집니다.

이상의 예문에서 추측과 상상의 서술이 얼마나 진리를 불투명하게 하는지를 곧 알게 됩니다. "…한 듯싶습니다", "…인 것 같습니다", "…처럼 보입니다", "…지도 모릅니다"를 담고 있는 문장과 삭제한 문장의 거리는 매우 다릅니다. 의미 전달이나 진리의 조명이 모두 달라집니다. 듣는 사람의 느낌도 더욱 가깝게 나타납니다. 그래서 설교를 통하여 전하고자 하는 진리는 언제나 가까우면서도 직접적인 감각을 수반하도록 최선을 다 기울여야 합니다. 먼 거리에서 쳐다보는 감각을 풍기는 문장들은 최대한 피해야 합니다.

Q 위에서 지적하신 문제와 그 분석을 보면서 십분 공감합니다. 문제는 지적하신 표현들을 우리의 설교자들이 서슴없이 사용하게 되는 원인을 이해할 수 없습니다. 단순하게, 생각 없이 남발한 설교자들의 언어라고 말하기에는 무엇인가 부족한 느낌입니다. 그 원인을 분석해 보셨는지요?

A 저는 이 문제에 대하여 두 가지의 견해를 가지고 있습니다. 먼저는, 흔히들 겸손의 미덕을 강조한 언어문화권의 영향을 받은 표현이라고 봅니다. 자신은 확실한 의지를 가지

고 있으면서도 남에게는 너무 강한 어감을 감추려는 노력의 일환으로 봅니다. 어른 앞에서 젊은 사람이 자신의 말을 다 드린 후에 "부족한 소견에 이상과 같이 말씀을 감히 드릴 수 있어도 되는지 모르겠습니다."와 같은 표현은 겸손한 예의를 수반한 표현이라고 여겨집니다. 우리의 사회에서는 확실한 종결어를 맺으면서 주장을 펼치는 사람에게는 거리감을 갖습니다. 그 사람은 언제나 자신만만하고 교만하다는 인상을 풍깁니다. 그리고 그 확고부동한 어감과 표현 때문에 주변 사람들에게 친근감을 주지 못합니다. 그래서 가급적이면 부드러운 어휘와 어감을 동원하려는 것이 일반적인 현상입니다. 둘째는, 자신감의 결여로 확실한 표현을 사용하지 못하는 경우도 종종 있습니다. "말의 뜻은 바로 이것이다."라고 말할 정도의 확신이 없는 경우는 앞에서 예로든 불확실한 표현을 종종 하게 됩니다. 어떤 설교자의 경우 다음과 같이 말하는 것을 본 적이 있습니다.

> "A라는 주석에서는 이 말씀의 뜻을 이렇게 해석하였고, B라는 주석에서는 이 말씀의 뜻을 이렇게 해석해 놓았습니다. 저는 아무래도 이 말씀의 뜻은 이렇게 해석함이 좋을 듯한데 여러분의 생각은 어떠신지 모르겠습니다."

이러한 표현이야말로 설교자로서는 도저히 상상할 수 없는 것임에 틀림이 없습니다. 이처럼 말씀에 대한 확실성을 갖지 못하는 설교자들의 경우에 앞에서 지적한 애매한 표현들을 즐겨 사용하는 경우가 있습니다.

그렇다면 설교자들은 이상에서 지적한 불확실한 표현들을 전혀 사용할 수 없다는 뜻인지요? 아니면 경우에 따라 선별하여 사용할 수 있는지요? 한국인으로서 한국어를 사용하는 교수님은 설교 중에 이러한 표현들을 어떻게 처리하시는지 듣고 싶습니다.

저는 설교자란 언제나 어휘나 문장을 선별하여 사용함이 현명하다고 말해 오고 있습니다. 언어를 많이 활용하는 사람은 어디서든지 이러한 부분에 깊은 관심을 기울여야 합니다. 그러나 설교에서는 특별한 주의가 요망됩니다. 그 이유는 강의 시간에는 잘못된 표현이나 어휘들을 정정할 수 있는 여유가 있습니다. 그러나 설교 시간에는 전혀 그러한 시간이 없습니다. 한번 던져진 말은 취소나 정정이 불가능한 것이 설교의 특성입니다. 그렇기 때문에 설교는 원고화가 되어야 하고 그 원고를 계속하여 읽고 소화하면서 모호한 표현의 부분들은 바로잡아야 합니다.

그러나 유의해야 할 것이 있습니다. 그것은 언어를 구사하는 중에 말과 표현을 선별하는 일이 그렇게 쉽지 않다는 점입니다. 관습화되어 있는 사고와 언어의 구조를 순식간에 선별한다는 것은 결코 쉬운 일이 아닙니다. 그렇기 때문에 제 자신은 별로 도움이 되지 않고 부작용을 더 많이 불러오는 언어는 아예 삭제하려는 노력을 기울이고 있습니다.

다시 말하면, '것입니다'를 비롯하여 '수 있습니다' 또는 '…인 듯싶습니다'와 같은 표현은 아예 설교 문장에서 삭제해 버립니다. 그럴 때 저의 언어 구사가 훨씬 자유롭고 활발해짐을 느낍니다. 선별을 의식한 언어의 구사는 언제나 부자연스러움과 머뭇거리면서 자연스럽지 못한 모습을 갖추게 되는 경향이 있습니다. 그래서 선별을 순간적으로 능숙하게 할 수 있으면 다행이겠지만 그렇게 하지 못하는 경우에는 아예 부작용을 수반하는 어휘나 표현은 자신의 언어권 밖에 두기를 권합니다.

대화의 정리

언어는 순수한 도구이다. 이 도구는 다른 도구와는 비교할 수 없을 정도로 살아 움직인다. 그 도구를 적재적소에 성공적으로 사용하는 사람은 대화나 삶의 장에서 존경을 받으면서 성공적인 삶을 살아간다. 이러한 명제는 야고보서를 통하여 말의 실수와 그 실수의 비중이 어떠함을 보여 주는 형태로 우리에게 이미 들려졌다. 실질적으로 언어의 구사는 말하는 사람의 인격과 사상과 신앙과 교육의 수준까지 듣는 사람이 측정할 수 있게 한다. 특별히 동일한 사건도 전해 주는 말에 따라 해석이 달라진다.

설교는 지금까지 말을 도구(means)로 삼아 전개되어 왔다. 그래서 설교자가 자신이 도구로 구사해야 할 언어에 대한 특별한 관심을 가져야 한다. 메시지만을 생각하고 그 메시지를 싣고 갈 언어에는 관심을 두지 않으면 그 설교 사역의 장래는 위태로운 항해를 하게 된다.

특별히 한국의 설교자들이 한국의 언어에 대한 빈약한 지식을 가졌을 때 따라오는 부작용은 실로 크다. 한국의 언어는 계층과 환경에 따라 곱거나 거칠게 엮어진다. 그 표현에 따라 확실하고 애매모호한 표현들이 즐비하다. 그렇기 때문에 설교자는 자신이 사용하고 있는 언어에 깊은 주의를 기울여야 한다. 진리를 전달하는 데에는 불확실한 언어의 틀을 벗어나 확실한 언어들로 다시 재포장할 수 있는 언어 능력이 있어야 한다.

설교자가 평생을 통하여 가슴에 두어야 할 것이 많다. 그 중에서도 설교에서 불확실한 언어를 사용하면 분명한 메시지마저 손상시키는 무서운 우를 범하는 말씀의 종으로 전락함을 명심해야 한다.

설교 후에 듣고 싶은 반응들이 있는데…

제가 설교 사역에서 제일 싫어하는 것은 설교가 끝난 다음에 들리는 저의 설교에 대한 부정적인 평가입니다. 하나님의 말씀을 전하면 회중이 거기에 대하여 '아멘'으로 화답하고 받아들이는 것이 정상이라고 생각합니다. 설교에 대한 긍정적인 평가를 하지 못하는 사람들은 대부분 그날의 설교가 자신의 생각과 다르거나 자신의 욕구를 충족하지 못하였기 때문이라고 생각합니다. 이들이 늘어놓는 불평과 불만의 푸념들을 일일이 마음에 둔다면 설교자는 실로 피곤합니다. 그래서 저는 어떤 부정적 평가도 외면해 버리고 싶습니다. 저의 이러한 태도에 대하여 문제가 있는지 듣고 싶습니다.

저의 생각에는 질문하신 분의 설교에 대한 이해에 몇 가지 문제가 있다고 봅니다. 먼저, 목사님은 설교를 하나님의 말씀이라고 단정적인 표현을 하셨군요. 그렇습니다. 설교는 하나님의 말씀이어야 합니다. 그러나 한국 강단에서 외치는 모든 설교가 하나님의 말씀이라고 보기에는 무리가 따릅니다. 그 이유는 하나님을 예배하는 회중 가운데 앉아서 설교를 듣고 있노라면 도저히 하나님의 말씀이라고 할 수 없는 부분들이 많기 때문입니다. 자신의 신변 이야기를 비롯하여 잡다한 예화와 수식어까지 늘어놓으면서 설교자는 그것을 하나님의 말씀이라고 단정합니다. 그리고 그 말의 마무리에는 "하나님의 말씀인 줄로 믿으면 아멘 하시오." 하는 경우를 수없이 대합니다.

설교에 대하여 칼빈은 일찍이 "인간의 입으로 나온 말은 하나님의 입을 통하여 나온 말씀과 동일하다."는 유명한 말을 남긴 바 있습니다. 그는 그 이유로서 하나님께서는 하늘로부터 직접 말씀을 선포하시는 것이 아니라 인간을 그 도구로 사용하시기 때문이라고 설명한 바 있습니다.

그러나 오늘의 설교자들이 칼빈의 말을 그대로 수용하기를 원한다면 반드시 유의해야 할 것이 있습니다. 그것은 설교자가 하나님의 말씀인 본문 말씀을 정확하게 선포하고, 바르게 해석하고, 그 말씀을 회중의 삶에 효율적으로 적용시키고 있는가의 질문에 대해 떳떳하게 대답할 수 있어야 한다는 점입니다. 이러한 요소를 지키기 위해서는 무엇보다도 설교자가 하나님의 부름을 받고 선지동산에 들어가 하나님의 말씀을 바르게 해석하기 위한 신학훈련을 정확하게 받았는지를 점검해야 합니다. 그리고 이러한 지적 훈련의 바탕 위에 설교 훈련을 쌓아야 합니다. 그럴 때 자신이 행한 설교를 하나님의 말씀이라 할 수 있는지 판단이 섭니다.

둘째는, 회중이 들려주는 설교의 평가와 그 수용의 문제입니다. 그들의 입에서 설교에 대한 불평과 불만이 일고 그것들이 설교자의 귀에 들려옴을 거부하는 질문자의 자세를 살펴보아야 합니다. 설교인은 언제나 긍정과 부정의 피드백(Feedback)에 귀를 기울여야 합니다. 피드백을 일반적으로 반응이라고 합니다. 그러나 전문적인 용어 풀이로는 정보나 질문이나 서비스 등을 받는 측에서 보여 주는 반응, 의견, 감상 등을 말합니다. 그리고 메커니즘에서는 귀환되는 신호라고 말합니다. 각종 전자 시스템이나 기계를 조작하는 세계에서 이 피드백이 없으면 한 치도 더 나갈 수 없습니다. 피드백이 있을 때에만 다음 단계에 진입하게 됩니다. 생각해 보십시오. 강의를 들은 후나 영화를 감상한 후에 반응이 반드시 있어야 합니다. 설교도 결코 일방적일 수 없습니다. 더 나아가 설교가 하나님의 말씀이라면 그 말씀을 듣는 회중은 필연적으로 반응을 보여야 합니다. 설교를 듣는 대상은 살아 있는 생명체들입니다. 그들이 보여 주는 반응이 때로는 설교자의 마음을 아프게 하더라도 거기에 겸허히 귀를 기울이는 설교자가 하나님의 말씀을 운반하는 종의 소임을 다하게 됩니다.

셋째는, 질문하신 분은 부정적인 평가는 외면하고 긍정적인 평가만 수용한다는 인상을 주고 있습니다. 만일 이것이 사실이라면 질문자는 마음을 먼저 넓혀야 합니다. 긍정도 부정도 모두 수용할 수 있는 넉넉한 선지자의 마음을 갖추어야 합니다. 부정적인 평가란 두 가지의 원인에서 나타납니다. 하나는, 설교자가 회중이 수용하기 힘든 설교를 하거나 설교가 아닌 말들을 설교하면서 하나님의 말씀이라고 강요할 때입니다. 이럴 때 회중은 심각한 고문(拷問)을 당한 듯 고통스러워합니다. 이것은 물리적인 고문보다 더 견디기 힘든 정신적인 고문이고 신앙의 갈등을 가져오는 고문입니다. 그들이 자신의 설교 현장을 떠나지 않고 부정적인 평가를 하면서도 설교자에게 보다 나은 내일의 설교를 기대한다는 것은 오히려 감사한 일입니다.

Q 저는 목사님의 설교에서 많은 은혜를 받고 사는 평신도입니다. 흔히들 회중이 목사님의 설교에 대하여 긍정적인 평가보다 부정적인 평가에 너무 치중한다는 말을 듣고 있습니다. 그러나 저 자신을 비롯하여 많은 그리스도인들이 정반대로 긍정적인 평가를 좀더 적극적으로 하고 싶어 합니다. 흔히 회중이 예배당을 나갈 때 겨우 하는 말들은 "수고했습니다. 감사합니다." 정도뿐입니다. 이러한 표현은 그 설교에서 은혜를 받았는지 그렇지 않았는지를 도무지 알 길이 없는 표현이라고 생각합니다. 저 역시 다른 말을 개발하지 못하고 동일한 인사말을 하고 예배당을 나섭니다. 그 때마다 아쉬움을 느낍니다. 정성을 기울여 하나님의 말씀을 저희들에게 들려주어 깊은 감명을 받게 해 준 목사님께 위로가 되고 격려가 되는 표현은 없을까요?

A 설교자들이 가지고 있는 공통점이 있습니다. 그것은 거의 대부분의 설교자들은 설교가 끝난 후 누구인가 자신을 찾아와 "설교를 잘했다."는 찬사를 들려주기를 바랍니다. 수고에 대한 칭찬보다는 설교 자체에 대한 아낌없는 칭찬을 해주기를 기다립니다. 사실은 회중의 인사에서 표현되는 반응은 너무 상투적입니다. "감사합니다.", "애쓰셨습니다."의 표현이 때로는 오해를 불러일으킬 소지도 있습니다. 설교자가 감동적인 설교를

하는 데는 실패했지만 땀 흘려 설교를 하느라고 고생했다는 표현으로 이해할 수도 있습니다.

그래서 저는 설교를 듣는 분들에게 은혜를 못 받았으면 "감사합니다, 애쓰셨습니다."의 표현을 하고, 은혜를 받았으면 다음과 같이 구체적인 표현을 해 달라는 청을 합니다.

"목사님! 오늘의 설교는 저의 생애에 소중한 결단을 가져오게 했습니다."
"목사님! 오늘의 설교에서 깊은 은혜와 감명을 받았습니다."
"목사님! 오늘의 말씀을 통하여 제가 고민하여 온 문제의 해답을 받았습니다."

이러한 반응은 설교자들이 가장 듣고 싶어하는 설교의 메아리입니다. 사실 설교가 끝난 다음에 나타나는 이러한 반응들은 한국교회 초기에 흔히 듣던 표현들입니다. 지금도 신실한 설교자 앞에 다가선 회중이 이러한 표현을 많이 하고 있습니다. 저는 이러한 표현들이 오늘 우리의 설교 현장에서 끊임없이 들려와야 함을 늘 강조합니다. 인위적인 환경 속에서 표현하는 것이 아니라 설교를 듣고 스스로 진솔하게 표현해야 합니다.

저는 설교자로서 회중의 반응을 매우 민감하게 여깁니다. 그들이 아무 말이 없이 듣고 있거나 졸고 있는 현장에서는 그들이 나의 설교를 경청하는지의 여부를 확인할 길이 없습니다. 그래서 저는 설교가 진행되는 동안에 그들의 반응을 듣기를 원합니다. 그 방안으로서 저는 회중이 나의 설교 문장마다 아멘으로 화답하여 주기를 바라고 그렇게 훈련을 시키고 있습니다. 그들의 입으로 나오는 "아멘"의 함성이 어느 정도인가를 통하여 저의 설교 반응을 측정합니다. 우렁찬 "아멘"의 응답이 설교 순간 가득할 때면 저는 실로 상쾌한 기분을 느끼고 즐겁고 당당하게 설교를 진행합니다. 아마 이러한 저의 생각은 한국교회의 많은 설교자들의 공통적인 현상이 아닌가 생각합니다. "아멘"의 화답으로 설교의 반응을 점검하는 것이 설교학적인 이론에는 적합한지 또는 권장할 만한 것인지 설교학 교수님의 견해를 듣고 싶습니다.

A 지금껏 기다리고 있던 매우 중요한 질문입니다. 전통적으로 기독교 문화 속에서 교회를 섬기고 있는 외국의 설교자들이 한국교회를 찾아와 놀란 부분은 바로 회중이 "아멘"으로 화답한 장면입니다. 그것도 설교 문장마다 "아멘"으로 이어질 때 그들은 매우 거북스럽게 생각하고 있습니다. 이러한 현상은 미국이나 영국의 경우 유색인(흑인)들의 교회나 오순절 계열의 교회에서 흔히 볼 수 있는 것들입니다. 그들의 예배에 참석하면 설교는 설교대로 진행되고 회중은 회중대로 "A-men!", "Praise the Lord!", "Oh Yes!", "Oh no!", "Hallelujah!"를 지속적으로 부르짖고 있습니다. 그러나 전통적인 교회에서 이러한 현상은 좀처럼 찾아보기 힘듭니다.

한국교회에 상륙한 설교 사역의 가르침은 설교가 진행되는 동안 이러한 "아멘"의 반응을 유발하도록 하는 내용이 전혀 없습니다. 오히려 우리의 고유한 정숙한 문화 속에서는 윗사람이 말을 할 때는 전혀 소음을 내지 않는 것이 일반적인 현상이었습니다. 숨소리마저 들리지 않고 경청을 하면서 그 눈길과 고개의 움직임을 통해서 설교에 대한 반응을 보여 왔습니다. 그리고 예배를 마치고 귀가 길에 자신들의 반응을 진솔하게 내놓았습니다. 정숙했던 예배의 분위기가 설교 순간에도 이어졌습니다.

그러나 1960년 후반부터 흐트러진 우리의 심령을 다시 정리하고 교회의 확산을 시도하면서 전국적으로 번지던 부흥운동에서 우리의 강단은 변질되기 시작했습니다. 예배가 아닌 집회의 현장에서는 회중의 심령에 새로운 변화를 가져오게 함이 설교의 목적이었기에 설교자의 언어 구사와 형태는 자유롭게 이어졌습니다. 그 때부터 어떤 부흥사들은 회중에게 설교 도중에 "아멘"의 화답을 강조하기 시작했습니다. 이러한 설교 풍토는 주일 예배에서 행한 설교에까지 확산되었습니다.

이러한 반응의 강조는 설교 문장의 다음과 같은 종결 어미를 통하여 자연스럽게 유도하고 있는 실정입니다. "믿습니다.", "축원합니다.", "주님의 이름으로 축원합니다.", "바랍니다.", "주님의 이름으로 부탁드립니다." 등이 바로 여기에 해당되는 종결 어미입니다. "아멘"의 화답에 숙달된 교인들은 정확한 박자를 맞추어 가면서 "아멘"의 함성을 지릅니다. 저는 이러한 화답에 만족을 느끼고 그 화답을 유도하는 설교자들에게 몇 가지 질문이 있습니다.

먼저, 회중이 외치는 "아멘"의 화답이 진정 하나님의 말씀을 받아들이면서 그 말씀의 주인이신 하나님 앞에 내놓는 고백적인 "아멘"이라고 생각하시는지요?

둘째, 설교자의 열기를 북돋아 주는데 창(唱)의 진행을 도와주는 고수들의 장단처럼 이어지는 것은 아닌지요?

셋째, 설교의 분위기를 고조시키기 위한 방편으로 설교자가

고의적으로 유도하고 있지는 않은지요?

넷째, 사용된 종결어미(終結語尾)의 주어가 설교자 자신인지 아니면 성삼위 일체 되신 하나님이신지 생각해 보셨는지요?

다섯째, 우렁차게 "아멘"의 함성을 지르고 예배를 마친 회중이 진정 그날의 메시지를 그 가슴에 얼마나 새기고 돌아가는지요?

Q 주신 답변에 놀라움을 금치 못합니다. 가장 좋은 설교의 피드백이라고 생각한 것이 가장 큰 문제성을 안고 있다는 사실에 새삼스럽게 당황하게 됩니다. 문제성이 많다는 지적에 공감을 하면서도 두 가지의 질문을 더 하고 싶습니다. 하나는, 교수님은 설교를 하실 때에 위에서 지적한 문장의 종결어미를 사용하시지 않는지요? 만일 사용하시지 않는다면 어떤 형태의 종결어미를 사용하시는지 묻고 싶습니다. 둘째는, '아멘'의 화답을 하고 있는 현장에서 발견된 실질적인 모순들을 발견하신 적이 있었는지 듣고 싶습니다.

A 저는 위에서 지적한 "주의 이름으로 축원합니다.", "믿습니다.", "바랍니다."의 종결어미를 전혀 사용하지 않습니다. 그 이유는 설교자가 축원하고 믿고 바라는 것이 설교가 아니기 때문입니다.

구약의 설교자들을 보십시오. 그들은 전하는 말마다 "하나님이 내게 이르시기를…" 하고 있습니다. 그들은 하나님이 지금 그 백성에게 무엇을 어떻게 하라고 지시하신 사실을 들려주었습니다. 그리고 그 말씀대로 살기 위하여 무엇을 어떻게 해야 함을 알려 주었습니다. 즉, 그들은 거의 자신의 생각이나 지식이나 경

험을 들려주는 사람들이 아니었습니다. 그래서 설교자가 말씀의
주체가 될 수 없습니다.

다음의 간단한 공식을 유심히 보시고 그것만 지키면 설교자가
주체가 되는 종결어미를 사용할 필요가 없습니다. "하나님은 이렇
게 말씀하셨습니다. 그 뜻은 이러한 뜻입니다. 이 말씀은 우리의
삶에 이러한 현장에 이렇게 적용되어야 합니다." 이것이 전부입
니다. 이러한 설교의 공식에는 설교자의 개인적인 바람이나 축원
의 행위가 있을 수 없습니다. 다음의 예문을 비교해 보시지요.

(나는) 사랑하는 여러분이 오늘도 충성된 모습으로 하나님을 섬기다
가 큰 칭찬을 받게 되기를 주의 이름으로 축원합니다.

이 표현은 설교자가 자신의 설교를 듣고 있는 회중이 하나
님의 칭찬받기를 빌고 원한다는 자신의 소망사항을 주님의 이름
을 넣어서 말하고 있습니다. 즉, 이 문장의 주체는 바로 설교자
입니다. 그러나 '나는' 또는 '내가'와 같은 표현은 없습니다. 이것
이 바로 알타이어에 속한 우리말의 구조입니다. 말하는 사람, 즉
일인칭 단수가 보이지 않습니다. 그래서 우리말을 주어중심의 언
어가 아니라 술어중심의 언어라 고합니다. 술어, 즉 종결어미를
듣고서야 주어가 누구인지를 알게 됩니다. 바로 위의 표현이 그
대표적인 사례입니다. 그러나 다음과 같이 바꾸어 표현하면 전혀
내용이 달라집니다.

하나님은 사랑하는 여러분이 오늘도 충성된 모습으로 하나님을 섬길
때 큰 칭찬을 아끼지 않으신다고 말씀하십니다.

　　이 문장을 자세히 보십시오. 설교자의 등장이 전혀 없습니다. 이 문장의 주체는 순수하게 말씀의 주인이신 하나님이십니다. 설교자는 오직 하나님이 하신 말씀을 그대로 전할 뿐입니다. 이것이 설교자의 기본 임무라고 저는 가르치고 실천하고 있습니다.

　　그 다음으로 질문하신 "아멘"을 강조한 현장 이야기입니다. 어느 설교자는가 설교를 하다 멈추고서는 "아멘 소리가 왜 이렇게 적습니까? 시원스럽게 큰 소리로 하시오." 하더니 아예 훈련을 시키고 있었습니다. 설교자가 사용한 말끝에 "믿습니다."가 나오면 큰 소리로 아멘을 하라고 해놓고는 자신의 음성이 적게 나올수록 회중은 더 큰 소리를 하도록 연습을 시키고 있었습니다. 실로 놀라지 않을 수 없었습니다. 하나님의 말씀을 전해야 할 설교자가 "아멘"으로 응답하는 소리가 적다고 책망을 하고 연습을 시키는 모습이야말로 참으로 부끄러운 모습이었습니다. 그렇게 강요된 "아멘"의 반응이 결코 바람직한 설교자의 자세인지를 묻지 않을 수 없습니다.

　　저는 회중이 저의 설교에 대하여 긍정적인 반응만을 보인다고 생각하지 않고 있는 설교자입니다. 설교자의 면전에서는 감히 표현하지 못한 부정적인 반응들이 당연히 있으리라 생각합니다. 교수님께서는 혹시 그들의 부정적인 반응의 내용들을 조사해 보신 적이 있으신지요? 있으시다면 그들과 나눈 부정적인 대화들을 들려주셨으면 합니다.

　　귀한 질문입니다. 설교자는 솔직히 칭찬보다는 예리한 지적에 귀를 기울일 필요가 있습니다. 특별히 설교에 대한 진솔한 평가는 설교의 발전에 절대적인 요소입니다. 저는 일찍부터 회중이 설교를 듣고 표현한 부정적인 말들을 다음과 같이 조사한 바 있습니다. 참고하시기 바랍니다.

이상과 같이 회중이 남긴 부정적인 표현들은 오늘의 설교자들이 심각하게 음미해 볼 필요가 있습니다. 이러한 지적들이 우리의 설교에서 하루속히 사라져야 합니다. 그럴 때 설교가 살고 설교자와 회중이 서로 존경과 사랑을 나누면서 하나님을 기쁘시게 하는 예배하는 공동체로 존속하게 됩니다.

대화의 정리

설교란 일방통행(one way)으로 진행될 수 없다. 비록 그 형태는 상대에게 언어로 참여할 수 있는 기회를 부여하지 않고 있으나 결코 설교자의 일방적인 독무대가 될 수 없다. 회중이 말이나 행동으로 쌍방(two way)관계를 형성하거나 참여하지 못하기에 그들은 어떤 커뮤니케이션의 현장보다 민감하다.

자신들의 의사나 느낌을 말할 수 없는 설교의 특수성 때문에 그들은 두 갈래의 반응을 보이고 있다. 하나는, 수직적인 관계 형성을 당연하게 생각하고 설교자의 입으로 나온 말은 모두 하나님의 말씀으로 수용하면서 일체의 부정적 반응을 보이지 않는 순종 또는 맹종의 자세를 갖춘 회중이 있다. 반대로 입장을 달리하는 회중은 어떤 커뮤니케이션의 현장보다 더 예리하게 설교자의 설교를 분석하고 그 타당성을 음미한다. 지성인들이 회중의 주류를 이루어 나가고 있는 우리의 교회에서는 후자의 경우가 훨씬 더 많이 확산되고 있는 실정이다.

그러한 까닭에 설교자는 회중이 말없이 설교자를 따르고 순종하던 시절이 이제 사라져가고 있는 설교 정황을 신속히 인식할 필요가 있다. 거기에 더하여 설교자가 자신이 듣고 싶은 반응을 조작하거나 강요할 수 없는 시점에 와 있다. 회중이 부르짖는 "아멘"의 함성은 그들 스스로의 판단과 의지에서 우러나와야 한다. 그리고 그 "아멘"은 하나님을 향하여 부르짖도록 해야 한다. 결코 설교자를 흥겹게 하려는 방편으로 전락되어서는 안 된다.

설교의 반응, 이것은 매우 중요하다. 회중의 진솔한 긍정과 부정의 반응에 귀를 기울이고 그것을 수용할 수 있는 선지자의 넉넉한 마음이 있어야 한다. 이 땅의 대표적인 선비였던 다산(茶山) 정약용이 「목민심서」(牧民心書)에서 "아첨을 잘하는 자는 충성되지 않고, 바른말을 잘하는 사람은 배신하지 않는다."고 한 말을 우리의 설교자들이 한 번쯤 음미해 볼 필요가 있다.

제 **23** 주제

설교 전달의 분석과 평가(1)

　　설교의 100% 성공이란 좀처럼 경험할 수 없는 일입니다. 그러나 설교자는 100% 결실을 위하여 땀과 눈물을 흘려야 합니다. 이 땀과 눈물은 단순한 내용의 구성에만 있지 않습니다. 원고화된 설교는 설교의 성공에 있어서 60%를 차지하고, 그 원고화된 설교를 얼마나 잘 소화하여 전달하느냐가 40%를 차지합니다. 이러한 연구에 의하면 설교의 전달(Delivery)은 매우 중요한 부분입니다.

　　필자는 설교학 교수의 입장에서 시간마다 미래의 한국교회 강단의 주역이 될 신학생들에게 설교 전달의 중요성을 유난히도 강조해 왔습니다. 다음의 글은 지난 22년 동안 필자가 섬기고 있는 장로회신학대학교 신학대학원에서 '설교학 개론'을 이수한 학생들이 '설교의 실제' 시간에 설교를 할 때마다 지적한 바 있는 내용들을 모아 정리한 것입니다. 이 내용들은 지난 22회를 거쳐서 문답 형식으로 거의 다루었습니다. 그러나 방대한 내용을 일

목요연하게 설교자들에게 간추려 드릴 필요가 있다고 생각하여
다음과 같이 정리해 보았습니다. 이 글은 저의 책 「한국교회의
설교학 개론」 14장에 수록된 "한국교회 설교, 그 전달의 현장"과
거의 동일함을 밝힙니다.

1. 파토스(Pathos) - 열정과 감정의 표현 문제

1-1 Pathos는 먼저 설교자의 열정을 의미한다. 이 열정은
단순한 설교자의 뜨거운 열기보다는 하나님의 말씀
을 사랑하고 그 말씀을 들어야 할 회중을 사랑하는 열정이다.

1-2 설교자는 하나님의 말씀을 증거할 때 느긋함과 안이
함을 버리고 열정과 긴장감을 가지고 단에 서야 한다.
주님의 말씀이 성도들에게 가슴에서 우러나오는 깊은 결단을 끌어
낼 수 있도록 설교자는 열정을 가져야 한다.

1-3 설교할 때 너무 기교적으로 전달해 달변가나 웅변가로
보이는 설교자가 되지 않도록 유의해야 한다. 우둔한
언변을 가졌더라도 하나님의 말씀을 바로 전하기 위해 몸부림치
고, 신령한 은혜를 사모하는 설교자로 보이는 것이 우선적이다.

1-4 하나님의 말씀을 전할 때 경솔하게 행동을 한다거나
너무 흥분하여서 모든 사람에게 평안함을 주지 못한
다면 문제가 아닐 수 없다. 반대로 너무나 차분한 나머지 분위기가
가라앉아 성도들을 지루하게 만드는 설교자 역시 역동적인 메시지
를 전달하려는 열정이 필요하다.

1-5 설교자는 뜨거운 열정과 절박한 호소력으로 선포하여
거기에 힘과 감동이 나타나야 한다. 설교자 자신도

감동받지 못하면서 성도들이 감동받기를 기대하는 것은 위선자로 가는 첫 번째 단계라고 할 수 있다. 메시지가 설교자의 머리에서만 나오고 있다면 그 설교를 통하여 어떠한 결단이나 감동도 성도들에게 줄 수 없다. 설교자 자신이 먼저 그 말씀을 통하여 은혜를 받도록 노력해야 한다.

1-6 설교자는 한 편의 설교를 위하여 수많은 노력을 기울여야 한다. 설교자가 설교를 너무 쉽게 생각하거나 말씀을 분석하는 인상이 가득할 때 회중은 그것이 목회자의 뜨거운 가슴을 거쳐서 나오는 메시지가 아니라고 느낀다. 그럴 때 메시지는 진지하지 못하고 성도들에게 아무런 감화조차 줄 수가 없게 된다. 설교자가 메시지에 깊숙이 몰입해 감화된 땀과 눈물을 보일 때 그 설교는 확신이 가득하게 된다.

1-7 설교자가 열정을 가지고 설교할 때 설교자는 적절한 음성의 강약, 고저의 사용을 통하여 그 효과를 더욱 잘 나타낼 수 있다. 그러나 내용이 수반되지 않은 열정은 허무한 것임을 명심해야 한다. 설교자가 말씀의 주인을 섬기는 모습을 열정적으로 전하여야 한다. 설교자가 사건이나 설교의 내용에 깊숙이 몰입되어 확신에 찬 설교를 하고 있다면 성도들의 가슴은 쉽게 움직이게 된다.

1-8 설교자로서 열심과 성실함, 선포 의지가 잘 드러날 때 성도들은 결단으로 마음을 향하게 된다. 설교자의 열의가 곧 회중의 가슴을 적시게 된다.

1-9 설교자에게 있어서 중요한 것은 선포력이다. 선포의 감각이 없이 설교자가 계속 본문을 논리적으로 전개하고 있다거나 설명에 머물고 있다면 그것은 심각한 문제를 유발

한다. 선포력이란 하나님 말씀의 종으로 메시지를 뿜어내는 열정의 한 장면이어야 한다.

1-10 파토스가 부족하면 심한 경우 제스처의 활용이 전혀 없는 설교를 하게 된다. 하지만 너무 자주 사용하는 것은 강조의 의미를 반감시키는 결과를 가져올 수도 있다. 반면 적절한 제스처의 활용은 성도들이 설교를 이해하는 데 많은 도움을 주며, 자신의 최저음과 최고음을 활용할 줄 아는 설교자는 자신의 감정 표현과 호소력을 이어가는 데 절대적인 도움을 받게 된다.

2. 감정 조절과 표현의 문제

2-1 배우들은 한 컷의 장면을 연출할 때 반드시 '준비'와 '감정 정리'의 단계를 거친다. 그리고 허구(fiction)를 사실인 것처럼 만드는 임무를 수행한다. 시청자는 모두가 배우의 연출대로 믿고 웃거나 눈물을 흘린다. 반면 설교자는 사실(nonfiction)을 말하는 데도 듣는 사람들은 거기에 전혀 감동받지 않는다. 설교자의 감정이 그 메시지 속에 충분히 농축되지 못하였기 때문이다.

2-2 적절하게 감정을 조절하지 못하고 선포를 통해서 자신의 감정을 실어 보내는 데에 실패한 설교자는 기계적인 모습으로 말씀을 전한다. 이러한 전달은 성도들에게 신선한 감동을 줄 수 없을 뿐더러 매우 건조한 전달 방식이 된다.

2-3 아무런 감동도 주지 못하는 설교의 또 다른 형태는 그대로 읽고 있는 형태(Rrading style)의 설교이다. 설교를 읽는다는 것은 화육된 메시지(Incarnational preaching)가 준비

되지 못하였다는 것을 입증한다.

2-4 설교자는 언제나 자신의 설교에 감정 이입이 되고 본문에 깊이 몰입한 모습을 보여 주어야 한다. 설교자의 감정이 전혀 움직이지 않고 머리만을 움직이는 듯한 인상을 준다거나 책을 읽어 주고 있는 듯한 느낌, 원고를 아직 완전히 소화하지 못해 원고를 너무 자주 바라봄으로써 원고를 대상으로 설교하는 듯한 느낌을 주어서는 안 된다.

2-5 설교자는 설교를 통해 감격적인 은혜의 운반이 있어야 하며 감격을 몰고 오는 설교자로서의 자세와 모습과 감정이 발동되어야 함은 당연하다. 그러나 거의 문장마다 감동을 일으키려는 시도는 무리이다. 또한 감동을 주기 위한 방법으로 인위적인 음성을 이용하는 것도 금물이다. 설교자들은 성도들을 감화시키는 표현을 너무 남용하지 말고 조화를 이루도록 노력해야 한다.

2-6 설교자에게는 가슴 속 깊이에서 우러나오는 호소가 있어야 한다. 감동적이고 감상적인 표현은 단순히 성대의 힘만으로는 어렵다. 감정을 잘 나타내기 위해 좀더 높고 긴 단어를 효과적으로 사용할 줄 알아야 한다. 만일 그리스도인들이 설교를 통하여 감동의 기회를 갖지 못한다면 설교는 공허한 외침이 될 우려가 크다.

3. 강의자인가? 설교자인가?

3-1 설교는 강의가 아니다. 그러나 때때로 설교도 아니고 강의도 아닌 모습으로 하나님의 말씀을 선포하는 모

습을 보면 매우 안타깝다. 특별히 힘들여 설교하기를 싫어하는 최근의 젊은 설교자들에게 이러한 문제는 더 심각하다.

3-2 하나님의 말씀을 선포하는 모습이 강의와 같고 설교자로서 열정이나 감정이입이 없으며 음정의 높낮이도 없는 경우를 종종 본다. 강의란 주제나 내용을 풀어 주기 위한 단순한 설명이다. 그러나 설교는 하나님의 말씀을 선포하고 해석하며 적용하여 하나님과 인간의 만남을 형성하는 값진 순간이다.

3-3 설교의 현장에서 회중의 마음을 아프게 하는 부분은 설교를 하는 것이 아니라 마치 성경 공부 시간에 강사가 강의하는 것 같은 모습을 보이는 경우이다. 그리고 원고에서 눈도 떼지 못하고 계속해서 원고를 읽고 있는 모습은 성도들에게 설교를 한다기보다는 책을 읽는 느낌을 준다.

3-4 미국의 신학교 설교 실습실에서 신학생들이 설교의 열정을 뿜어내지 못하고 거의 강의를 연출하는 모습으로 계속 했을 때, 어떤 설교학 교수는 "shout!!"(소리를 지르라!)를 연발하면서 설교자들이 강의 스타일로부터 탈피할 것을 특별히 주문했다는 이야기가 있다. 한국교회가 서서히 이러한 영향권에 접어들고 있음을 오늘의 신학교 설교 실습실에서 볼 수 있다.

4. 명령형(Imperative Mood)의 설교 모습

4-1 설교자가 말씀을 선포할 때 너무나 강압적이거나 명령형의 모습(Imperative mood)을 지속하는 현상이 뚜렷하다. 무엇을 명령하고 가르치는 인상과 태도로 설교하려는 모습들이 보인다. 설교자가 많은 단어에 힘을 주면서 명령적인 감각

과 강압적인 표현을 너무 자주 한다면 이로 인해 매우 고압적이고 공격적인 설교자라는 인상을 심어 줄 수 있다. 이것은 설교자로서 커다란 약점이다.

설교할 때 내내 웅변적인 감각으로 명령하는 설교는 성도들을 피곤하게 하고 선포의 효과가 반감되어 장기전이 될 수 없다. 명령적이고 고압적인 설교에 익숙해진 설교자는 아주 부드럽고 은혜로운 메시지의 선포나 목양적인 부드러운 설교가 이루어지도록 많은 노력을 기울여야 한다.

5. 몸가짐의 문제

메시지를 전달할 때 언어 외적인 표현(言語外的 表現, Non-verbal posture)이 갖는 효과를 결코 소홀히 다룰 수는 없다. 설교자는 음성언어를 통한 전달 이전에 벌써 외적 행동으로 회중에게 인상을 심어 주기 때문이다.

1) 외 모

선명하고 단정한 인상은 메시지의 전달을 원활하게 하는 소리 없는 첫 번째 언어이다. 맑고 깨끗한 설교자의 인상을 강단에서 대하는 성도들의 기쁨은 매우 크다. 티 없는 모습으로 하나님의 진리의 말씀을 확신에 차서 선포한다면 좋은 설교자이다.

차분한 모습이 아닌 놀라거나 뭔가에 쫓기는 듯한 불안한 인상으로 강단에 선다면 많은 사람들에게 똑같은 불안감을 줄 수 있음을 기억해야 한다.

5-1-3 앞머리를 단정히 하여 이마가 시원스럽게 보이도록 하고 말씀을 선포하는 도중에는 어떠한 일이 있더라도 미간을 찡그리거나 인상을 함부로 써서는 안 된다. 설교자는 언제나 밝고 편안한 모습으로 말씀을 선포하여야 한다. 그러나 설교자가 눈을 지그시 감는다거나 또는 크게 뜨는 것은 인위적인 인상을 풍긴다. 이러한 경우 진실을 의심받게 된다. 게다가 의미 없는 웃음은 오히려 역효과를 냄을 기억하고 주의해야 한다.

5-1-4 그리고 특이하고 원색적인 옷차림이나 단정하지 못한 넥타이 등은 메시지를 듣는 성도들의 주의력을 다른 곳으로 분산시키므로 특별히 주의해야 한다. 이 때는 역시 가운이나 성직자 셔츠를 입는 것이 좋다.

2) 자 세

5-2-1 설교자가 강단에 설 때는 바른 자세를 유지하여야 한다. 설교자가 강단에 등단할 때부터 마치고 내려오는 그 시간까지 정중하고 진지한 몸가짐과 단정한 자세를 처음부터 끝까지 유지해야 한다.

5-2-2 설교단에 설 때에는 설교단과 몸이 연결되어 안정된 모습을 보여 주어야 한다. 또한 자세가 단정하고 당당해야 한다. 두 어깨는 어느 한쪽으로 치우치지 않고 수평을 이루며 고개는 바로 하여야 한다. 설교단과 몸이 연결되지 않으면 성도들에게 불안한 인상을 주어 말씀 선포의 효과를 반감시킬 수 있다.

5-2-3 설교자가 강단 쪽으로 기대고 선다거나 어느 한쪽만을 바라보면서 설교한다면 다른 한쪽의 성도들은 외면당한 느낌을 받는다. 더욱이 어느 특정인에게 시선을 맞추고 설교하는 일은 설교자로서의 자질이 없는 경우이다.

5-2-4 몸의 중심이 흔들리고 양손이 별 뜻 없이 너무 자주 움직이며 시선이 불안정한 것을 바르게 교정해야 한다. 또는 몸의 움직임이 너무 없어서 생기 있는 설교자의 모습이 아닌 경직된 느낌을 주어서도 안 된다.

5-2-5 설교자가 설교할 때 팔을 어디다 두어야 할지 몰라 불안한 모습을 보이면 안 된다. 원고를 만지작거린다든가, 처음부터 끝까지 양손으로 강단을 붙잡고 있는 자세는 교정해야 한다.

5-2-6 강단 뒤편에 앉아 설교 순서를 기다릴 때도 늘 바른 자세로 무릎을 모으고 앉은 자세를 유지해야 한다. 무릎을 벌리거나 발을 꼬고 앉아 있는 자세는 한국적 상황에서는 좋은 인상을 주지 못한다.

6. 발음과 구개음의 문제

6-1 설교자가 말씀을 선포함에 있어서 단어에 힘을 주는 습관보다는 문장을 저음에서 중간 음, 높은 음으로 이끌어 가는 발성 연습을 반드시 해야 한다. 단어와 단어 사이의 간격과 호흡이 너무 일정해서 회중으로 하여금 지루함을 주어서도 안 되며 단어와 단어 사이에 틈이 전혀 없어 회중이 피곤을 느끼게 해서도 안 된다.

말을 너무 빨리 해서 뜻을 전달하지 못하는 경우가 적
지 않다. 말을 빨리 하는 경우에는 발음이 뚜렷하지
않아 의미를 분명하게 전달하지 못하는 예가 많다. 이러한 경우 단
어에 실수가 많아 말을 더듬고 발음의 정확도가 떨어지는 경우를
종종 본다. 단어를 천천히 말하는 연습, 선포할 때에 입을 크게 벌
리고 음성 기관을 적극적으로 활용하는 자세가 반드시 필요하다.

설교자들이 선포에 있어서 많이 주의하고 기억해야
할 것은 같은 단어를 계속 반복함으로써 설교 메시지
가 약화되는 경우이다. 그리고 진행이 원만하지 못하거나 말이 잘
안 나올 때 "어~ 음~ 에~"라는 음을 종종 사용하는 것은 절대 금
물이다. 말끝을 흐리는 습관 때문에 "~니다."와 같은 문장 끝부분
이 들리지 않는 경우가 흔히 있다. 뿐만 아니라 발음이 정확하지
않은 경우도 많다. 이러한 부분들은 설교자가 늘 생각하고 고쳐가
야 한다.

설교자는 발음, 음색, 음폭, 음정의 활용과 자율성을
개발하는 데 노력을 기울여서 부드럽고 자연스럽게
발음할 수 있도록 꾸준히 연습해야 한다.

혀 짧은 소리나 불필요하게 긴 소리를 비롯해 부자연
스러운 혀의 위치에서 나오는 발음들이 종종 들린다.
이러한 경우 혀를 이용해 자음을 발음할 때 심각한 장애를 받는 경
우가 많으므로 신속히 교정을 받고 고칠 수 있도록 많은 연습을 하
여야 한다.

7. 설교 음정의 높낮이 문제

7-1   설교 음정의 높낮이는 설교 전달에 있어서 매우 중요하다. 강조점이 너무 많아 진정한 강조점을 보여 주지 못하는 경우가 있음을 기억해야 한다. 결단의 촉구는 절박한 촉구를 수반해야 효과적이다. 설교가 진행되는 일반적인 대목이나 메시지가 강조되어야 할 부분 모두 별 다른 구분 없이 똑같은 음정과 속도로 진행한다면 전혀 효과를 거둘 수 없다.

7-2   결단의 순간에 찬송을 부르는 등의 파격적인 방법을 쓰는 것은 적절하지 못하다. 설교가 초반에 들어서는 무렵부터 높은 음정으로 강조하기 시작할 때도 많은데 이럴 경우 정작 강조해야 할 부분에서는 아무리 강조한들 효과를 기대하기는 어렵다.

7-3   설교자가 너무 일정한 음정과 리듬을 사용해서 회중이 아주 지루하게 생각하는 경우가 많다. 또는 너무 일찍 고음에 진입했다가 전혀 내려오지 못한 채 계속되어 음정 조절에 완전히 실패한 모습을 보이기도 한다. 이러한 함정에 빠져들지 않도록 각별한 주의를 해야 한다.

7-4   적절한 고음과 저음의 사용은 설교 메시지를 명확하게 해주며 설교의 강조점을 회중에게 명확하게 전달해 주는 효과를 줄 수 있다. 설교의 정점이 되는 곳이 3회 또는 4회 정도 되어야 하며, 그 정점은 철저히 저음에서 시작하여 중음, 그리고 고음으로 가는 단계를 거쳐 산 또는 파도와 같은 곡선을 그려야 한다. 이때 사용하는 높은 음정은 횡격막을 통해 심장에서 나오는 목소리여야 한다. 만일 음성이 목에서만 나오면 거부감을 줄

뿐만 아니라 성대가 곧 쉬게 되는 부작용이 따른다.

7-5 설교자의 음성은 확신에 차야 하고 호소력이 있어야 한다. 설교자의 음성이나 자세가 단순히 강의의 모습이나 느낌을 주어서는 안 된다. 좋은 음성을 가지고 있는 설교자들이 그것을 바로 활용하지 못한다면 이처럼 불행한 일도 없다. 좋은 음성을 가지고 강력한 호소력으로 하나님의 말씀을 선포할 수 있는 설교자는 참으로 소중한 말씀의 도구이다.

8. 성경 봉독의 형태와 자세

8-1 성경 봉독을 할 때는 두 손을 이용해 정중하게 받들어 읽는 모습을 보여야 한다. 한 손만 사용해 성경 봉독을 하거나, 바닥에 성경을 내려놓고 읽어 나가는 것은 적합하지 못하다. 이때 몸을 흔드는 것은 절대로 삼가고 가장 엄숙한 자세를 갖추어야 한다.

8-2 성경을 읽기 전에 다음과 같이 말한다. "하나님이 오늘 우리에게 주신 말씀은 ○○복음 ○장 ○절부터 ○절까지에 있는 말씀입니다. (30초 정도의 시간을 준다.) 이제 봉독합니다. 경청하십시오." 봉독 후에는 "오늘 이 말씀을 통해 하나님께서 우리에게 은혜 베푸시기를 원합니다."라고 말하면서 끝을 맺도록 한다.

8-3 성경 봉독은 정확한 발음과 적당한 속도로 진행해야 한다. 성경 봉독의 속도가 너무 빠르거나 독특한 리듬을 사용한다면 성도들이 따라올 수 없고 말씀에 대한 영적 수용에 지장을 초래하게 된다.

8-4 성경을 봉독할 때는 안경을 올리거나 다른 손짓을 하여서는 안 되며 성경 봉독 후에는 성경을 덮지 말고 그대로 펼쳐 놓아야 한다.

9. 시간 조절의 성패

9-1 설교자는 시간을 지키는 것이 중요한 덕목이라는 사실을 꼭 기억해야 한다. 물론 시간이 꼭 몇 분이라고 정해진 것은 아니다. 그러나 설교자들에게 주어진 시간만을 활용하는 훈련은 꼭 필요하다. 시간 조절에 실패하는 이유는 여러 가지가 있다. 그 중에 하나는 설교가 원고화되지 못하고 즉흥적인 말들이 돌출되는 데 있다. 또 하나는 설교자의 감정을 조절하지 못하고 흥분 상태를 이어갈 때 발생하게 된다.

9-2 준비가 부족하고 원고를 완전히 소화하지 못해 시간 조절에 실패하는 경우가 많다. 단계마다 적절한 시간 분배를 통해 자신이 전달하고자 하는 메시지를 충분한 시간 안에 전달할 수 있는 훈련과 노력을 기울일 때 훌륭한 설교자가 될 수 있다. 시간 안배를 잘 못하여 처음에는 천천히 시작했다가 뒤로 가면 갈수록 빨라져서 마지막 절정과 결말에는 무슨 말을 하는지조차 알지 못한다면 그 설교는 완전히 실패이다.

설교 전달의 분석과 평가(2)

1. 설교자의 시선의 문제

1-1 설교자의 시선은 말씀 선포를 위한 언어 외(言語 外)의 도구로서 매우 중요하다. 회중과 적절하고 효과적인 시선 교환이 이루어질 때 원만한 의사소통을 이룰 수 있다. 어느 한 쪽만을 바라보거나 원고만 바라봄으로써 회중과의 의사소통을 이루지 못한다면 선포의 효과는 반감된다.

1-2 회중의 눈길을 피하거나, 회중을 바라보는 시선은 있으나 눈을 지그시 감고 바라본다거나, 회중을 바라보지 않고 허공을 바라는 것은 절대 금물이다. 좌우의 모든 회중을 바라보지 못하고 어느 한 쪽에 치우쳐 있다거나, 회중을 바라보는 속도가 너무 빨라 설교자가 회중에게 공격적인 인상을 준다거나 하면 회중에게 진지함이나 성실성이 결여된 모습으로 비치게 된다.

1-3 회중을 향한 자유로운 시선 교환과 시선 분배는 회중을 사로잡을 수 있는 자신감과 확신을 심어 줄 수 있다. 그러나 시선이 불안하고 산만하거나 천장만 뚫어지게 바라보는 모습을 보여 준다면 회중과는 무관한 설교가 되기 쉽다.

1-4 시선의 접촉을 위하여서 자연스럽고 부드럽게 고개와 함께 눈이 가야 하는데 눈동자만이 좌우로 움직이는 실수를 범해서는 안 된다. 인상을 찡그리고 눈을 가늘게 뜬다거나 너무 크게 눈을 떠서 성도들에게 두려움을 주는 것도 피해야 한다. 눈은 자연스럽고 평안한 모습으로 회중을 바라볼 수 있도록 노력해야 한다.

2. 안경의 위치와 반사의 정도

2-1 안경을 착용한 설교자는 안경을 처음부터 바르게 쓰도록 잘 조절해야 한다. 안경이 너무 내려와 코끝에 걸려 있다거나 설교자의 인상을 답답하게 하는 것을 피해야 한다. 안경이 빛에 반사되어 회중과의 시선 교환을 방해하는 것을 막아야 한다. 빛이 반사되지 않는 안경을 착용하는 것이 좋다.

2-2 설교 도중에 안경테를 만지는 설교자의 손길에 회중의 시선이 언제나 집중된다는 것을 알아야 한다. 그러므로 설교 도중 안경테의 위치를 바로잡는 일이 없도록 각별히 유의해야 한다.

3. 어감(대화체, 웅변체)의 문제

3-1 설교자는 말씀을 선포할 때 낭독체에서 벗어나야 하며 회중과 대화의 마당으로 나와야 한다. 낭독체 설교는 회중과 설교자가 유리된 상태로 먼 곳에 있는 존재처럼 느끼게 한다.

3-2 설교의 서론을 시작할 때는 대화체로 이루어져야 한다. 설교 시작이 낭독체에서 벗어나지 못하고 변함없이 읽기만 한다면 전달의 기능과 회중과의 의사소통은 완전히 포기했다고 볼 수 있다. 문장을 지속적으로 읽기보다는 대화체이면서 때로는 호소력 있는 형태의 어감을 개발해야 한다.

3-3 설교자는 부드러운 은혜 중심의 표현과 어감을 소유하도록 노력해야 한다. 또한 분명하고 확실한 전달력, 안정된 음성과 표정의 간절함을 소유할 수 있는 설교자가 되어야 한다.

3-4 설교에는 순수한 대화체적인 전개들이 종종 있어야 하는데 많은 설교자들이 딱딱하고 공식적인 언어, 연설, 웅변의 어감을 벗어나지 못하는 경우가 많다. 어감과 리듬이 너무 일정하여 신선한 전달을 하지 못하고 자기 감정 표현이 거의 없는 경우가 나타난다.

4. 어색한 습관들

4-1 설교자에게 있어서 여러 가지의 습관들이 다양하게 나타난다. 그러나 이러한 습관들이 말씀 선포에 걸림돌이 된다면 빠른 시간에 이를 해결해야 한다.

4-2 설교자들 중에 가끔 혓바닥을 내밀거나, 입술에 침을 적시는 습관을 가진 사람이 있다. 이것은 고쳐야 할 좋지 못한 습관이다. 고개를 깊이 파묻고 내용을 말하거나 고개를 너무 빨리 움직여 회중과 시선 교환에 무리를 주는 행위, 고개를 움직이지 않고 눈동자만을 움직이는 습관들을 버려야 한다. 또한 아무 이유 없이 고개를 좌우로 움직이는 습관도 버려야 한다. 긴장에 의한 기침, 끝말 다음에 입을 다무는 것을 잊어버리고 계속 입을 벌리고 있는 습관도 버려야 한다. 단어마다 고개를 끄덕이는 습관, 단어마다 힘을 주는 습관은 삼류 부흥사의 형태이다.

4-3 말의 끝을 올린다거나 볼펜을 손가락에 끼고 성경 봉독을 하는 자세, 손을 호주머니에 집어넣는 자세, 어깨를 들썩거리는 행위, 설교할 때 눈썹과 눈썹 사이를 계속 찡그리는 행위, 의미 없이 손가락을 사용하거나 손을 들어 흔드는 행위, 아래를 쳐다보는 행위를 삼가야 한다.

4-4 원고 내용이 생각나지 않는다고 고개를 이리저리 흔든다거나, 습관적으로 계속 원고를 바라보는 행위는 설교자가 고쳐야 할 습관들이다. 그리고 필요 없이 너무 열을 낸다거나, 단어를 강조한다고 소리를 지르는 모습, 의미 없이 순간순간마다 미소짓는 경우들 또한 어색한 습관이다. 메시지의 내용과 인상이 충돌하지 않도록 해야 한다.

5. 언어의 속도(Rhythm) 문제

5-1 언어의 속도는 설교의 전달에 많은 영향을 미친다. 말의 속도가 너무 빠르고 가볍게 진행되며 내용이 빨

리 전개될 때 설교자가 불안한 모습을 보이며 이러한 모습 속에서 회중도 불안을 느낀다. 빠르고 가볍게 선포가 이루어지면 설교자는 회중에게 경황없는 모습을 자주 보이게 되며 발음이 빗나가고 교정과 반복을 거듭함으로써 안정감을 주지 못하는 아쉬움을 남기게 된다.

5-2 설교의 속도나 고저의 리듬이 전혀 없는 것도 고쳐야 할 문제이다. 이처럼 언어의 리듬이나 속도의 변화가 전혀 없는 경우에는 언어가 너무 기계적이 되어서 회중을 피곤하게 하거나 외면하게 만든다. 그리고 언어의 단절이 심하지 않도록 노력해야 한다. 필요한 경우 길게 늘이는 언어 연습을 해야 하며 쉬는 곳도 적절하게 활용하는 습관을 들여야 한다.

6. 여성 설교자의 상냥한 인상과 어감

6-1 여성 설교자는 부드러운 인상과 상냥한 어감을 가지도록 노력해야 한다. 여성으로서의 호소력과 상냥하고 온화한 인상과 어감은 여성 특유의 좋은 설교 도구가 될 수 있다. 여성 설교자는 비판보다는 부드러운 어감과 함께 회중의 심장을 파고드는 따뜻한 은혜를 추구하는 설교를 많이 할 필요가 있다.

6-2 너무나 차분한 전개는 회중의 감정에 아무런 변화를 기대하기 어렵다. 여성의 고유한 부드러움과 절박한 호소가 회중의 마음을 사로잡을 수 있다. 몸가짐이나 어감이 너무 기계적이 되지 않도록 노력하며 회중의 심장을 파고드는 여성 설교자의 고유한 모습을 갖추도록 노력해야 한다.

7. 원고 소화의 정도 문제

7-1 설교의 원고를 완전하게 소화한 설교자는 자유함이 있다. 원고로부터의 자유, 회중에게 쉽게 접근할 수 있는 여유가 있다. 설교 원고를 완전히 소화하지 못한 설교자는 설교 속에 자신의 감정이 온전히 들어가지 못하며 선포하는 데 어색함이 있다. 이러한 설교자는 회중과의 시선 교환을 완전하게 할 수 없으며 원고를 향해 설교하는 우를 범하게 된다. 때로는 설교자의 어감마저도 독서를 연상시켜서 회중이 살아 있는 설교 감각을 느끼지 못한다.

7-2 원고를 읽고 있는 설교자는 설교자의 감정 전달, 제스처, 회중을 집중시키는 초점 등을 활용하지 못한다. 그리고 회중의 반응 등을 점검하는 데 실패하게 된다. 원고를 완전히 소화하여 그 메시지가 성육화된 설교자에게서만 진정한 감정이입이 이루어질 수 있으며 회중의 심령 속에 결단을 촉구할 수 있다. 그리고 전달에 있어서 매우 중요한 시선 교환을 통하여 자유로운 선포를 할 수 있으며 회중도 소외된 생각이 아니라 온전한 하나님의 말씀을 듣고 결단할 수 있는 기회를 누릴 수 있게 된다.

8. 음폭과 음색

8-1 좋은 음폭과 음색은 회중이 결단을 추구하는 데 좋은 도구가 된다. 음성의 전달이 분명하고 깨끗하여야 하며 음성 전달이 역동적이어서 선명한 전달을 위한 힘을 실

어 준다는 것은 설교자에게 매우 중요한 도구이다. 음폭과 음색
이 좋고 선포의 자세도 정성스러운데 전달이 효과적으로 되지
못하는 경우가 있다. 이러한 경우는 원고만을 주시하며 형식적으
로 보이는 제스처가 남발하게 된다. 이러한 설교 분위기 속에서
는 성도들이 말씀에 동참하기가 어렵다.

8-2 선천적으로 음폭이 좁은 사람이나 성대만을 사용하
여 거부감을 일으키는 음색을 소유한 설교자는 후천
적인 발성 연습이 절대로 필요하다. 특별히 횡격막을 사용한 발
성 연습에 시간을 투자할 필요가 있다.

9. 리듬이 있는 음정의 사용

9-1 음정을 저음부터 고음까지 잘 조절하여 설교를 할
줄 아는 설교자가 되어야 한다. 갑작스러운 고음은
회중에게 경기를 일으키게 할 뿐 아무런 효과도 가져오지 못한다.
등산을 하듯 음정이 지속적으로 오르내리게 하는 연습이 절대적으
로 필요하다. 여기서는 음정뿐만 아니라 음량의 리듬도 조절해야
한다.

9-2 고음을 사용할 때는 의미 없이 악을 쓰는 형태가 아
니라 간곡한 호소로 음정과 음량이 바뀌도록 해야 한
다. 그러나 음정이 고음으로 고정된 상태에서 오랫동안 이어질 때
는 호소력을 잃게 되며 어떠한 효과도 줄 수 없음을 잊지 말아야
한다. 음정의 조절이 전혀 이루어지지 못한 채 즉흥적으로 발산할
때에는 아무런 감동도 줄 수 없음을 명심하고 고음과 저음의 사용
을 적절히 할 수 있도록 많은 훈련을 해야 한다.

10. 인상의 문제

10-1 설교자는 강단에서 성도들과 같이 호흡할 수 있는 친화력을 기르고 딱딱한 표정을 부드러운 표정으로 바꾸는 훈련을 해야 한다. 기쁨에 대해 설교하는 설교자의 인상이 굳어 있다거나 근심에 찬 표정이라면 이 설교를 통해 은혜 받고 기쁨을 누릴 사람들은 거의 없다. 설교자는 따뜻하고 온화한 언어의 사용, 설교의 내용과 동일한 인상을 가져야 한다. 간혹 설교의 내용과 일치하지 않는 설교자의 인상이 보이는 경우가 있다. 이러한 문제는 비디오 테이프를 보면서 스스로 발견하고 정정해야 한다.

10-2 인상이 너무 굳어 있거나 너무 차가운 인상을 가지고 있어서 회중에게 편안함을 주지 못하는 설교자는 자신의 인상을 부드럽게 하는 노력이 있어야 한다. 자신의 인상과 열정 모든 면에서 회중에게 편안함을 줄 수 있는 설교자가 되도록 노력해야 한다. 그래서 설교자의 얼굴에는 언제나 잔잔한 미소가 자리잡아야 하고 험한 인상은 멀리 사라져야 한다.

11. 자율성의 문제

11-1 설교의 내용이나 원고가 잘 준비되었다 하더라도 원고의 내용을 완전히 이해하지 못하고 완전히 소화하지 못한 상태에서는 가슴에서부터 나오는 설교를 할 수 없다. 나아가 원고로부터 자유롭지 못한 채 자꾸 원고를 바라보게 되면 설교는 강의 형태로 전달된다. 이러한 경우에는 회중과의 시선 교환을 통한 의사소통에도 많은 어려움이 따르며 회중의 가슴에 파고들어

결단에 이르게 하는 설교를 할 수 없다.

11-2 설교자가 자신의 설교에 자유함을 가지고 있을 때에
는 전달에도 좋은 결과를 가져오는 것이 너무나도 당
연한 결과이다. 잘 준비된 원고의 내용을 여유 있게 소화하고 원고
를 떠나서 자신이 하나님께로부터 받은 은혜를 자유롭고 확신에
차서 성도들에게 선포할 때 회중과의 자유로운 시선 교환이 이루
어질 수 있다. 그리고 어감이나 속도, 음성의 문제, 제스처의 사용
도 자유롭게 할 수 있으며, 모든 부분에서 자신감을 가지고 선포를
할 수 있다.

11-3 이러한 설교자에게서 회중은 신뢰감을 느낄 수 있으
며 이러한 선포를 통하여 그들의 삶이 변화되는 결
단의 기회를 갖게 해 줄 수 있음을 명심해야 한다. 그러나 이러
한 원고로부터의 자유함을 가지고 있는 설교자라도 불필요하게
몸을 좌우로 움직인다거나 손을 너무 자주 움직인다거나 하여서
회중으로 하여금 설교자를 너무 가볍게 여기거나 회중의 시선을
혼란스럽게 하는 우를 범하지 않도록 더욱 주의해야 한다.

12. 전치와 무질서한 앞 머리카락들

12-1 설교자는 회중에게 깔끔하고 단정하며 편안한 인상을
주어야 한다. 설교자가 강단에 오르는데 회중에게 산
만하게 보인다거나 답답한 인상을 준다면 말씀 선포 이전에 질서
정연한 인간적인 교류에 실패하게 된다. 설교자의 앞머리가 길고
한 쪽으로 많이 내려와 있는 모습이나 단정하게 빗어 넘기지 못하
고 흐트러져 있는 머리 모양은 회중에게 산만하게 보이며 답답함

을 줄 뿐 아니라 설교자의 인상을 흐트러뜨려 회중의 시선을 방해하는 결과를 가져온다.

12-2 설교란 설교자를 통하여 나오는 하나님의 말씀이다. 그러기에 자연적으로 회중은 설교자의 입을 쳐다보게 된다. 이때 전치(前齒)의 간격이 떨어져 있거나 충치로 검정색을 갖고 있다면 이것은 회중에게 부담을 주는 부분이 된다. 또한 고르지 못한 치아들로 인하여 발음이 부정확한 설교자도 있다. 이러한 설교자들도 치과를 방문하여 의사와 상담해 볼 필요가 있다.

13. 제스처의 문제

13-1 가슴에서 우러나오는 열정을 가지고 있는 설교자는 그저 가만히 서서 회중만을 바라보면서 선포하지 않는다. 자신의 음정의 최고치와 최저치를 조화롭게 활용해 단조로움을 피하고 적절한 제스처를 통하여 회중의 심령을 움직이는 선포를 할 수 있다. 적절하게 사용되는 제스처는 회중의 마음을 사로잡기에 매우 효과적이며 설교자의 동작을 통한 회중과의 적절한 의사소통을 이룰 수 있다.

13-2 제스처는 선포와 함께 조화를 이루어야 한다. 말씀의 선포와 조화를 이루지 못한 제스처는 매우 어색할 뿐만 아니라 회중에게도 설득력이 없다. 예를 들면, 제스처가 먼저 나오고 언어가 뒤따르는 경우가 많은데 이는 자신 없는 표현이며 선포와 조화를 이루지 못하여 어색하다. 강조해야 할 순간에 자신의 선포에 힘을 주고 강력한 결단의 선포를 위해 적절하게 사용하는 제스처는 매우 효과적이다. 그러나 습관적으로 사용하는 제스

처는 회중에게 산만함을 줄 뿐 선포의 효과에는 아무런 영향을 미치지 못하고 오히려 방해하는 결과를 가져온다. 그리고 거의 제스처를 사용하지 않고 선포하는 설교자에게는 열정도, 선포에 대한 의욕도 없다는 인상을 주게 된다. 또한 갑작스럽게 등장한 제스처가 연속적이지 못하고 일회성으로 끝나면 어색하기만 할 뿐이다.

14. 확신적인 설교의 정도 문제

14-1 설교자는 성육화된 설교를 할 수 있어야 한다. 말씀과 설교자가 하나가 되어서 모든 것을 표현해야 하는데 설교의 내용과 설교자가 분리된 모습을 보여서는 안 된다. 설교자는 자신이 선포하는 내용과 자신의 음성이나 표현을 일치시켜 성도들에게 은혜를 끼칠 수 있어야 한다. 설교자가 자신이 선포하는 설교의 내용에 깊숙이 몰입되어야 함은 가장 기본적인 요소이다. 설교자가 그날의 메시지를 객관적으로 분석하고 평가하는 차가운 자세를 갖는 것은 매우 위험한 일이다. 성실한 설교자는 언제나 설교를 통하여 자신의 이론을 펼치는 것이 아니라 주시는 하나님의 말씀에 먼저 감동을 받고 그 감동 속에 화신(Incarnation)이 되어 확신에 찬 선포를 해야 한다.

예배와 설교 아카데미 책 소개

한국교회의 설교학 개론

정장복 저/신국판/476쪽/13,000원

성언운반일념(聖言運般一念)으로 한국교회의 강단에 신선한 도전을 제시했던 정장복 교수의 『설교학 서설』이 현대의 다양한 설교 이론들과 저자의 목회 경험에서 비롯된 현장에서 얻은 교훈과 한국 문화권에서 수용이 가능한 이론들을 담아서 새롭게 출간되었습니다.

예배학 개론

정장복 저/신국판/416쪽/11,000원

예배학 교육의 가장 깊은 역사와 권위를 자랑하는 『예배학 개론』 수정증보판은 한국 최초의 예배학자인 저자가 한국교회 예배의 복원을 외치면서 펼쳐낸 책으로, 『한국교회의 설교학 개론』과 더불어 한국교회의 예배와 설교를 위한 훌륭한 길잡이가 될 것입니다.

그것은 이것입니다(개정판)

정장복 저/신국판 변형/363쪽/15,000원

현대의 그리스도인들은 많은 지식을 소유하고 있지만 정작 교회 현장에서 필요한 상식은 심각할 정도로 부족합니다. 이 책은 그리스도인들에게 필요한 상식을 명쾌한 해설과 함께 풀어놓아 독자의 궁금증을 속시원하게 해결해 주고, 상식에 대한 자신감을 갖게 해 줍니다.

하나님의 자기 주심의 선물 성례전

제임스 화이트 저/김운용 역/신국판/312쪽/13,000원

이 책에서 화이트 박사는 성례전을 하나님의 자기 주심이라는 상징적 구조로 설명하고 있습니다. 그는 교회와 사회에 대한 성례전의 복합적인 관계성에 대해서 탐구하면서 예전적 순환구조(liturgical circle)라고 부르는 방식을 사용하는데, 이것의 실행은 신학적 성찰을 필요로 하며, 또 반대로 그 성찰은 실행을 개혁해 나가는 방식을 취합니다. 그는 이 책에서 성례전의 공동적 본질(communal nature)에 빛을 제시합니다. 그리스도는 성례전의 원형이 되시며 성례전은 하나님의 자기 주심의 상징 행동이 됩니다.

설교학 사전

정장복 외 8인 공저/4×6배판/1,160쪽/48,000원

한국교회 강단에 하나님의 말씀이 바로 전달되기를 염원하는 마음에서 교단을 초월한 6개 신학교 9명의 교수들이 이 사전을 펴냈습니다. 목회자나 신학생뿐만 아니라 설교의 넓고 깊은 세계로 들어가기 원하는 모든 분들에게 좋은 안내자가 될 것입니다.

예배학 사전

정장복 외 9인 공저/4×6배판/1,084쪽/39,000원

이 책은 한국교회가 예배의 의미와 신학과 역사와 내용을 바르게 알고 하나님을 예배하도록 하는 데 그 목적을 두고 집필되었습니다. 5개 교단 소속 8개 신학대학교의 예배학, 설교학 교수 10명이 이 사전을 만드는 작업에 심혈을 기울였습니다.

권위 없는 자처럼

프래드 B. 크래독 저/김운용 역/신국판/336쪽/11,000원

이 책은 현대 설교학에 있어서 가장 주목받는 책이며, 고전 중의 고전이 된 책입니다. 변화된 청중의 마음에 어떻게 다가가야 하는지 아직 방향을 잡지 못한 설교자들에게 이제까지와는 다른 길을 걸으라고 권유하는 이 책은 분명히 걸림돌이 되겠지만 청중을 감동시키려는 설교자라면 한 번쯤 도전하게 하는 강력한 흡인력이 있습니다.

새롭게 설교하기

김운용 저/신국판/560쪽/18,000원

변화하는 시대 속에서도 하나님의 말씀은 생생하게 선포되어야 합니다. 이 책은 설교 사역 전반에 대한 '다시 숙고함'을 통해 설교 사역을 근본적으로 재구성함으로 설교의 부흥을 꿈꾸는 설교자들에게 신선한 도전을 던져 줍니다.

신비의 가장자리에서 춤추는 설교

유진 라우리 저/주승중 역/신국판/176쪽/9,000원

이 책은 유진 라우리의 평생의 설교 이론이 종합되어 있으며, 내러티브 설교학을 다루는 데 있어서 가장 중요한 책입니다. 그는 첫 역작인 『이야기식 설교 구성』에서 5단계로 그의 내러티브 설교 구성을 전개하였으나, 후에 4단계로 수정하여 확정하였는데, 그 내용이 본서에 소개되어 있습니다.

성공적인 설교자를 위한 길잡이

제이 다니엘 바우만 저/정장복 역/신국판/452쪽/17,000원

본서는 새로운 설교의 신학과 이론을 현대 커뮤니케이션의 차원에서 다루었고, 설교학 이론을 종합적으로 충실히 정립시켜 주었으며, 설교학의 방대한 자료를 해박한 지식과 함께 유용하게 제시해 주고 있습니다.

설교신학의 8가지 스펙트럼

리처드 리셔 저/정장복 역/신국판/452쪽/19,000원

이 책은 설교의 이론과 실제의 세계를 역사적으로 장식한 48인의 설교학 거장들을 담고 있습니다. 설교의 정의와 설교자론을 비롯하여 수사학과 회중론과 성령님의 설교 사역까지 8개 분야를 구분하여 그 분야의 거장들의 자리와 그들의 신학과 이론을 직접 만나도록 하였습니다.

설교 그물짜기

리차드 에스링거 저/주승중 역/신국판/440쪽/17,000원

이 책은 '새로운 설교학 운동'에 가장 크게 영향을 끼친 5명의 설교학자들(찰스 라이스, 헨리 미첼, 유진 라우리, 프래드 크래독, 데이비드 버트릭)의 설교 방법론을 소개하고 있습니다. 이 책을 통하여 '새로운 설교학 운동'의 전체적인 흐름과 그 구체적인 설교 방법론까지도 한눈에 볼 수 있게 될 것입니다.